JN091633

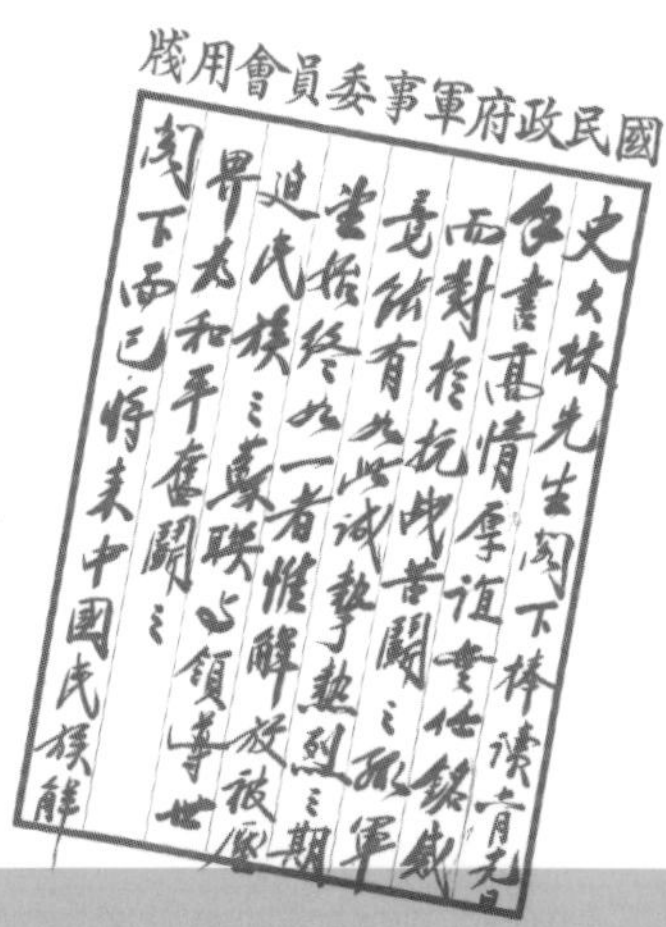

蔣介石の書簡外交

Another Frontline: Correspondence between Chiang Kai-shek and the World Leaders, 1937-1945

【上巻】日中戦争、もう一つの戦場

Masafumi Asada

麻田雅文

人文書院

目次

下巻目次

凡例

一、年号はすべて西暦に統一する。書簡の発信日時など、本文中では現地時間を用いる。

二、一部を読みやすさに配慮して、日本語の原文カナを現代かな遣いに改め、適宜句読点を補い、必要に応じてルビを施した。現在、中華人民共和国で用いられる簡字体は日本の常用漢字に変換した。引用文中の［ ］は執筆者（麻田）による補足である。引用文中には、現在から見ると不適切な表現があるが、歴史用語としてそのまま引用した。

三、地名は、二〇二一年現在と当時で表記の違う場合は、初出に限り現在の地名を記した。「ウラジオストク」や「沿海州」など、正確ではないが慣例化した表記がある場合、そちらを優先した。また現在の「中国東北部（東北）」は、日本人になじみのある「満洲」を採用した。ただし、引用文中に「満州」とある場合、表記はそのままとした。「満洲国」など、世界の大多数の承認を得られなかった、正統性の乏しい国家や組織はカッコを付けるべきだが、本書では他にも頻出するため、すべてカッコを外した。中国語の地名で、現地の音に近いものはカナ、日本語の読みの場合はかなのルビを振った。

四、人名の肩書きは当時のものである。日本語で表記する際、父称やミドルネームは省略し、名前、姓の順番で記す。日本人と中国人は姓名の順番で、必要に応じてルビを施した。本文は「蔣介石」としているが、原文に「蒋介石」とあるものはそのままとした。

五、ロシアの文書館史料を引用する際、文書館（アルヒーフ）名に続き、文書群（フォンド）、目録（オーピシ）、簿冊（ジェーラ）、枚（リスト）の番号（数字のあとのоб は裏の意味）を記載する。以下は一例。РГАСПИ. Ф. 558. Оп.11. Д. 1665. Л. 1об.

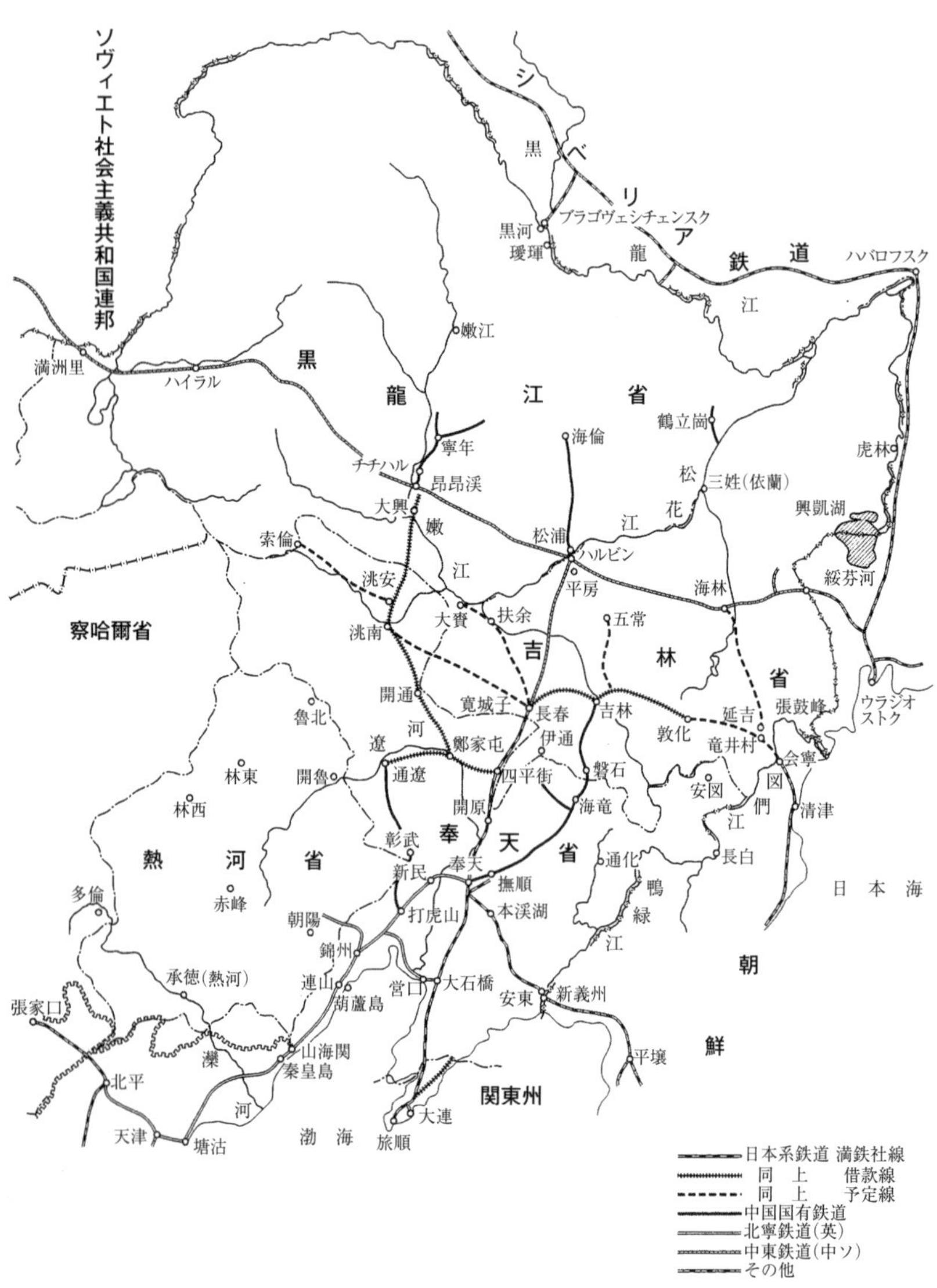

満洲事変関係地図（江口圭一『十五年戦争小史（新版）』1991、青木書店）に加筆修正

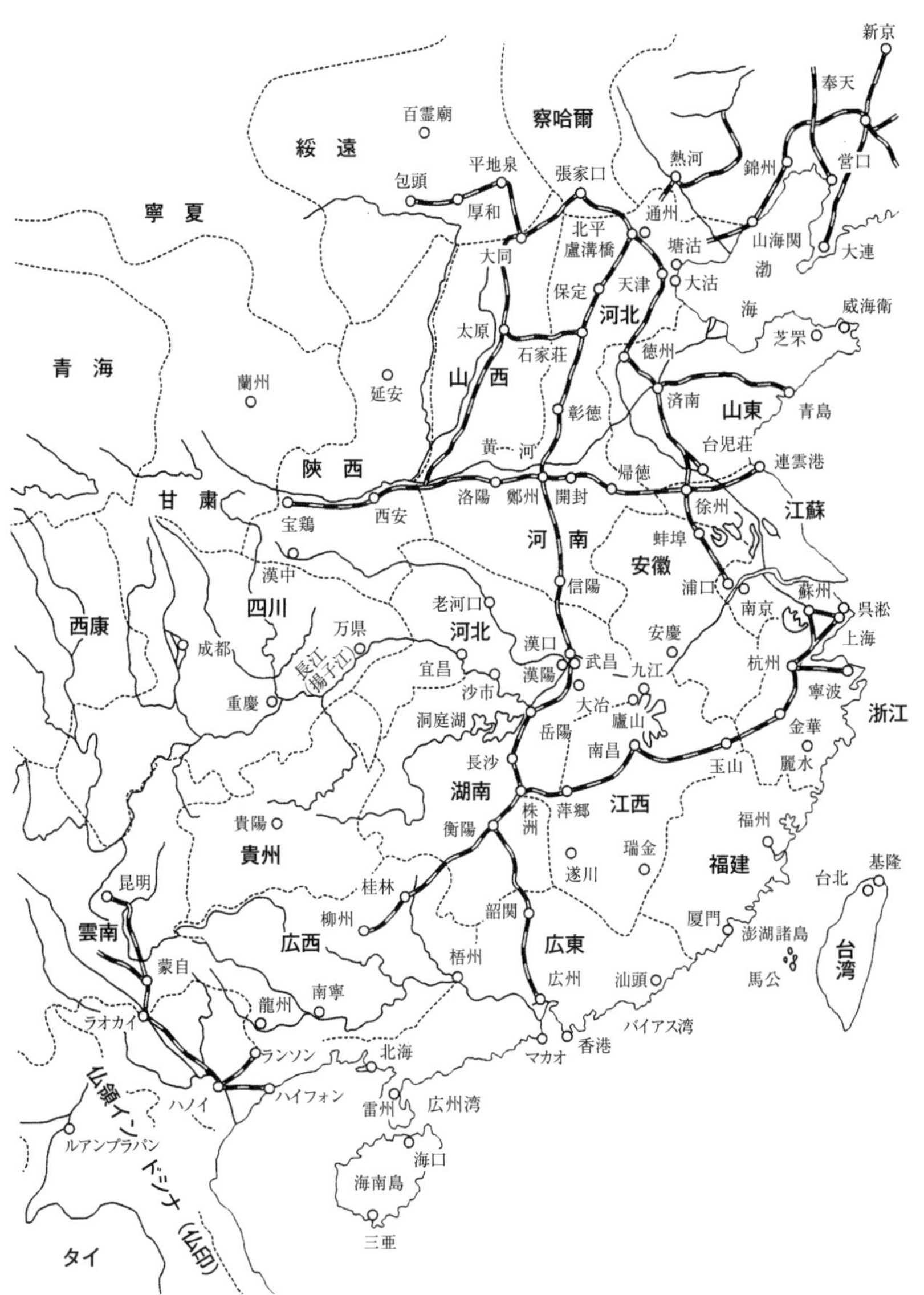

日中戦争関係地図（江口圭一『十五年戦争小史（新版）』1991、青木書店）に加筆修正

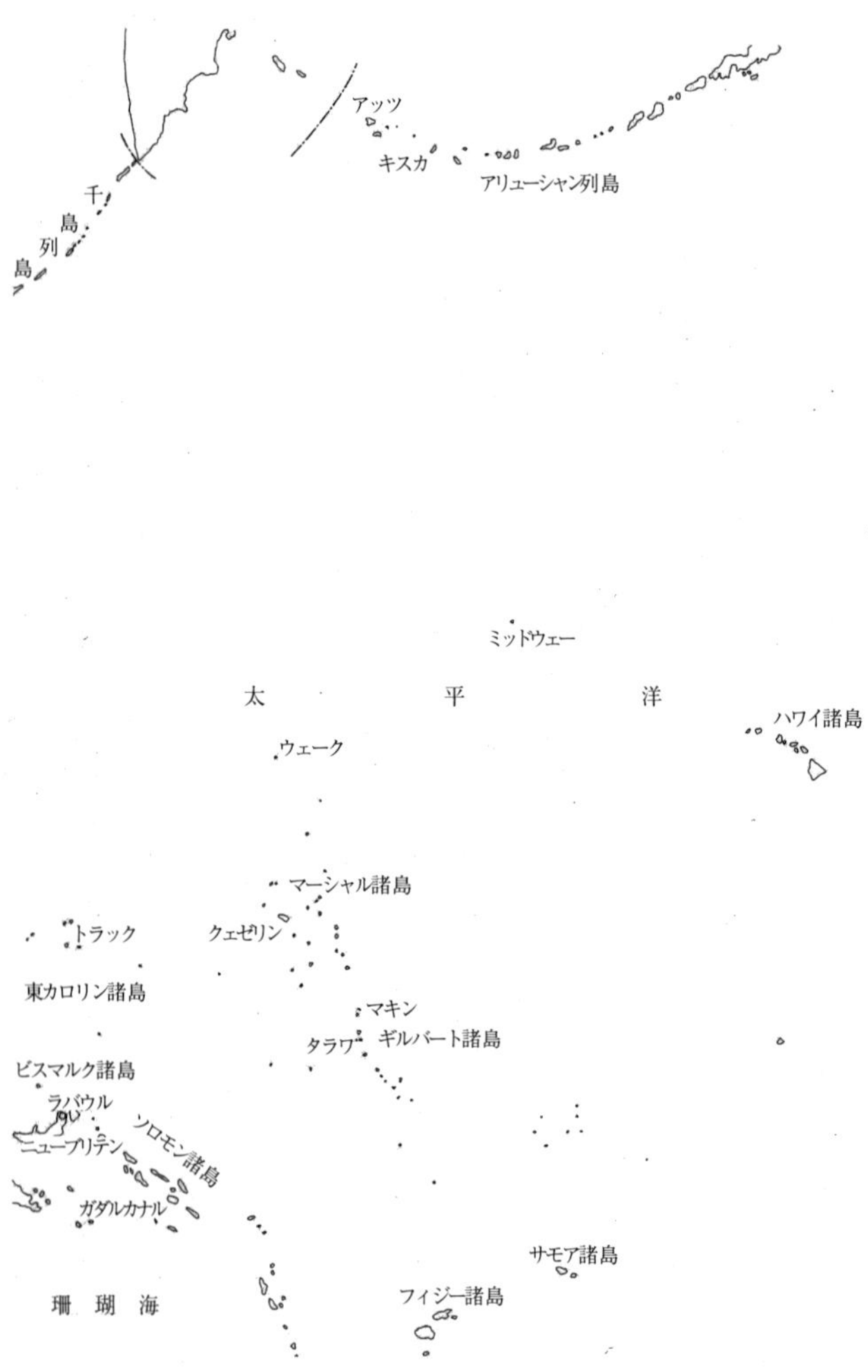
千島列島
アッツ
キスカ
アリューシャン列島
ミッドウェー
太平洋
ハワイ諸島
ウェーク
マーシャル諸島
トラック
クェゼリン
東カロリン諸島
マキン
タラワ
ギルバート諸島
ビスマルク諸島
ラバウル
ソロモン諸島
ニューブリテン
ガダルカナル
サモア諸島
フィジー諸島
珊瑚海

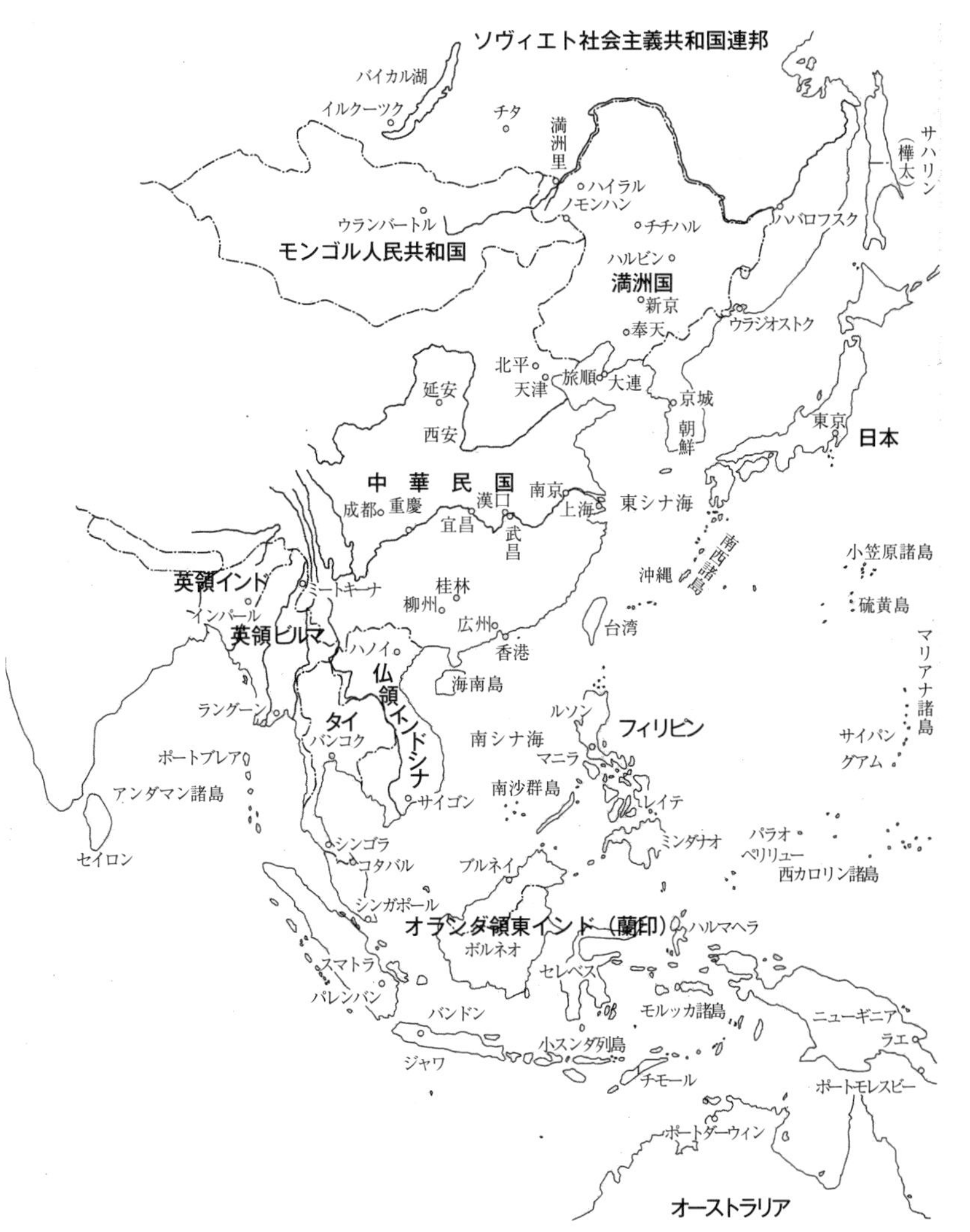

アジア・太平洋戦争関係地図（江口圭一『十五年戦争小史（新版）』1991、青木書店）に加筆修正

蔣介石の書簡外交

——日中戦争、もう一つの戦場——

上巻

はじめに

本書の目的

第二次世界大戦の指導者でも、蔣介石（しょうかいせき）[1]ほど影の薄い勝者はいない。

その一因は、戦闘での華々しい勝利とは無縁だったことにある。彼の戦争指導は、良くいえば「持久戦」だが、悪くいえば積極性に欠けた。南京（なんきん）、武漢（ぶかん）と日本軍に追われる度に退却を重ね、最後は重慶（じゅうけい）に立てこもってしまう。その間、中国の国土は蹂躙され、民衆は煉獄（れんごく）を味わった。国内でも、蔣介石は提携していたはずの中国共産党と衝突し、日中戦争下で内戦まで引き起こしかねなかった。

こうしたことから、蔣介石は日本軍と真剣に戦っていたのか、疑問がつきまとう。戦前には日本が、戦後には中国共産党が、「無能で腐敗した、戦わない蔣介石」というイメージを広めたことも影響しているだろう。

だが、蔣介石は戦っていた。銃弾の飛び交う最前線だけが戦場ではない。内政や軍の後方支援、内外での宣伝活動も戦争の一部である。特に彼の指導力が際立っていたのは、外交だった。

その事実を雄弁に物語るのが、蔣介石がアメリカのフランクリン・ローズヴェルト（Franklin Delano

Roosevelt）大統領や、イギリスのウィンストン・チャーチル（Sir Winston Churchill）首相、ソ連のヨシフ・スターリン（Иосиф Виссарионович Сталин）人民委員会議議長（首相に相当）など、連合国の首脳とかわした書簡だ。

本書は、こうした往復書簡を分析し、戦時下の蔣介石の外交と、米英ソの対華政策を再考する試みである。

なお戦時中の蔣介石の外交は、各国との平等を求めたと先行研究では分析されている。[2] また蔣介石は、「中国をめぐる日本と列国との利害衝突を利用して列国の援中制日を実現し、それに頼って問題を国際的に解決する」、「国際的解決」戦略を取ったとされる。その上で、「中国の抗日外交は全般として大きな成功をおさめた」と評される。[3]

筆者もそれらの点に異論はないが、では各国は蔣介石と中華民国国民政府（以下では国民政府と略記）を平等に扱ったのか。また、蔣介石の思惑通りに、各国は「援中制日」を躊躇（ちゅうちょ）なく行ったのだろうか。中国を支援した動機は何か。これらは、中国側の史料を読むだけでは分からない。交渉相手の史料も読むことで、初めて検証できる。双方の史料を分析すれば、世界史の中に日中戦争を位置づけることも可能だろう。

そして、その有力な手がかりとなるのが、各国を行き交った書簡である。

外交は書簡で動く

電子メールはもちろん存在せず、電話での首脳会談も例外的だった当時、首脳たちの意思疎通の手段は、主に三つあった。

①

史大林先生惠存

蔣中正　二十七年

②

國民政府軍事委員會用牋

史大林先生閣下棒讀六月九日
手書篤情厚誼重任銘感
而對於抗戰苦鬬之我軍
竟能有如此誠摯熱烈之期
望始終如一者惟解放被壓
迫民族之蘇聯與領導世
界為和平奮鬬之
閣下而已將來中國民族解

③

國民政府軍事委員會用牋

放此戰鬬勝利全中國人民
將永久不忘
貴國援助之盛意與
閣下仗義言持之隆義中
蘇兩大民族在扶持世界和
平與正義負有同等責任
深信兩國合作關係必日
益增進即侵畧主義根本

④

國民政府軍事委員會用牋

消滅之時惟願與
閣下共同努力以促其成
也謹此奉覆順頌
健康　蔣中正手啓
八月廿六日

①=スターリンに贈られた蔣介石のポートレイト（1938年8月、スターリン・デジタルアーカイブ蔵）
②，③，④ =1938年8月26日付の蔣介石からスターリン宛ての書簡（本書97頁参照）

一つは、首脳会談である。カイロ（一九四三年一一月）、テヘラン（同年一一月〜一二月）、ヤルタ（一九四五年二月）、ポツダム（一九四五年七月〜八月）などが有名だろう。しかし、米英中ソの指導者全員が顔をそろえることは、ついになかった。

日常的に行われていたのは、各国が派遣している外交官や軍人、政治顧問を通じた交渉だ。彼らが、自国の首脳の意見を口頭で伝達する。あるいは、己の信念に従って助言もし、交渉相手から言質を取ろうとした。そのため、外交文書の解読によって得られる情報が最も多く、豊かなのはいうまでもない。ただそこには、仲介者である彼らの個人的な見解が反映されざるを得ず、慎重な史料批判が必要である。

最後が首脳間の往復書簡である。各国の首脳の意向を直接反映する外交文書として、現代でも書簡は重視される。もっとも、社交辞令や美辞麗句に彩られて、本音をうかがえない物も多い。時候の挨拶や祝電、弔電には、見るべき内容がない物もある。しかしそうした書簡であっても、発信された理由や時期を考えると示唆に富む。

第二次世界大戦中の首脳の書簡は、一九五〇年代から書籍にまとめられている。その理由として、ローズヴェルトが一九四五年に死去し、スターリンも一九五三年に死去して、彼らが歴史上の人物になったことが大きい。一九五七年には、早くもスターリンと米英の首脳間の書簡がソ連外務省によって刊行され、翌年には英語版も出版された(4)。

第二次世界大戦における、いわゆる連合国の外交の中心にいたのは、ローズヴェルト大統領だった。各国の首脳は争って、最大の支援国家であるアメリカの指導者と親交を深めようとする。中でもチャーチルは、大統領の懐に最も深く食い込んだ。ほぼ毎日やり取りしていた二人の往復書簡は、三巻本にもなる(5)。

一方、スターリンと米英の指導者の書簡は、再編集が進んでいる。一九五七年のソ連版は不完全だとして、近年もアメリカで、ローズヴェルトとスターリンの往復書簡が編み直された。[6]新たにスターリンとローズヴェルト、チャーチルの三者の書簡を分析した、浩瀚な研究書もロシアで出版されている。この本では、スターリンの書簡や電信の草稿も検討しており、推敲の過程が分かる。[7]

これらによって、米英ソの指導者たちの往復書簡の大部分は容易に読むことができる。だが、蔣介石との往復書簡となると、話は別だ。

史料状況

蔣介石の書簡集は、日本で刊行されたことがある。貴重な史料ではあるが、日中戦争期に限らず、各国要人との往復書簡はほとんど収録されていない。[8]

蔣介石と各国の指導者の往復書簡を所蔵するのは、總統府直属の歴史研究機関である台北の國史館である。ここの史料から、『中華民国重要史料初編』の第三篇「戦時外交」に、いくつかの書簡が収録されている。[9]例外的に書籍の形でまとめられているのは、ローズヴェルトとの往復書簡だけだ。[10]その書簡集も、すべてを採録しているわけではない。特に、一九四一年以前は少ない。

往復書簡の原文を参照する上で大いに役立ったのが、二〇一七年に始まった、國史館による「蔣中正總統文物」のネット上での公開である。[11]これにより、往復書簡の原文が多数閲覧できた。もっとも、すべてに原文が付されているわけではない。原文どころか訳文も國史館に所蔵されていない場合もあるので、國史館と各国の史料の双方を参照するのが理想的である。

一方、アメリカでは、大戦終結から間もなく刊行され始めた、ローズヴェルト政権期の『アメリカ合衆国外交文書（FRUS）』に、大統領と蔣介石の往復書簡が多数収められている。蔣介石が存命だったことを思えば、驚くべき公開の早さだ。ただし、この史料集でも編者による取捨選択が行われている。

より完全な形で両名の往復書簡が利用できるようになったのは、一九七〇年代である。往復書簡が機密解除され、ニューヨーク州にある、ローズヴェルト大統領図書館が公開に踏み切った。現在は同図書館のデジタルコレクション「フランクリン（FRANKLIN）」でも閲覧できる。(12)

もっとも、一九四一年以降のローズヴェルトと蔣介石との往復書簡は、ファイリングの段階で整理され、オンラインで公開されているのに対し、それ以前の時代の書簡は、様々な外交文書に紛れ込んでいる。またほとんどが英訳のみで、中国語の原文が付された書簡は数えるほどしかない。

他方で、チャーチルと蔣介石の往復書簡は、まとまった形で刊行されていない。ただし、ロンドン郊外のイギリス国立公文書館で、一部を閲覧できる。

さらに近年、イギリスのケンブリッジ大学にあるチャーチル・アーカイブセンターが、他機関の史料も合わせ、オンライン上のデータベースを構築した。ここには、両名の多数の往復書簡が含まれている。本書もこのサイトを活用した。(13)

スターリンとの書簡は、ロシアでは、モスクワのロシア連邦外交文書館とロシア国立社会政治史文書館に分散している。外交文書を扱う前者にあるのは当然として、後者は、スターリンが手元に残していた書簡を保管しているためだ。

スターリンと蔣介石の往復書簡に着目したのが、戦後に駐中ソ連大使も務めたセルゲイ・チフビンスキー（Сергей Леонидович Тихвинский）である。(14)一九九五年、彼はロシアの雑誌に、ロシア連邦外交史料館で発見した五本の書簡を解説付きで掲載した。この論文は一九九六年に、南京にある中国第二歴史档案(とうあん)

館の雑誌に翻訳が掲載された[15]。

公刊史料では、二〇〇〇年代になって刊行された『露中関係』に、やはり蔣介石がソ連首脳部に宛てた書簡が、一部は書簡の原本写真と一緒に収録されている[16]。

さらにロシアでも、オンラインでの史料公開が進んでいる。二〇一三年、ロシア政府の文書管理局は、ソ連時代の公文書の一部をオンライン上で公開すると発表し、第一弾として、ロシア国立社会政治史文書館が所蔵する、全連邦共産党（ボリシェヴィキ）中央委員会政治局（以下、政治局と略記）の決定録の一部と、スターリンの個人文書などの公開に踏み切った[17]。公開されたスターリンの個人文書の中には、蔣介石からの書簡も散見される。

蔣介石の日記について

本書では、蔣介石の日記も補助的に利用している。蔣介石の日記は、彼個人を研究するのに必須なだけでなく、広くアジアの二〇世紀の歴史を読み解く上でも貴重な史料である。第二次世界大戦の数多い指導者でも、ここまで克明な日記を残した人物はいないだろう。

蔣介石の日記は、台湾や中国では、「蔣中正日記」と呼ばれる。蔣介石の死後は息子の蔣経国（しょうけいこく）に託され、蔣経国も息子の蔣孝勇（しょうこうゆう）に譲った。日記は公開されず、秘蔵されてきた[18]。

台湾では二〇〇〇年に中国国民党（以下、国民党と略記）が下野し、民主進歩党が政権を握った。同党の陳水扁（ちんすいへん）総統は、蔣家二代にわたる独裁の痕跡を消す「去蔣化」を進めた。

そのため、日記の行く末を心配した蔣孝勇の未亡人は、二〇〇四年に、アメリカのスタンフォード大学フーヴァー研究所に日記を委託した。フーヴァー研究所が収蔵したのは、一九一七年から二三年、二五年から七二年までの日記だ。[19]

二〇〇六年に、同研究所でそのコピーの公開が始まると、各国の研究者が押し寄せた。さらに、二〇〇八年に台湾で国民党が政権を奪還すると、蔣介石に再び光が当たった。その結果、蔣介石の没後四〇周年記念に出版された『蔣中正先生年譜長編』全一二巻には、書簡に加え、日記の一部が翻刻されている。[20]

さらに本書は、抗戦歴史文献研究会編『蔣中正日記』を用いた。[21]同じくフーヴァー研究所の原本のうち、一九三七年から一九四五年までの日記が翻刻されている。『蔣中正先生年譜長編』に収録されていない部分を多数含むのが特徴だ。

フーヴァー研究所も改修や感染病の流行で閉鎖が続いたため、本書はこうした翻刻を用いたが、いずれ日記は翻刻だけでなく、原本を撮影した影印本（えいいんぼん）も刊行されるよう願っている。

補助輪としての日記

蔣介石の内面に迫ろうとすれば、手に取るべきは書簡ではなく、日記だろう。書簡は相手に読まれることを前提にしており、書き手も本心を伝えるとは限らない。その点、内面をより率直に吐露できるのは日記だ。

もちろん、日記を書くこと自体が後世を意識した演技であり、公開されるのを意識して書く場合さえある。それでも、日記はその作為も含めて評価に値する史料である。そのため、日記が公開されてから、あまたの研究者が彼の日記に基づいて日中戦争を分析した。[22]

しかし、日記で崇高な理想を掲げても、現実を動かすに至らないこともある。後世から見ると、日記で書いたのとは逆の結果を招いていることすらある。蔣介石も、問われるべきはその外交の成果であって、秘めた内面ではない。

外交は、相手を自分の望み通り動かそうとする技術(アート)である。果たして、蔣介石はどの程度それに成功したのか。それには、中国側のみならず、相手国の外交文書も用いるのが王道だろう。外交文書が「表の顔」なら、日記は「裏の顔」だ。外交で相手に見せる「表の顔」の分析よりも、「裏の顔」を暴くのに執着するのは、外交の分析としては本末転倒である。

ただ、外交の場での発言は、交渉相手との駆け引きである以上、すべてを真に受けてはならない。そのため本書は、書簡を筆頭とする外交文書を中心に据えながらも、日記を補助的に用いる。

本書の構成と用語

各章は時系列に沿い、一九三七年から一九四五年まで、一年ごとに一章を割いた。序章は、日中戦争中の国際関係の理解を助けるために付されている。

内容は、それぞれの時代、誰と熱心に書簡を交換していたかに重きを置いている。一九四一年まではソ連、それ以降には米英の指導者との書簡が多いのは、それぞれの時期に、どの国が中国にとって重要だったかを反映している。

往復書簡の多数を占めるのは蔣介石からで、米英ソ首脳からの返信はそれに比べると少ない。例えば、日中戦争中の一九三七年七月から、日本が降伏する一九四五年九月までに、スターリンと蔣介石の往復書簡は六四通が見つかった。この内、スターリンなどソ連側からの書簡は一六通である。

もっとも、各国からの書簡が少ないのは、実際に書簡が少ないためなのか、史料保存や公開の問題なのか、慎重に見極める必要がある。今後、本書で取り上げた書簡の他に、新たな書簡が見つかる可能性も否定できない。また本書では、発見した書簡すべてを採録したわけではない。本文での考察にとって有用な書簡のみ活用した。書簡すべてを網羅するのは、今後、別に編まれるべき書簡集の役割であろう。

引用に際し、できる限り書簡の原文を探し出して参照したが、受け取った相手が読んだ訳文も参考にした。原文が見つからない書簡は、訳文を考察の対象にしている。ニュアンスが微妙に異なる場合もあるので、訳文だけを考察の対象とするのは本来なら避けるべきだ。だが、書簡の内容が原文と訳文で大きく違うことはほとんどないので、ご理解いただきたい。註では、複数の出典がある場合、原文を記載している史料を先頭に並べた。

最後に、本書で頻出する米ソ両国の役職名や制度について付記する。

ソ連では一九四六年まで、各国の省庁に当たる組織は「人民委員部」で、そのトップが「人民委員」、ナンバーツーは「人民委員代理」と呼ばれた。一九四六年以降、前者は「大臣」、後者は「次官」に改められた。

例として、外務省に相当するのは「外務人民委員部」で、トップが「外務人民委員」、ナンバーツーは「外務人民委員代理」である。各国の大使に相当する役職は、一九四一年五月まで「全権代表」と呼ばれた。大使館は「全権代表部」である。

また、一九四六年まで、ソ連陸軍の正式名称は「労農赤軍」で、通称「赤軍」と呼ばれた。本書も、こうした歴史的表記を踏襲する。

アメリカでは、大統領が全軍の最高司令官の地位にある。第二次世界大戦中は、文民である陸海軍の長官、また軍事専門家から構成される統合参謀本部（Joint Chiefs of Staff）の補佐をうけた。

第二次世界大戦まで、アメリカには陸軍省と海軍省があったのみで、統合参謀本部は存在しなかった。統合参謀本部は、陸海軍を統合調整するために、一九四二年二月に発足した。正規メンバーは陸軍参謀総長、陸軍航空部司令官、海軍作戦本部長、米国艦隊司令長官の四名で、その下部に各種委員会が置かれた。会議には上記の四名の他に、その都度、一〇名から二〇名の指導的軍人が出席した(23)。

なお米英合同参謀長会議（Combined Chiefs of Staff）は、第二次世界大戦中に、米英両国の全般的な戦略と戦争遂行方針を調整し、組織化するために設けられた。両国の統合参謀本部を合同した会議体組織である。

ソ連と独伊への接近、一九三五〜三六年

ソ連への愛憎

満洲事変後の蔣介石は、日本との全面衝突を避けながら、中国共産党の討伐（剿共）を優先していた。従来語られてきた、この「安内攘外」のイメージは修正されつつある。蔣介石は、日本との衝突に備え、軍備拡充と経済発展にも力を注いでいた。そのためには、どこの国とも手を結ぶ。

そうした中国に財政支援を与えたのは米英であった。武器を供与したのは独伊である。そして、中国が政治的に接近したのがソ連だった。

共産主義を憎悪する蔣介石は、ソ連の指導者スターリンを憎み、スターリンも蔣介石を嫌っていた。ではなぜ、蔣介石はソ連への接近を画策したのか。それを知るには、一九二〇年代の両者の関係悪化までさかのぼる必要がある。

国民党の創設者である孫文の命を受け、蔣介石は一九二三年にソ連を訪問したが、ソ連への嫌悪感を募らせて帰国した。モスクワにおける彼の日記からは、国民党と孫文が軽く扱われている怒りが伝わってくる。

ゲオルギー・チチェーリン（Георгий Васильевич Чичерин）外務人民委員は、一九二三年一一月六日に、レフ・カラハン（Лев Михайлович Карахан）駐華全権代表へ宛てた書簡で、蔣介石を粗略に扱ったことを後悔している。

> 蔣介石は明らかに失望させられており、いまはもう、露骨に苛立ちさえ示している。私は彼と数度会見したが、［レフ・］トロツキー［Лев Давидович Троцкий］同志も、［グリゴーリー・］ジノヴィエフ［Григорий Евсеевич Зиновьев］同志も、一度も彼に会おうとしない。私が思うに、トロツキー同志は、孫文の軍事的な冒険主義に対して、とても辛らつな意見を持っているから、彼に全く注目していないのだろう。軍人たちは、蔣介石の軍事計画に全く否定的な反応だ。［中略］悲しむべきことだが、中国に戻ったら、蔣介石は我々の敵に転じるかもしれない[1]

チチェーリンの懸念は正しかった。蔣介石は帰国後、親しかった国民党の幹部、廖仲愷にこう書き送った。

> 中国に対するロシア党の唯一の方針は、中国共産党を造って正統にすることであり、決して吾党が同党と終始一貫して合作し、互いに成功を画策しうるとは信じていない。中国に対する政策は、満洲、モンゴル、回［ムスリム（イスラム教徒）の居住地、すなわち新疆など］、チベットをソビエトの一部にすることであるが、中国本部に手を染める意思がないわけではない[2]

しかしその一方で、蔣介石はソ連の政治体制への憧憬も抱いており、国民党や軍の改革の模範とした。(3)

届かなかった蔣介石の書簡

折に触れてソ連人顧問たちと対立しながらも、蔣介石はソ連との提携を維持した。張作霖率いる北京政府を倒し、中国を統一する北伐には、ソ連の援助が必要だったからだ。

一九二六年一一月七日の蔣介石の書簡も、そのことを物語る。これは、黄埔軍官学校で秘書長を務め、当時はモスクワにいた劭力子へ、スターリンやカラハン外務人民員代理への伝言を頼んだものだ。

> 本日は貴国の革命の九周年記念日である。中正［蔣介石の字］は遠く南昌［江西省］の陣中にあり、自ら慶祝することができない。謹んで特に中国の国民革命軍の全将士を代表して、至誠をもって恭しく我が友愛の同志の国、ソ連の革命の永遠の成功を願う。併せて、中ソ両国の革命精神の団結と、年々革命を記念することが益々増進していくことを願う。両国の同志が共同で奮闘し、世界革命の責任を全うすることを心から望む(4)

この書簡は、手違いのためか、スターリンへ届かなかったようだ。一九二七年四月一日、スターリンは上海にいる「リンデ」に、蔣介石への伝言を頼んでいる。

> 今日、劭力子と話した。彼がいうには、蔣介石はモスクワに電報を送ったが、モスクワからの返信がないという。そうした知らせはグリゴーリーからもあった。しかし、我々はモスクワで蔣介石の

からの電報は全く受け取っていない。漢口（かんこう）からの他の電報と同じく、北の奴らによって上海で消された可能性がある。蒋介石に、再び電報を送るように頼んでくれ。我々は、あらゆる問題で蒋介石に答える準備をしている(5)

スターリンはこの時、蒋介石へ肖像写真（ポートレイト）を贈っている(6)。このようにスターリンは、蒋介石への信頼を示した。

しかし蒋介石は、米英や日本との提携に望みをかけ、協力関係にあった中国共産党を切り捨てた。一九二七年四月一二日、上海総工会の武装組織（工人糾察隊（こうじんきゅうさつたい））と国民革命軍の衝突が起きる。このどさくさの中で、中国共産党員も逮捕、処刑された。蒋介石側は、党内から共産主義者を一掃する「清党」と称した(7)。いわゆる上海クーデターである。

この直後にスターリンは演説しているが、怒りの矛先は蒋介石に向いている。

「蒋介石のクーデターは、民族ブルジョワジーが革命から脱退し、民族反革命の中心がうまれ、国民党右派が中国革命にそむいて帝国主義者と取引をむすんだことを示している(8)」。

蒋介石に贈られたスターリンのポートレイト（1927年）。写真上部には、スターリンの直筆で、「中国国民党軍総司令の蒋介石へ。国民党の勝利と中国の解放の記念に。スターリンより」と記されている。（スターリン・デジタルアーカイブ蔵）

以後、ソ連とスターリンにとって蔣介石は不倶戴天の敵となり、両名が書簡をかわすことはなかった。一九二九年には、満洲で中ソ両国は武力衝突にまで至り、事実上、国交が途絶えてしまう。

なお蔣介石は、モスクワで学びたいという息子の蔣経国を、一九二五年にソ連に送り出していた。ただ蔣介石とソ連の関係が悪化すると、蔣経国は人質同然となり、一二年間もソ連からの出国が許されなかった。

満洲事変後の中ソ関係

一九三一年九月一八日に満洲事変が勃発し、関東軍は満洲を占領してゆく。蔣介石は日記で、「内乱平定で暇がなく、外交に対してあまりにも不注意だった」と悔やむ（「蔣中正日記」一九三一年九月二〇日条）(9)。

欧米列強は、満洲事変を起こした日本に経済制裁を科さなかった。そこで蔣介石はソ連に接近し、日本への対抗を図る。これは「連ソ制日」論と呼ばれた。

蔣介石はソ連との国交回復に先立ち、中ソ不可侵条約を締結しようと画策する。行政院長の汪兆銘は無条件の国交回復を唱えたが、ソ連への不信感を宿す蔣介石は、共産主義の宣伝を防ぐためにも、まず不可侵条約が必要だと考えた。こうして一九三二年六月に、駐モスクワ代表団代理首席代表の王曹思を介して、ソ連側に中ソ不可侵条約が提議された(10)。

スターリンの側近で、政治局員であるヴャチェスラフ・モロトフ（Вячеслав Михайлович Молотов）とラーザリ・カガノヴィッチ（Лазарь Моисеевич Каганович）は、この件を六月一二日にスターリンへ報告した。

南京国民政府が不可侵条約の締結を持ちかけてきたのは、ソ連が満洲国に接近するのを恐れてのことだと、二人は分析した。そして、中国との国交回復だけでなく、不可侵条約まで結べば、満洲国との関係は悪化すると懸念した。また、中ソ不可侵条約に、ソ連の対満政策を規定する条項を盛り込んでくるかもしれないと予想する。そのため、王曹思と外交官を接触させないことで、返答を先延ばしにするよう求めた。スターリンも翌日の返信で、その提案に賛同する(11)。

スターリンの蔣介石に対する心証は悪いままだった。同年六月一九日のモロトフへの書簡で、こう書いている。

「南京政府からの不可侵協定にかんする提案は全くのペテンだ。およそ南京政府というのは例外なくちっぽけなペテン師の寄せ集めである(12)」。

一九三二年六月二八日、ソ連の政策決定の司令塔である政治局は、王曹思が不可侵条約と中ソの国交回復について提議してきたら、議論に入らず、その要望を書面で提出するように外務人民員部が促すと決めた。翌日に政治局はやや軟化し、国交回復には反対しないが、不可侵条約はその後に討議したいと王曹思へ伝えることを外務人民員部へ許した(13)。

モロトフ（1939年）

以上のように、何かと理由をつけて、ソ連側は不可侵条約の議論をはぐらかす。中国も国交回復を優先し、一九三二年一二月一二日に、国際連盟の中国首席代表の顔恵慶（がんけいけい）と、マクシム・リトヴィノフ（Максим Максимович Литвинов）外務人民委員が交換公文を交わし、中ソ両国は正式に国交を回復した(14)。

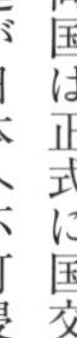

ソ連が日本へ不可侵条約の締結を要望しながらも、進展していな

かったことは、中ソ復交と無関係ではないだろう。一九三二年一二月一三日に、内田康哉外相は正式に日ソ不可侵条約を断った。直後に『イズヴェスチヤ』紙は、中ソ国交回復後も日本および満洲国と不可侵条約を結ぶ用意があると、未練を感じさせる外務人民委員部の声明を掲載した。(15)

日本への宥和と蔣介石の葛藤

同時期に、日本への宥和を試みたのは中国も同じだ。

中ソは国交を回復したが、その関係は劇的に好転したわけではない。一九三三年から始まった中ソ不可侵条約の交渉も、暗礁に乗り上げた。中国側が対日宥和に傾いたためだ。

一九三三年五月三一日、塘沽停戦協定が結ばれた。この軍事協定によって、関東軍は万里の長城以南に広大な非武装地帯を設定し、満洲国を中国本土から切り離した。南京国民政府は日本の南下を回避するため、妥結に至った。(16)

一九三四年一月三〇日、ソ連の駐華全権代表のドミートリー・ボゴモロフ（Дмитрий Васильевич Богомолов）は、次のように外務人民委員部に報告した。蔣介石の義兄の宋子文がいうには、南京国民政府はソ連との不可侵条約締結に踏み切れないかもしれない。なぜなら、条約を締結すれば、華北における日本の侵略を強めてしまうからだ、と。(17)

さらにボゴモロフは、外交部長の「汪兆銘でさえ日本へしかるべき保証を与えたくらいなので」、中ソ不可侵条約は全く不可能だと、さじを投げた報告を同年六月二五日にモスクワへ送った。(18)

ただし、対日宥和に傾く中国側は、ソ連への接近を表沙汰にはしたくはないが、裏では友好関係を求めて接触した。六月二二日にボゴモロフは、朝食をともにした蔣介石の発言を記している。

「隣人が危険に脅かされるなら、それは別の隣人を脅かすことになる。もし何かあれば、中国は常にソ連に同調し、友情を証明するため、あらゆる手段を尽くすだろう[19]」。

だが、中ソ関係を改善するための具体策をボゴモロフが尋ねても、蔣介石は答えなかった。

蔣介石と打ち合わせた上、モスクワを訪問した清華大学教授の蔣廷黻も、条約によらない友好関係を求める。一九三四年一〇月一六日に、ボリス・ストモニャコフ（Борис Спиридонович Стомоняков）外務人民委員代理へ、次のように述べた。

「中ソの関係改善のため、南京政府に提案されてきたのは、不可侵条約の締結や、何らかの友好関係の演出など、形式的なものでした。蔣介石は、正式な同盟や演出によらずに、ソ連との緊密な関係を望んでいます。彼は相互理解と信頼を培うことで、これを達成したいのです[20]」。

ソ連の中東鉄道売却

日本を刺激しないように努めていたのは、実はソ連も同じだ。

ソ連は満洲事変以来、日本に対抗して極東での軍備増強に努めていた。だが関東軍を凌駕する軍事力をソ連極東に配置しても、ソ連は硬軟取り混ぜた対日政策を推進した。

例えば、ソ連は一九三五年三月二三日に、中東鉄道を満洲国に売却して、宥和的な姿勢を見せる。中東鉄道とは、満洲里からハルビンを経て綏芬河に至る路線を本線とし、その両端でシベリア鉄道と接続していた。さらに、ハルビンから満洲国の首都の新京（現在の長春）までの支線を有する。新京では、日本側の南満洲鉄道、略して満鉄と接続した。満鉄はここから遼東半島の大連、旅順まで貨客を運ぶ。

中東鉄道は、一八九六年の会社創業以来、中ソ共同経営を建前としてきたが、満洲事変後には、関東軍の圧力で、ソ連と満洲国の共同経営に移行した。

それでも関東軍としては、ソ連の息のかかった鉄道会社が満洲国内にあるのは目障りだ。ソ連側も、この鉄道をめぐって関東軍とのトラブルが頻発し、経営状況も悪化したので、重荷になっていた。その結果、双方は売買で合意した。一方、この取引で蚊帳の外の南京国民政府は、売却に強く抗議した。

もっともスターリンは、日本への警戒を緩めたわけではない。彼は中東鉄道の売却直後の三月二九日に、イギリスのアンソニー・イーデン（Robert Anthony Eden）国璽尚書（閣僚の一員）と会見した。その席でスターリンは、敵はドイツと日本だと明言し、こう続けた。

「日本が満州を消化するには多分ほんの少しは時間もかかることだろう、それは本当だが、自分としては日本がそれだけの征服に満足しておとなしくしてはいないものと信じている」。

こう語るスターリンは、中東鉄道の売却も、「それでうまくやったことだけではまだ極東の平和を保証するには十分でないと付け加えた」(21)。

日中を天秤にかけたソ連

なおソ連は、中東鉄道の売却前後に、突如として積極的な対華外交を推進し始める。

一九三五年三月一九日、政治局は中国との関係を「活性化」すると決議した。そして、ボゴモロフ駐華全権代表を通じて、蔣介石と外交部長の汪兆銘に、中国との友好関係を望んでいると伝えさせる。その上で、中ソ貿易条約の締結を希望していることや、上海とウラジオストク間で、日本に寄港しない航路の開設などを中国側に提案するよう決議した(22)。

また三月二五日に政治局は、蔣介石へ中ソ不可侵条約の締結交渉に入る用意があると、ボゴモロフが

伝えるとも決めた。協定の草案も外務人民委員部が作成する。(23)

対中接近の背景に何があったのか。通説では、仮想敵の日独がソ連を挟撃するのを恐れた、あるいはドイツがポーランドや日本と手を結ぶ可能性を危惧したので、日本を牽制しようとしたと考えられている。(24) おおむねその通りだと思うが、ソ連は日本を仮想敵とする以上、中国の心証を害したままでは捨て置けなかったのだろう。

同年七月から翌月まで、モスクワで開かれたコミンテルン第七回大会も、中ソ接近の追い風となった。コミンテルンは、一九一九年に創立された各国共産党の国際機構で、支部と位置づける各国共産党に対し、指導と援助をしていた。

その第七回大会では、反ファシズム統一戦線と、ソ連擁護が採択された。これを受けて、一九三五年八月一日に、コミンテルンに駐在する中国共産党代表団は、「抗日救国のために全同胞に告げる書」を発表し、抗日民族統一戦線を提唱した。従来の南京国民政府を打倒する方針からの転換だ。それを知った蔣介石も、ソ連や中国共産党との対話を探る。(25)

広田三原則への反発

ソ連が中国へ接近すると、日本も中国へ歩み寄る姿勢を見せる。

一九三五年一〇月七日に、広田弘毅外相は中国の蔣作賓駐日大使へ、日中提携のための「絶対必要条件」を提示した。日貨排斥など排日運動の停止、中国による満洲国の承認、赤化勢力の脅威に対する共同防共がその要旨で、広田三原則と呼ばれる。(26)

広田三原則は、国民政府内の宥和的な雰囲気を打ち消した。中国側からすれば、広田三原則に応じても得られるものはなく、中国側への要求ばかりで、「日中提携」の根本方針にはならなかった。それどころか、中国をソ連に接近させることになり、逆効果でさえあった。

それから間もない一〇月一八日、ソ連のボゴモロフ駐華全権代表は、蔣介石から直接、広田三原則の話を聞く。ボゴモロフは、日本政府が南京国民政府に対ソ軍事同盟の締結を要求した場合にどうするのか質問する。蔣介石は、政府はいついかなる時でも、そのような提案に賛同しないと明言した。

逆に蔣介石はボゴモロフに尋ねる。ソ連政府は、極東の平和を保障する協定を中国と結ぶ準備はできているのか。この提案は政府代表としてではなく、中国軍の司令官として行っていると強調し、軍事密約だと蔣介石は念を押す(27)。

その背景をボゴモロフに打ち明けたのは、蔣介石の縁戚で、南京国民政府財政部長の孔祥熙だ。日本と戦争になったなら、圧倒的に優勢な日本海軍によって中国沿岸の港が使えなくなる。そこで、陸路で武器を送ってくれるソ連の援助が不可欠なのだ、と(28)。

その直後に事件が起きる。一一月一日に汪兆銘の暗殺未遂事件が起き、間もなく彼は行政院長と外交部長を免職となる。代わって行政院長には蔣介石、外交部長に蔣介石の側近の張群が就任する。以後、親日派は退潮してゆく(29)。

反面では、この交代劇は蔣介石が外交の矢面に立たされることを意味した。汪兆銘の対日接近を黙認することで時間を稼いできたが、彼の失脚で、もはや中国の世論の圧力をかわす盾がなくなった。そのため、蔣介石も妥協を排した対日姿勢を選ばざるを得なくなる(30)。

華北分離工作と中ソ接近

一方、日本も軍事的圧迫を加速させる。関東軍の威圧のもと、一九三五年一一月二五日に、万里の長城以南の非武装地帯で冀東防共自治委員会が発足する。

南京国民政府は同委員会を認めず、翌二六日、首謀者の逮捕令を発し、何応欽駐平弁事処長官を派遣すると決定した。何応欽は一二月三日に北平へ到着したが、日本側は彼との面会を一切拒絶する。そこで中国側も、一二月一一日に冀察政務委員会を成立させた。日本の華北への浸透を許したこれらの出来事は、華北分離工作と総称される。

華北分離工作は、蔣介石をさらにソ連側へと追いやる。「日本は偽満洲国の承認と華北の割拠を中国に強迫」していると感じた彼は、広田三原則にある共同防共も「日中反ソ同盟」の強要にあり、中国が同意すれば、日本の侵略に対応するための最後の拠り所を失い、窮地に陥ると判断した[31]。

これに対し、ストモニャコフ外務人民委員代理は、蔣介石が提起した問題について、中国側と具体的に話し合う準備ができていると、一二月一四日にボゴモロフへ打電している[32]。ソ連としても、日中が反共産主義でまとまる前に、楔を打たねばならなかった。

一二月一九日にボゴモロフ駐華全権代表は、一〇月一八日に提案された協定締結の用意があると蔣介石に申し出る。蔣介石は次のように述べた。

中ソの連携を確認した一九二三年の孫文・ヨッフェ共同声明に基づいて、中ソ関係を築きたい。過去に中ソ間では、特に中国共産党に対する態度について、多くの誤解があったのは非常に残念に思う。中国共産党の存在に反対しているわけではないが、彼らは政府打倒をスローガンに掲げていたため、厳しい措置をとるしかなかった。その点は反省している。だがソ連が中国の統一に共感していると聞いて嬉しい。統一だけが外国の侵略に打ち勝つ唯一の方法だ。統一がなければ、中国は常に弱体化する。ソ連政府が統一を推進してくれれば喜ばしい、と。(33)

中国共産党とも接触

蔣介石の意を受けた駐ソ大使館付首席武官の鄧文儀も、ソ連側と接触した。一九三六年一月二〇日、彼はヴァシリー・ブリュッヘル（Василий Константинович Блюхер）元帥と会談している。ブリュッヘルは、ガーリン（Галин）の偽名で、一九二〇年代に蔣介石の北伐を助けた。鄧文儀は、蔣介石の伝言として、孫文・ヨッフェ共同声明を発表した当時のように、ソ連からの援助を求め、ソ連上層部にも取り次いで欲しいと求めた。そして、ブリュッヘルが中国で再び働いてくれるよう、蔣介石が願っているとも伝言する。結局ブリュッヘルの訪中は実現しなかったが、彼は鄧文儀に蔣介石への助言を託した。(34)

なお蔣介石は、国内では中国共産党の討伐を進めていたが、中国共産党とも直接交渉を模索した。蔣介石の密命で、鄧文儀は、コミンテルンにおける中国共産党代表団の潘漢年、王明などとモスクワで接触する。(35)

一九三六年一月一七日の王明との会談記録が残されているが、鄧文儀は、蔣介石が本気で日本と戦うことを望み、そのためにも王明との交渉を希望していると伝えた。日本と戦うためには軍の指揮を統一する必要があるとして、中国共産党の軍隊である紅軍を、南京国民政府の国民革命軍に編入し、それぞれの軍へ政治委員を相互に派遣することも申し出る。また武器弾薬も不足しており、ソ連からの援助も切実に望むと明かした。(36)

このようなソ連への接近は、日本への牽制のためだ。蔣介石は、「いかにしてソ日戦争を促成するか」

思案していた（「蔣中正日記」一九三五年一二月三〇日条）[37]。

一九三六年に日本で二・二六事件が起きると、反乱側が勝利すれば侵略は必ず猛烈になり、ソ連はさらに焦るのではないかと、蔣介石は期待した。日本の願望はソ連を攻め、中国を抑えつけることだとし、「もし中ソが協定を結べば、倭［日本の蔑称］を屈服させられるだろうか。その速攻を強く抑えることができるだろうか」と、中ソの連携による日本の抑制を考えた（「蔣中正日記」一九三六年二月二九日条）[38]。

蔣介石は、さらに先も見据えていた。日ソ戦争が独ソ戦を引き起こし、世界大戦に至る。そしてヨーロッパでの戦争の決着がつけば、西ヨーロッパの各国は連合し、日本と東方の問題に対処してくれるに違いないという期待だ（「蔣中正日記」一九三六年三月一四日条）[39]。日ソ戦争を勃発させるためにも、中ソ提携は日本を刺激する材料になる。

ソ連側は返事を保留

現実には、中ソ提携へ突き進むには至らなかった。一九三六年三月に結ばれたソ蒙相互援助議定書は、ソ連からモンゴル人民共和国への軍事支援を拡大させ、赤軍のモンゴ駐屯に道を開いた。そのため、モンゴルを自領と見なす南京国民政府を刺激した。蔣介石も激怒する[40]。中ソ関係は再び冷却した。

事態が動くのは半年後だ。同年九月二日、上海のボゴモロフ駐華全権代表はモスクワのストモニャコフ外務人民委員代理へ報告する。蔣介石の側近の陳立夫（ちんりっぷ）から、中ソ不可侵条約を提案された。ただし、陳立夫は二つ条件を付けた。第一に、結ばれる条約は仏ソ相互援助条約に準ずる。第二に、日中の衝突が正式な形で始まったら、その一、二ヶ月後には、ソ連が確実に中国へ軍事支援を与えると表明することだ。

ボゴモロフは自らの意見を次のように書き添えた。

中国と不可侵条約を結ぶことは、我々にとってとても望ましい。日本はどのような状況下でも、今後さらに長期にわたって、極東における我々の潜在的な敵のままでしょう。しかし我々が一歩踏み出すには、現在の中国の情勢はいささか不透明だと思います。そのため、実質的な結論としては、できる限り交渉を長引かせつつ、いま満ちている友好的な雰囲気を壊さないようにすることでしょう(41)

そこで彼は、第八回臨時ソヴィエト大会に参加するという名目で、ソ連への帰国を申し出た。中国の情勢を見極め、外交方針を確立するための時間稼ぎだ。

一〇月二一日、ストモニャコフはこの件についてスターリン、モロトフ、カガノヴィッチ、国防人民委員のクリメント・ヴォロシーロフ（Климент Ефремович Ворошилов）元帥へ意見書を送る。不可侵条約についてボゴモロフと討議するため、彼をモスクワへ召還したいという趣旨だ(42)。提案は認められ、ボゴモロフは返事を保留したまま、ソ連へ帰国する。

帰国したボゴモロフは、一二月九日に、コミンテルン執行部書記長のゲオルギー・ディミトロフ（Georgi Dimitrov）と会談した。そして、日本の中国侵略は続いており、中国は日本と戦争する気だと語る。また、国民党と中国共産党との統一戦線も、急速に進展していると述べた。ただ、蔣介石が中国共産党やソ連と協定を結ぶのは、日本との戦争が目前に迫った時だろうと予測する(43)。

以上のようなソ連側の慎重な姿勢により、不可侵条約の交渉はすぐには始まらなかったが、ソ連への接近は、結果として蔣介石の命を救うことになる。

西安事件

裏ではソ連や中国共産党に接近していながら、蔣介石は中国共産党の支配地域への攻撃を続けていた。一九三六年一二月、蔣介石は督戦のため西安を訪れる。しかし、一二月一二日に、西北剿匪副指令の張学良、西安綏靖公署主任の楊虎城が指揮する部隊によって拘束された。いわゆる西安事件である。

張学良は抗日の即時実行、ソ連と連携し中国共産党を容認する「連ソ容共」、政府の改組など全八項目を南京国民政府に要求した[44]。最終的に、蔣介石が一二月二六日に南京に戻るまで、彼と張学良、楊虎城、宋子文、そして蔣介石の妻の宋美齢、中国共産党の周恩来などの間で、西安では膝詰めの談判が繰り返される。

中国共産党が、西安での決起について、事前に張学良から知らされていたのかは議論がある。だが、両者が、内々に接触していたことは確かだ。

一九三六年四月九日に、周恩来と張学良は会談している。周恩来は内戦を停止し、抗日を行い、国防政府と抗日連軍を新たに設けることを提案し、張学良と意見が一致した[45]。

同年七月上旬に送られたとされる、ディミトロフからスターリンへの書簡によれば、抗日統一戦線を築くため、一九三五年年一二月から、楊虎城がナンバーツーである西北軍（第一七路軍）も味方に引き入れる工作が行われ、「大成功を収めた」。また、コミンテルンから張学良へ資金を供与することも、話がまとまっていた[46]。

西安事件は、こうしたコミンテルンと中国共産党の工作が実ったと、モスクワでは張学良を評価する向きもあったようだ。ディミトロフは一二月一三日の日記に、「張学良についての楽観的で好意的な評価」と記している。[47] 一二月一三日には、中国共産党中央政治局も、西安事変は「愛国の性質と革命の意義」があると認定した。[48] そして張学良と頻繁に連絡を取り、事件の処理に動く。

怒るスターリン

ディミトロフは一九三六年一二月一四日に、コミンテルンにおける中国共産党代表の鄧発（とうはつ）の報告書を添え、スターリンへ書簡を送る。そして、自らの分析を記す。

「[中国共産党]中央委員会からの十分な情報がまだないとはいえ、張学良が冒険的な行動に出たのは、彼ら[中国共産党]との合意や参加なしでとは考え難い。我が党[中国共産党]と紅軍は非常に難しい立場に置かれました」。[49]

そしてディミトロフは、中国共産党はあくまで「自立的な立場」をとり、民主主義勢力と統一戦線を築くべきだという見解を披露した。

その日の夜一二時、スターリンからディミトロフに電話があった。

スターリン　中国のこの事態は、君たちが承認したものか。

ディミトロフ　違います。

スターリン　これは、誰にせよ、いま行い得る日本への最大の奉仕だ。

ディミトロフ　我々もまた、この事件をそのように見ています。

スターリン　君たちの王明とは何者だ。挑発者か。彼は蔣介石を殺させる電報を打とうとしていた。

ディミトロフ　そんなことを私は聞いたことがありません。
スターリン　その電報を見つけて君に見せてやろう[50]

張学良の決起は、スターリンにとって不愉快だった。彼が進めてきた抗日統一戦線の構想をくつがえすからだ。その点は次項で検証する。

蔣介石を救出したソ連

スターリンらは、一九三六年一二月一五日と翌日に、集中的に中国問題を討議し、中国共産党を「日本の帝国主義」に反対する国や勢力と協力させると決めた。一二月一六日にディミトロフから中国共産党へ送られた文面は、次の一文から始まる。

貴下の電報に答えて、我々は以下の立場をとるように勧告する。
張学良の行動は、その意図がいかなるものであったとしても、中国人民の力を抗日統一戦線に結集させようとする試みをおそらく壊すだけであり、中国に対する日本の侵略を勢いづけるだけである[51]

その上で、政府の再編や中国共産党の討伐の停止などを条件に、中国共産党はこの事件を「平和的に解決」するよう指示した。

一二月二五日、蔣介石は中国共産党の討伐を、以後は停止するように周恩来へ約束させられた。その代わり蔣介石は、中国共産党の軍隊である紅軍は、自らの指揮下に入るように求め、周恩来は承知する。

リトヴィノフ（1935年、ロシア国立映像写真文書館蔵）

この日、蒋介石は解放され、西安を離れて洛陽（らくよう）に向かい、翌日に南京へ空路で帰還した(52)。

ソ連からの指示は、蒋介石の解放に一役買ったと考えられている(53)。スターリンが助け舟を出したのは、蒋介石を抗日の指導者と認めていたこともあるだろう。だがそれだけではない。スターリンは、事件前から、中国共産党は都市部にしか支持者がおらず、国民党との抗日統一戦線が必要だと考えていた。事件前の一一月二六日に、ディミトロフにそう語ったスターリンは、中国問題の再検討を命じていた(54)。

スターリンは事件後も、抗日統一戦線を必要とする見解を変えない。一九三七年一月一六日、ディミトロフからスターリンへ送られた中国共産党への指示の草案でも、国民党との提携が掲げられていた。そして一月一九日、スターリンやモロトフらとの討議を経て、国民党には内戦を停止させ、「日本の侵略」と戦うあらゆる勢力を結集する路線を支えるように、コミンテルンは中国共産党へ指示する(55)。抗日の中心は、弱体な中国共産党ではなく、蒋介石率いる国民党だというのが、スターリンの見解だった。

集団安全保障案の共鳴

西安事件以降、中ソ関係は次第に改善し、不可侵上条約交渉も始まる。しかし、思わぬ構想の浮上で、交渉は空転してゆく。

リトヴィノフ外務人民委員は、ヨーロッパでもアジアでも、集団安全保障体制を構築しようしていた。そしてその中に、日中を組み入れる構想を描く。中ソ不可侵条約を結んでしまうと、日中の争いに巻き込まれ、日ソの対立も先鋭化する。しかし太平洋諸国で連合体を作れば、遅かれ早かれ日本も参加せざるを得ないというのが彼の考えだ。

一九三七年三月一一日に会談した駐ソ大使の蔣廷黻には、「この種の協定のみが日本の侵略を最終的に終わらせ、極東に平和をもたらし得ると信ずる」と、リトヴィノフは語った。蔣廷黻は、まず中ソ協定という核を作り、それに他の太平洋諸国が加盟できるようにした方が良いのではないかと述べた。しかしリトヴィノフは、逆効果だと却下した(56)。

実は蔣介石も、集団安全保障体制を考えていた。一九三七年三月五日に会談したネルソン・ジョンソン(Nelson Trusler Johnson)駐華米国大使には、次のように述べる。

イギリス政府は極東に関心を示しているが、アメリカは極東にあまり熱心に関心を示していないという印象が中国人の間で広がっている。アメリカが再び太平洋地域と中国に関心を示すよう期待している。極東に関心を持つ列強の国際会議が開催される時期は、そう遠くないと思う。太平洋地域の平和のためには、アメリカの協力が必要であるから、アメリカもその可能性を念頭に置き、参加する準備をして欲しい、と(57)。

なお蔣介石の日記によると、英米仏ソといった大国を招いた「太平洋各国和平会議」をジョンソンに提案したという(「蔣中正日記」一九三七年三月五日条)(58)。

スターリンのわだかまり

日本の脅威が増す中、ボゴモロフ駐華全権代表は、各国への根回しに時間のかかる集団安全保障体制の構築には不満で、中国を直接支援すべきだと考えていた。外交部長の張群には、「どのような状況下でも、ソ連と中国に不可侵条約がないことは、中ソ関係にとってマイナスだと思う」と、一九三六年一一月の会談で述べている[59]。

彼の意見書も踏まえ、ソ連は方針を転換した。一九三七年三月八日、政治局は以下を決める。

①中ソ不可侵条約の交渉再開。

②五〇〇〇万メキシコドルのクレジット（借款）で航空機、戦車その他の武器を供給し、錫、タングステン、茶で支払いを受け取る。

③ソ連で飛行士、戦車搭乗員の訓練を実施する。

長らくソ連に留めていた蔣経国の帰国も認めた。

「蔣介石の息子の中国への出張は、仮に本人の同意があるのなら反対しない[60]」。

これは蔣介石から、息子と上海で会いたいという要望が二月に出され、スターリンが応えたものだ。ただ、「共産主義者の息子」が帰国すれば、「今後の蔣介石の政治的立場に大きな影響がある」と、リトヴィノフが進言した結果でもある[61]。

この決定の翌日、一時帰国していたボゴモロフがスターリンにおうかがいをたてる。

伝え忘れていましたが、蔣介石は、私が中国を離れる時に、ソ連の指導者であるあなたに挨拶をしておりました。帰任に際し、何か伝えておきましょうか。これに対し、スターリンはその文書の左上に、緑の色鉛筆で書きなぐった。

「謝意と挨拶を返しておけ」[62]。

スターリンは、蔣介石へ個人的なメッセージを伝えなかった。わだかまりは解けていなかったのである。

幻の太平洋不可侵条約

こうして、ボゴモロフは新たな提案を携え、中国に戻る。一九三七年四月一二日、ボゴモロフは外交部長の王寵恵（おうちょうけい）と会談し、太平洋各国との相互援助条約、中ソ不可侵条約、中ソ相互援助条約の順で考慮を求めた。王寵恵は蔣介石及び政府と協議し、五月一五日に回答すると約束したが、返事はなかった[63]。ボゴモロフの希望に反し、ソ連が不可侵条約を最優先とせず、提案した中国も交渉に躊躇するようになったのは、太平洋不可侵条約という案が急浮上していたことが関係している。

この構想の旗振り役は、オーストラリアのジョゼフ・ライオンズ（Joseph Aloysius Lyons）首相である。オーストラリアは、日本の脅威を肌身に感じていたが、かといって、羊毛の取引のある日本との戦争は望まない。そこで、ライオンズ首相は、一九三七年五月に、イギリス帝国会議の席で、太平洋不可侵条約を提案した[64]。

ソ連の駐英全権代表、イヴァン・マイスキー（Иван Михайлович Майский）はもろ手をあげて賛成した。太平洋不可侵条約は相互援助条約を用意することになるし、相互不可侵条約に加入したのにも等しい。いまの段階に至っては、日本をこうして協力させるよう仕向けるしかないと、マイスキーは述べた。これを聞いたライオンズは、オーストラリアで議会選挙に勝ったら、この政策を推し進めると約束している[65]。ライオンズは吉田茂（しげる）駐英大使にも、一九三七年五月二五日と六月七日に、この構想について熱心に口説いた[66]。

しかし、太平洋不可侵条約は、日本は「時期尚早」、アメリカは不要との立場で、イギリスも積極的とはいえなかった。肝心の日米英の支持を集められず、構想は暗礁に乗り上げた[67]。

イタリアと張学良

ソ連にすると、中国を支援すれば、日本との関係が悪化する。中国にすると、ソ連に接近すれば、日本との宥和が破綻する。双方とも提携に利点を見いだしながらも、「ハリネズミのジレンマ」に陥った両国は、日中戦争前に不可侵条約の締結に踏み切れなかった。

一方、アメリカは一九三三年に、五〇〇〇万ドルの棉麦借款を中国へ供与した。イギリスも、一九三五年に中国の幣制改革を助けた。しかし、財政支援を与えた他は、米英は二の足を踏む。

中国が何より渇望していた軍事支援を申し出たのは、イタリアとドイツである。

まずイタリアだ。一九三三年七月、蔣介石の義兄で財政部長の宋子文は、イタリアの独裁者、ベニト・ムッソリーニ（Benito Amilcare Andrea Mussolini）の娘婿ガレアッツォ・チアーノ（Gian Galeazzo Ciano）と協定を結び、イタリアから借款を得た。チアーノは直前まで上海総領事を務めるなど、中国とは縁が深い。

張学良（1937年、フランス国立図書館蔵）

一九三三年にイタリアへ帰国したチアーノと、船旅をともにしたのが張学良だ。父である張作霖の爆殺後、南京国民政府に帰順したが、満洲事変で本拠地を失っていた。

同年四月、張学良はイタリアの客船で上海から旅立つ。船中でチアーノ夫妻と親交を深めた彼は、ローマでムッソリーニとも面会を重ねた。一九三四年一月に帰国した際には、イタリアのファシズムにすっかり魅了されていた。「張学良は、ムッソリーニの女婿チアーノとの親密な関係からも、イタリア型政治モデルともいうべき『ファシズム』思想とその実践が中国の『国家建設』に不可欠な政治路線だと実感していた(68)」。イタリアとの関係を深めた張学良は、蒋介石へイタリア人パイロットを紹介し、イタリアの協力による中国空軍の拡張を推進するようになった(69)。

イタリアの空軍援助

これ以降、イタリアの支援は加速してゆく。特に顕著だったのは航空部門だ。一九三三年から三六年にかけて、中国は一三〇機以上の訓練機や爆撃機をイタリアから買い付けた。

中国人パイロットを養成するための訓練課程も、イタリアと中国に設けられた。中国では、イタリア軍のロベルト・ロルディ（Roberto Lordi）大佐と二〇名の教官が、一九三三年から南京で教え始めた。蒋介石自身も、一九三三年五月には航空署を航空委員会に改組して、自ら委員長に就任するなど、空軍の強化に並々ならぬ熱意を示す。

ロルディ大佐の教え子たちは、一九三三年一一月に福建(ふっけん)省で起きた、国民政府への反乱（福州(ふくしゅう)事変）の鎮圧に参加し、軍功をあげた。これが認められて、ロルディ大佐は航空委員会総顧問となり、一九三五年二月に、洛陽で中国空軍の航空学校が開校すると、その校長にも任命された。一九三五年、航空委員会総顧問は、同じくイタリア空軍のシルビオ・スカローニ（Silvio Scaroni）将軍に交代する。彼を蒋介石に推薦したのは、ムッソリーニである(70)。

一九三四年には、イタリアの航空機メーカーが中国に工場を設立し、現地生産に乗り出す。翌年八月には、ムッソリーニが蔣介石に航空機を贈呈した。ちなみに、西安事変で解放されてから、蔣介石はこの航空機に搭乗して南京に戻っている。イタリアの支援は、アメリカやドイツの支援と競合しながら拡大していった。(71)

エチオピア戦争

イタリアとの関係は、エチオピア戦争で一変する。イタリア領ソマリランドとエチオピアの国境紛争を口実に、ムッソリーニは一九三五年一〇月、エチオピアへの攻撃を始めさせた。

孔祥熙は一〇月一日に、エチオピア問題を平和的に解決するよう、蔣介石からムッソリーニへ親電を送るよう勧めた。蔣介石は、効果はないだろうと、ほとんど取り合わない。(72)それでも、国際連盟によるイタリアへの経済制裁に、中国は賛同した。

ちなみに、日本政府は中立を選ぶ。イタリアもエチオピアも、日本の友好国だったためだ。ただ民間では、アジア主義者たちがエチオピア支持で盛り上がる。

しかし日本政府は、一九三六年五月に、エチオピア皇帝ハイレ・セラシエ一世（Haile Selassie I）がイギリスに亡命し、イタリア軍が首都アディス・アベバを占領したことを重く受け止めた。さらにイタリアがエチオピア併合の承認と引き換えに、満洲国の承認をちらつかせると、日本はエチオピアの大使館を領事館に格下げし、事実上、併合を承認した。(73)

エチオピア戦争における日中の態度の落差は、日中戦争勃発後のイタリア外交に影響を及ぼすことになる。

中伊関係は冷え込むが、断絶したわけではない。イタリア空軍の軍人たちは、日中戦争の勃発後まで中国に常駐した。さらに蔣介石は、一九三七年三月に、ムッソリーニ政権の初期に、自由主義的な経済政策で鳴らした元財務相、アルベルト・デ・ステーファニ（Alberto De Stefani）を招き、財政部顧問に任じた。彼の指摘は深く肯綮（こうけい）に中（あた）っていると、蔣介石はステーファニの改革案に書きつけている。(74)

ヒトラーとの往復書簡

イタリア以上に、中国へ深く食い込んだのがドイツだ。一九三〇年代のドイツと中国の関係については、優れた先行研究がある。(75)そこで本書では、書簡と関連する事柄のみ論じよう。

一九三三年一月に首相に就任したアドルフ・ヒトラー（Adolf Hitler）は、日本寄りの姿勢を取ったイメージが強い。しかし実際は、日本と中国を天秤にかけ、国益にかなうならば両国と取引をした。ヒトラーを戴き、生まれ変わるドイツに、蔣介石は期待を抱く。ドイツも軍事顧問を送り、武器を売ることで、中国の資源獲得を狙った。

一九三六年一月五日、三名の部下をドイツとの経済協力のために送り出した時、蔣介石はヒトラーへの書簡を託した。彼らに接見して欲しいという依頼と、両国の親善を願う文面だった。(76)

同年三月、ドイツは仏ソ相互援助条約の成立を理由に、ロカルノ条約を一方的に破棄する。そして同条約で非武装地帯とされていた独仏の境界地域、ラインラントへ進駐した。

蔣介石はこの件で、ドイツのオスカー・トラウトマン（Oskar Paul Trautmann）駐華大使に敬服の意を伝えた。蔣介石はファシズムとヒトラーに傾倒していたといわれる。(77)そのため、イタリアのエチオピア進攻には賛成しなかった彼も、今回は異なる反応を見せたのだろう。

中国から希少な軍用資源を得たいドイツと、ドイツから技術や武器を得たい中国の利害もうまくかみ合った。

一九三六年四月八日には、中独条約（ハプロ条約）が締結される。ドイツは一億ライヒスマルクの借款を与え、中国が武器を買い付けられるようにし、中国はタングステンや農作物の輸出でそれを相殺した。なおタングステンはレアメタルの一種で、ドイツ軍の対戦車砲弾の製造に不可欠であった。中国は現在でもその一大産出地だ。

同年四月一三日、蔣介石はヒトラーへ書簡を書く。四月二〇日のヒトラーの誕生日を祝う内容だが、中独のさらなる経済協力を促すのが目的だった。この中でも、「両国の経済協力についてはすでに話し合われ、公式の条約が結ばれております」と、中独条約の締結で、中国の経済発展の基礎が築かれたと謝意を表している(78)。

ヒトラーの返信は五月一三日付だ。

「中独両国間のバーター貿易は、実に両国の経済発展に莫大な利益をもたらしており、謹んで感謝を申し上げる」、「両国が相互に合作する前提条件はすでに整ったと深く信じており、両国間の友情の密接な結合は、必ずや我々両民族に大きな利益をもたらすだろう」と持ち上げている。ヒトラーは、蔣介石と中国への敬意をこめて、ドイツ国防軍の栄誉ある剣を受け取ってもらいたい、と書簡を締めくくった(79)。

ヒトラーにしても、中国への関心はもっぱら経済面に向けられていた。

日独防共協定と中国

一九三六年九月一七日に蔣介石がヒトラーに送った書簡は、ドイツとの提携に自信を深めた様子がうかがえる。この書簡は、「特使としてライヒェナウ将軍を派遣して下さったことに、心より感謝申し上げます」という謝意から始まる。ヴァルター・フォン・ライヒェナウ（Walter von Reichenau）も、ドイツ国防軍の高官である。

さらに、経済協力の詳細について続く。中独の経済協力の詳細な計画は、ライヒェナウに託してあるから彼から聞き取って欲しい。中国側では、農業、鉱業、資源探査について協力する用意ができている。また、三〇〇〇万元相当の物資をこの一年以内にドイツに送るよう命じてある。中国が貴国にさらに多量の原材料を供給するのも、ドイツを重視しているからだ。広東省、広西省も支配下に戻ったので、中国の統一は円満に実現したとも報告し、いまこそ内政建設の時だと述べる。そこで、ドイツの「政治、経済、思想の各方面における」さらなる援助を願い出た。中でも、ライヒェナウ将軍の提案する国防、軍制改革はとりわけ重要だと書いている(80)。

ちなみに、蔣介石が言及している広東省、広西省の事件とは、両広事変を指す。陳済棠を中心とする西南勢力は、一九三六年六月初旬、南京国民政府に抗日出兵を促すとともに、抗日救国軍と称して北上を図る。中国共産党の討伐に血道をあげ、日本に妥協的と見られていた蔣介石からの離反だった。蔣介石は同年七月に鎮圧に成功するが、国内に根強い反対勢力を抱えているという弱点を露呈した。

なお蔣介石は、書簡を送って間もない一九三六年一〇月に、次男の蔣緯国をドイツの士官学校へ留学させている。

しかし、中独関係に亀裂が走る。一九三六年一一月二五日、ベルリンで日独防共協定が結ばれた。日独防共協定はソ連を仮想敵とする。しかし中国からすると、ドイツは仮想敵の日本と手を結んだことになる。蔣介石は日記で、これを見抜けなかったのは、自らの経験不足による失敗だと反省した（「蔣中正

日記」一九三六年一一月二一日条[81]）。

以後、ヒトラーとの往復書簡は確認できない。けれども、第二章で述べるように、日中戦争下でもドイツの支援は継続された。

このように、中国は日本と対抗するために、各国との政治、経済、軍事面での提携に熱心に取り組み、一定の成果をあげていた。ただ、どの国とも安全保障を左右する同盟を結ぶには至らなかった。南京国民政府による国内の統合もまだ不十分で、軍も独伊の支援で強化している途上だった。そうした状況下で、日本との戦争が始まる。

第一章

日中戦争の勃発と孤立、一九三七年

日中戦争勃発

一九三七年七月七日、北平(ほくへい)(現在の北京)郊外で、日中両軍が衝突する。いわゆる、盧溝橋(ろこうきょう)事件の勃発である。いったんは現地で停戦にこぎつけたものの、結果的には全面衝突となり、日中戦争が勃発する。

蔣介石の対応は迅速だった。事件の一報が入った七月八日には、盧溝橋付近で日本軍と対峙する第二九軍軍長の宋哲元(そうてつげん)に、事件現場にある宛平(えんへい)城の固守を命じる。翌日にかけて、各部隊には北平周辺への北上を命じた。日本軍が「挑発」に出たのは、中国側の準備が未完の時に乗じたもので、華北を独立させようと狙っているのではないかというのが、蔣介石の読みだ(「蔣中正日記」一九三七年七月八日条)(1)。

七月一七日、蔣介石は江西省の避暑地、廬山(ろざん)での会議で、「万一、本当に最後の関頭に至ることが不可避となったならば、我々には当然、ただ犠牲あるのみ、ただ抗戦あるのみだ!」と述べ、不退転の決意を表明した(2)。中国共産党も、全民族が抗戦に立ち上がり、第二九軍を支援するよう、七月八日に声明を出す。

しかし、戦況は中国側に不利だった。七月二八日には北平が、八月初めには天津が陥落する。戦況の悪化もあって、蔣介石は中国共産党との協力に踏み切る（第二次国共合作）。八月二二日、中国共産党の軍隊（紅軍）は、南京国民政府軍事委員会の指揮下に組み込まれ、国民革命軍第八路軍（以下、八路軍と略記）に改編された。もっとも、八路軍は従来通り、中国共産党の軍隊としての独立性も保持する(3)。なお以下では、南京（後に重慶）の国民政府の軍隊は、単に「中国軍」と記す。

八月一三日に上海で戦端が開かれると、中国軍は全面的な抗戦を始めた。宣戦布告こそしなかったが、その翌日には、日本の侵略を受けたため、自衛権を発動すると、南京国民政府は内外に宣言した(4)。八月二七日、国民党中央執行委員会の常務委員会は蔣介石を大元帥とし、軍事委員会の委員長として、陸海空軍の最高統帥権も与えた(5)。

日独伊の調停案への警戒

以上のように徹底抗戦の構えを示す一方で、蔣介石は外交的な解決も模索した。

上海で衝突が始まった八月一三日、蔣介石は南京に駐在する米英独仏伊の大使や公使を招いた。ソ連の外交官は招待されていない。

蔣介石は、まずどのような情報が大使たちに集まっているか尋ねた。ドイツのトラウトマン駐華大使が、中国軍が撤兵すれば日本軍も退き、上海は交戦区域から外されるだろうとの、日本の川越茂駐華大使からの返信を披露する。

一方、フランスのポール＝エミール・ナギアール（Paul-Émile Naggiar）駐華大使は、日本は第三国が介入するのを嫌っているとの見方を示し、川越大使の返信には気をつけるよう述べた。イタリアのジュリアーノ・コーラ（Giuliano Cora）駐華大使もそれに同調した。代わってコーラは、上海での兵力引き離しを提案した。

イギリスのヒュー・ナッチブル＝ヒューゲッセン（Sir Hughe Knatchbull-Hugessen）駐華大使は、日中が合意に達すれば、両軍の撤兵を見守る役を担うと述べた。しかし、その具体的な役割について外交部政務次長の徐謨（じょも）から追及されると、イギリス大使は及び腰になり、発言を後退させてゆく。

蔣介石は、これまでの経験からすると、日本は中国と戦う時、いつも最初に何らかの「和解案」を持ちかけてきたと、不信感を語る。そして、どこの国の大使が日本からの提案を喜んで保証するのだと、大使たちに尋ねた。

するとアメリカのジョンソン駐華大使が、どちらの国の提案も保証する権限は与えられていないと述べる。イギリス大使も、提案を保証する役回りは引き受けないと明言する。蔣介石は、大使たちの拒否回答に喜んでいるようだった。

けれども、上海についてのみ話し合うために、あなた方を呼んだわけではないと、蔣介石は続ける。中国は日本との戦争を望んでいないと伝えるのが今日の主旨だ。しかし、日本は上海に増援部隊や艦艇、航空機を送り、戦う意図は明らかだと述べる。蔣介石は、日本は長江下流域に、上海、蘇州（そしゅう）を含む「特別地域」を作り出そうとしているとして、それを阻止するために中国軍も上海へ軍を送っていると明らかにした。そして、上海であれどこであれ、日本軍と戦うのは本意ではないが、もし日本側のいう通りに国際調停委員会を作ったら、その委員会もダメージを受けると警告を発した。

これに対し、イギリス大使は本国政府の意向として、日本との交渉の窓口は閉じられるべきではないと意見する。蔣介石は大使たちを送り出す際、中国は日本との戦いは望まないのだと念を押した。(6)

この会議で蔣介石は、日本側と独伊の持ちかける調停案や、国際委員会による調停を欧米列強に強要されるのは拒絶した。その一方で、中国は戦いを望んでいるのではなく、まず日本が兵を退くなら、中国も停戦に動くと大使たちに印象付けようとした。

米英の調停の不調

蔣介石は、特に英米の調停に期待していた。焦点は、各国の租界が集中し、中国における金融センターである上海だ。

一九三七年八月中旬になると、イギリスをはじめ各国は、上海での衝突の激化を回避しようと、両軍の撤兵を日中双方に求めた。八月一一日には、イギリスのジェームズ・ドッヅ（James L. Dodds）代理大使が、広田外相へ、「好意的斡旋」の用意があると伝えている。(7)

イギリスの在米大使館は八月一八日に、上海から日中両軍を撤兵させる交渉にアメリカも加わるかを国務省へ問い合わせた。(8) しかし、その翌日に国務省は、日本政府はこうした調停に乗り気ではないという理由で、否定的な回答を返した。(9)

蔣介石はアメリカに抗議する。ジョン・バック（John Lossing Buck）南京大学教授に託された、八月二三日付のローズヴェルト大統領宛てメッセージのうち、主要な部分を抜粋しよう。

日中双方の代表によって回避できたかもしれない、今回の危機を防ごうとしたイギリスに、アメリカが協力しなかったので大いに失望しています。［満洲事変後の］一九三一年に、［イギリス外相のジョン・］サイモン［Sir John Simon］が満洲に関してアメリカと協力するのに失敗したことは、中国も世界も長く記憶するでしょうし、いまやイギリスも、アメリカが協力しなかったのを長く記憶するでしょう。アメリカは、国際正義の擁護者としての世界における威信を失うべきではないし、「スティムソン・ポリシー」を継続すれば、現在の紛争が、アメリカを含む他国にまで拡大するのを防ぐことができます。私はアメリカが戦争に引きずり込まれるのを望みませんが、アメリカが太平洋における地位と平和を維持するよう期待しています。いまからでも行動を起こすのに遅くはないですし、アメリカが恒久的な平和のため、公正な解決策を打ち出すと信じています(10)

なお文中の「スティムソン・ポリシー」は、「スティムソン・ドクトリン」として知られる。アメリカのヘンリー・スティムソン（Henry Lewis Stimson）国務長官が一九三二年一月に打ち出した、日中間の武力による領土変更を認めないという方針のことである。蔣介石はこの方針を前面に打ち出すよう、アメリカに求めた。

蔣介石は、ジョンソン駐華米国大使と九月一日に会談した際にも、なぜアメリカがイギリスと共同行動を取ることを望まないのかと尋ねた。大使の答えは、蔣介石を満足させるには程遠く、日本の侵略を公に非難しないアメリカに深く失望していたと、ジョンソンはワシントンへ報告している(11)。

第二次上海事変

調停は実を結ばず、日中両軍は上海で一進一退の攻防を続けた。

秋が深まるにつれ、戦局は中国側に不利になってゆく。蔣介石は焦る。一九三七年九月三〇日、日本製品のボイコット案が、イギリスのネヴィル・チェンバレン（Arthur Neville Chamberlain）首相の閣議で取り上げられなかったというロイター通信の報道が蔣介石に届く。そこで彼は、イギリスの外交官にこう語る。

> 中国はどこからか援助を得なければならず、ならば国際連盟かロシア（ママ）かの選択になる。もしロシアが参加するなら、極東にとって危機となるだけでなく、対日経済制裁の適用が極東の問題への介入を阻むので、ヨーロッパ全土が混乱するだろう。もし書簡に書いてあるような精神に基づいて、国際連盟の列強だけが日本に強制力のある経済制裁を科すことができるのなら、中国が最も望むところである[12]

蔣介石は、やむを得なければソ連を頼ると示唆して、共産主義国のソ連を嫌うイギリスから、対日経済制裁を引き出そうとした。

ただ、ソ連への接近は単なるジェスチャーではない。実は蔣介石は、まだ上海に戦火が飛び火する前から、ソ連への接近に踏み切っていた。開戦当初までさかのぼり、中ソ外交を検証しよう。

ソ連への要請の三つのポイント

開戦一ヶ月以内の接触で、同盟の締結、武器の援助、赤軍の動員という、その後も中国側がソ連に求め続ける三要素がすでに出そろっている。それぞれ例をあげよう。

一九三七年七月一九日、陳立夫がソ連のボゴモロフ駐華全権代表に、太平洋不可侵条約に代わる、「はるかに大胆な新しい提案」について諮った[13]。明言はしなかったが、中ソ不可侵条約の再提案である。

しかし同日にリトヴィノフは、ボゴモロフへこう書いた。

「相互扶助のための二国間条約を交渉する意思があることを、中国に伝えているのは間違っている。我々はこのような条約に賛成したわけではなく、多国間条約が失敗した場合に、移行する可能性を話し合っただけだ(14)」。

もっとも、リトヴィノフは七月二二日に、中英米と「地域間協定」について話し合っているが実りはなく、「ライオンズ〔豪首相〕の提案」もはっきりした成果はないと、集団安全保障の構想が頓挫していると伝えた。ただ中ソ二ヶ国の条約は、こちらが失敗するまで持ち出さないよう釘を刺した(15)。

七月二六日、蔣介石の側近の一人で、国民党中央執行委員の張沖(ちょうちゅう)がボゴモロフを訪ね、蔣介石からの伝言として、軍事援助を申し込んだ(16)。日中戦争は不可避だが、日本の同盟国であるドイツからは、軍備の調達は期待できないという理由だ。

七月二八日には、孫文の長男で、国民政府の最高立法機関である、立法院院長の孫科(そんか)がボゴモロフを訪ねた。そして、赤軍をソ連と満洲との国境に移動できないかと持ちかける。

八月一日、駐ソ大使となっていた蔣廷黻も、武器の支援よりも、軍をソ連極東に移動してもらえれば中国の助けになると、リトヴィノフに語る。日本軍を満洲に集結させ、中国への矛先を逸らすための策だ。

しかしリトヴィノフは、動員には長い時間がかかるとして、相手にしなかった。日本軍は極東における赤軍の兵力が多いのを知っているから、いかなる時でも満洲の国境から兵を動かせないという見通しを、彼はボゴモロフへ八月八日に送っている(17)。

ソ連の出した支援の条件

赤軍の動員はともかく、ソ連は武器の支援や不可侵条約の交渉には応じた。一九三七年七月二九日、政治局は四つの支援方針を固めた。

第一に、引き渡す武器を一億万元相当にまで増やす。さらに、航空機二〇〇機、戦車二〇〇輌を引き渡す。引き渡しの期間は一年以内で、不可侵条約の締結を引き渡しの条件とする。

第二に、中国軍に何が必要か検討するため、ソ連の指揮官たちの一団を派遣する。

第三に、航空機と戦車の中国人搭乗員を、訓練のためその派遣団へ受け入れる。

第四に、中国の軍人たちから、ウラジオストクを経て満洲へ向かいたいという要請があったが、それを認める。(18)

なお第四点は、日本軍の情報収集のための潜入が目的だったと思われる。(19)

中ソ不可侵条約は、一九三二年の中ソの国交回復から交渉が続けられてきたが、ソ連側はその締結を、武器の譲渡とセットにしたのだった。

この条件に対し、中国側は軍事同盟である相互援助条約を逆提案する。リトヴィノフ外務人民委員は、相互援助条約を中国と結べば、日中戦争にソ連が巻き込まれるとして、ボゴモロフへ避けるよう指示した。(20)

その代わり政治局は、八月九日にボゴモロフへ指示する譲歩案を決めた。不可侵条約はソ連側の提案に基づいて交渉するのは当然だが、必要があれば、中国側の条件受け入れを認める。また、締結の際には、中国側に次のように説明するよう指示している。一つは、中ソ不可侵条約が日ソ不可侵条約の締結交渉を終わらせるものであること。また中国は、防共協定には加わらないことが義務付けられるとソ連側は理解している、という二点だ(21)。

前述の通り、日中戦争前、日本側は中国に、防共協定の締結を呼びかけていた。共産主義を嫌う蔣介石を見込んでのことで、日中関係の改善が真の狙いだ。

しかしソ連は、そうした日中の「反ソ同盟」を嫌い、中ソ不可侵条約で中国に念を押すことにした。その代わりソ連は、満洲事変以来、日本に持ちかけていた日ソ不可侵条約も結ばない。中国側にしてみれば、ソ連を日本側に追いやらないためにも、受け入れられる取引だ。

中ソ不可侵条約

こうして、一九三七年八月二一日に、南京で中ソ不可侵条約が秘密裏に締結された。両国の相互不可侵と、一方が第三国の侵略を受けた場合、他方は第三国への援助、または相手側に不利となるような第三国とのいかなる協定も結んではならないと定めている。もちろん、ここで想定されている第三国は日本である。

この条約が八月二九日に発表されると、日本側に衝撃が走る。特に、まだ中国との和平に望みを託していた日本人ほど、ショックは大きかった(22)。

蔣介石は、ソ連との条約締結が日本側を強く刺激するのは分かっていた。しかし、それでも、締結に踏み切った理由は二つある。

第一に、ソ連が日本と妥協を図るのではないか、という疑念をぬぐい切れなかったことだ。それを日記に記したのは一九三七年七月三〇日で、八月二日にも、ソ連は中国と不可侵条約を結ぶと日本を脅して、日本に日ソ不可侵条約を結ぶよう要求し、ソ連は中立の立場を固守するつもりではないか、と疑っている。(23)そこで、蒋介石は先手を打つ。ソ連を日本に接近させないため、中国がソ連と不可侵条約を結ぶという奇手だ。

第二に、日本が参加を誘っていた防共協定への警戒心も、蒋介石には根強い。彼も共産主義は嫌悪するが、日本が反共産主義を旗印に提携を持ちかけてくるのは、別の意図があると疑っていた。

日本との共同防ソを容認したら、華北が日本に支配されるのみならず、中国全体も第二の満洲国にさせられる。そのため、連ソは日本を怒らせるかもしれないが、最悪でも華北が日本に占拠されるだけで、国家の体面は損なわれず、いわんや華北は全部占領されるかもしれない。二つの害を比べ、軽い方を選ぶべきである（「蒋中正日記」一九三七年七月三一日条）(24)

そこで、共同防共について、日本が再び「夢想」しないようにするためにも、ソ連と不可侵条約を結ぶのだと、八月六日の日記に記している。(25)

ソ連に求めた支援の内容

条約を結んだソ連に蒋介石が求めたのは、大量の航空機だった。中国軍は兵士をそろえられても、航空機が決定的に不足していた。

開戦当初、中国の陸軍は一八二個師団、現役兵は一七〇万人あまりを数えた。中国各地にも展開しなければならなかったために、前線に動員可能なのは歩兵八〇個師団だけだが、それでも、日本軍が全軍を投入するのを控えていたために、兵数では遜色なかった。ただ中国軍に航空機は三一四機しかなかったという。[26]

しかし、航空機はすぐに増産できるものではなく、また増産に必要な工場も少ない。残された手段は、海外からの購入である。

八月八日には、行政院副院長兼財政部長の孔祥熙へ電報を送り、航空委員会の参謀処長である沈徳燮（しんとくしょう）をソ連へ派遣し、航空機を二〇〇機買い付けさせるよう命じさせた。[27] さらに、団長には楊杰（ようけつ）軍事委員会参謀次長、副団長には張冲という「ソ連実業考察団」をモスクワに派遣し、航空機を買い付ける。

中ソ不可侵条約が締結された翌日の八月二二日、楊杰は蔣介石に呼び出された。楊杰の日記によると、ソ連での軍需品の買い付けは「最低の希望」であり、ソ連の参戦や、ソ連との「互助条約」の締結促進が優先的な任務とされた。蔣介石は、不可侵条約はそれらのための一ステップと見なしていたということだ。楊杰は一九三四年にモスクワ訪問の経験があり、一九三六年にも、ソ連を対日戦に参戦させるべきだと語っていたから、適任だった。[28]

ソ連の有償支援

中ソ不可侵条約調印翌日の一九三七年八月二二日、政治局は武器引き渡しの細目を決める。引き渡しから一年の間に中国側へ代金支払いを求めたのを、五年間に延長した。ただし、中国側の求めている航空機、戦車、武器は一ヶ月では用意できないし、一五〇から二〇〇機の航空機も納入できないとも伝えると決めた。甘粛（かんしゅく）省での航空機の受け渡しの期限についても、ソ連側が討議するとしている。

一方、ソ連側が代価に求めたのはレアメタルだった。代金の四分の三は錫、タングステン、アンチモンなどの鉱物資源で、残り四分の一は、茶や中国産品での支払いを求めると決めた。もし代金の四分の三に相当する鉱物資源を用意できないなら、アメリカのドルかイギリスのポンドで支払うよう、中国側に知らせるとも決めている(29)。

しかし、実際に引き渡す航空機や武器の細目について協議が始まると、中ソの思惑の違いが明らかになる。

中国側は楊杰、ソ連側はヴォロシーロフ国防人民委員を代表に、九月からモスクワで交渉が始まった。中国側は四五〇機の航空機や戦車八二輌、火砲一三八門などを要望する。だが、ソ連側が同意したのは二二五機で、最新鋭の重爆撃機TB－3は除外された。また火砲の数も、中国側の要望の半分以下の五〇門以内にされ、火力も弱い砲が選ばれた(30)。

南京で待つ蔣介石は、一日千秋の思いだ。一〇月一日の日記には、「ソ連機が速やかに来るように催促する」とある。翌日の日記にも、「ロシア機はまだ新疆に到着していない」と記した(31)。疑心暗鬼に陥った彼は、一〇月一〇日に、「ロシアの態度は曖昧だ。新疆と甘粛の飛行場の設備は、［ソ連の］東進の基礎だ」とも書く。

ソ連からの最初の航空機が新疆のウルムチに到着したのは、一〇月二二日だった。貨物受け入れのためのソ連代表団も到着する(32)。しかし、航空機が実戦に配備されるまでには、なお時間を要した。ソ連機が届いても、中国には扱える操縦士が不足していたためだ。

待望のソ連の航空機が最前線の南京に到着したのは、一二月一日である。蔣介石は記す。

「今日、ソ連の航空機の第一陣が南京に着いた。もう手遅れだが、まだ有用である」（「蔣中正日記」一九三七年一二月一日条(33)）。

リトヴィノフの冷笑

満洲事変では日本に好意的な中立を保ち、日本を刺激しないよう努めたソ連だが、日中戦争では憚ることなく中国を支援した。

もっとも、重要なのはソ連の国益で、中国の救済ではない。そのことを赤裸々に語ったのが、リトヴィノフ外務人民委員である。ウィリアム・ブリット（William Christian Bullitt, Jr.）駐仏米国大使は、フランスの外相イヴォン・デルボス（Yvon Delbos）から、リトヴィノフが外相に語った話を聞いている。

スイスのジュネーブで、リトヴィノフは「古い友人に語るような率直さで」語った。私もソ連政府も、日本が中国を攻撃して、とても気分が明るくなった。日本は金融面でも経済面でも弱体化する。そして占領した中国を併呑するのに、多大な苦労を背負い込む。だからソ連は、これから何年間も、極東で完全に平和が得られる、と。

デルボス外相は反論する。

「日本の究極の目標はウラジオストクを占領し、バイカル湖へと日本のフロンティアを広げることですから、日本によって中国が征服されるのを防ぐのは、ソ連とすれば死活的な利益ではないですか」。

リトヴィノフは笑いながら答える。

「中国での戦争がどれほど続こうと、中国のどれほどの土地が日本に征服されても問題ではありませんから、ソ連は消極的なままでしょう」(34)。

九ヶ国条約会議とソ連

右の会話は又聞きの上、デルボス外相は、日中戦争へのソ連の介入を強く警戒していた人物だから、留保は必要だ。[35] しかしリトヴィノフは、日中問題について話し合うべく、ベルギーのブリュッセルで開かれる九ヶ国条約会議の招待を受けた時も、積極的ではなかった。

この会議は、一九三七年九月の中国による国際連盟への提訴が発端である。一九三七年九月一三日、中国政府は国際連盟に、連盟規約第一七条に基づき、日本の中国侵略を審理するよう要請した。国際連盟総会は日本の行動を、不戦条約や、九ヶ国条約への違反と認定し、早急に九ヶ国条約関係国の会議の開催を要望する決議案を一〇月六日に採択した。

一九二二年に結ばれた「中国に関する九ヶ国条約」は、中国の主権と独立、領土と行政の尊重、中国における門戸開放や機会均等を決めた条約で、一ヶ国が中国の利益を独占しないように設計されていた。調印したのはアメリカ、ベルギー、イギリス、中国、フランス、イタリア、日本、オランダ、ポルトガルである。この条約に違反する日本に、制裁が科されるのを中国側は期待していた。

会議の前にリトヴィノフは、ジョセフ・デーヴィス（Joseph Edward Davies）駐ソ米国大使に、もし米英仏が協力するならば、ソ連は日本に対して強硬な姿勢を取ると語った。[36] 裏を返せば、ソ連は会議で先頭に立つつもりはない。

こうした消極的な姿勢は、平和を重視するリトヴィノフの本意ではなく、スターリンか、モロトフの指示だったという見方もある。[37] しかしソ連の外交官たちは、スターリンの意に従わなければ、職だけでなく、命も失う時代を生きていた。次も、そうした一例である。

ソ連外交官の処刑

ソ連のボゴモロフ駐華全権代表と駐在武官は、一九三七年一〇月に帰国する。ボゴモロフの突然の帰国は、外交官仲間だけでなく、ソ連の援助を頼りにする蔣介石も不安にさせた。日記に「ソ連大使の帰国は何のためか」と記している（「蔣中正日記」一九三七年一〇月二日条）。[38] 一〇月六日には、駐ソ大使の蔣廷黻に、ボゴモロフが帰国してから、会見したかどうかを問い合わせている。[39]

この謎を解き明かすのが、ソ連で吹き荒れていた「大粛清」だ。急速な農業集団化や工業化への反対者や、外国と通じていると疑う者を、スターリンは次々に処刑した。

外交官も例外ではない。一九三七年夏には駐蒙全権代表、ウラジーミル・タイロフ（Владимир Христофорович Таиров）が逮捕される。同年六月まで駐日全権代表だったコンスタンチン・ユレーネフ（Константин Константинович Юренев）も逮捕され、両名とも翌年に処刑された。同じくボゴモロフも、反ソ活動に加わっていたという罪状で、帰国早々に逮捕され、翌年に銃殺された。[40] 次官級も例外ではなく、カラハン、ストモニャコフといった外務人民委員代理の経験者も処刑された。ちなみに、ボゴモロフの後任の駐華大使には、公安機関である合同国家保安部（ОГПУ）出身の、イヴァン・ルガネツ＝オレリスキー（Иван Трофимович Луганец-Орельский）が送りこまれた。しかし彼もまた、元同僚たちに逮捕され、一九三九年に処刑される。

「大粛清」はソ連の歴史の恥部である。中ソ関係に与えた負の影響は軽視できない。

ソ連は参戦するのか

一九三七年一〇月二二日に、蔣介石は、モスクワの楊杰参謀次長へ、ソ連参戦の決意と時期を探るように指示した。[41] しかし、一一月一日に楊杰と会談したヴォロシーロフ国防人民委員は、「小官は大砲や飛行機や師団といったことしか扱うことができません」と、参戦の言質を与えなかった。[42]

一一月一八日、楊杰はスターリンと会談する。ソ連側の記録では、スターリンはこう述べた。

「もし中国が首尾よく日本の攻撃を撃退することができれば、ソ連は開戦することはないでしょう。日本が勝利を収めようとすることがあれば、ソ連は戦争に踏み切ります(43)」。

だが楊杰はこの発言を、蔣介石にこう伝えた。

「中国は現在、抗戦に力を尽くしており、良好な成績をあげている。もし、中国が不利になれば、ソ連は日本に対して開戦してもよい」。

両国の文書を検討した松本和久によると、楊杰は、スターリンの発言の前後を省略していた。すなわち、スターリンは発言の前に、中国はソ連だけを頼らず、米英独にも援助を働きかけるように勧めていた。また、発言後には、偉大な中国は滅亡しないとも語り、中国からの参戦の要望を婉曲に断っていた(44)。

一方、モスクワの張冲からは、ヴォロシーロフ国防人民委員が、「抗戦が生死の関頭に至ったならば、ソ連は出兵し、座視しない」と語っていたと、一一月一八日に蔣介石に報告された(45)。この約束を蔣介石は一一月二四日の日記に記しており、期待を大きく膨らませていた(46)。

一足先に帰国した張冲は、スターリンが出兵の可能性ありと語ったことを、汪兆銘の側近の周仏海に明かしている(『周仏海日記』一九三七年一二月九日条(47))。楊杰も張冲も、蔣介石が聞きたい言葉を忖度したのか。存外、本当にそう聞いたと信じていたのかもしれない。

スターリンの日中戦争観

実際、対日戦の計画はソ連で立案されていた(48)。しかし、軍は常に次の戦争に備えて作戦を立てるものだ。過大評価すべきでない。

では、スターリンは参戦を視野に入れていたのだろうか。彼の胸の内を探る史料は少ないが、ヒントはある。

一九三七年一一月一一日にスターリンは、コミンテルンに駐在する中国共産党の王明、康生(こうせい)、王稼祥(おうかしょう)らと会談する。

スターリンは、中国共産党の監視役として帰国する王明と康生に、注意を与えた。

「中国共産党にとっていま最も重要なのは、同じ民族のうねりに乗って、指導的な役割を果たすことだ」。

「いま重要なのは［抗日］戦争であり、農業革命でも土地の没収でもない」。

さらにスターリンは述べた。

「中国は巨大な人的予備軍を持っており、中国は勝利する、なすべきはこの戦争を耐え抜くことだと蔣介石がいったのは正しいと思う」。

「それには、中国自身の軍需工業を構築することが求められる」。

「航空機を造らねばならない。戦車も造る必要がある。中国が自前の軍需工業を持ったら、誰も中国を敗れない」(49)。

スターリンは中国共産党ではなく、蔣介石を抗戦の主軸と見ていた。そのため、中国共産党の八路軍には、ゲリラ戦で日本軍と戦うよう指示している。そして日本と戦うためには、航空機や戦車を自前でそろえられるようにしなければならない、とも説く。中国の自助努力に期待する口ぶりからも、ソ連の参戦は考えていなかったことがうかがえる。

参戦要請の書簡

蔣介石は、右のスターリンの提言は知らなかったろう。むしろ最後の頼みの綱として、ソ連に期待していた。

一九三七年一一月中旬には、上海が日本軍の手に落ち、首都の南京へ向けて日本軍の進撃が始まっていた。蔣介石は一一月一〇日に、上海からは撤退するが、損失もなく安全に撤退し、これからは持久的な抵抗を行い、いかなる時でも日本と決して講和しない、とソ連側に伝えさせている。(50)

その一方で、一一月一六日には、政府と国民党中央党部を重慶に移すと決めている。国民へは一一月二〇日に遷都が布告された。(51)

一方、蔣介石が期待を寄せていたブリュッセルでの九ヶ国条約会議は、成果なく終わる。ソ連の代表は、国際連盟規約第一六条を適用して、日本への経済制裁を求めたが、各国に否決された。会議が閉幕したのは、スターリンへの書簡が書かれる前日の一一月二四日である。

こうした切羽詰まった状況で書かれた一一月二五日の書簡は、ロシア語版しか残されていない。書簡の大要は以下の通りである。

中国は近年、経済成長を目標に努めてきた。しかし、「帝国主義国家の日本」が攻撃的な計画を実行に移し、危機に瀕している。日本の侵略は極東全体を脅かす。一方、ここ数ヶ月、ソ連が与えてくれた精神的、物質的な支援に感謝している。私は中ソが東アジアにおいて相互に援助するよう望む。この書簡を、まもなくソ連を訪れる孫科に託す。(52)

書面通り、孫科を通じてこの書簡が渡されたとするなら、実際にスターリンに手渡されたのは、翌年二月の両名の会談の際と見て良いだろう。

蔣介石は、その後の書簡でより切迫した状況を伝え、ソ連の参戦を懇請した。もはや南京陥落は時間の問題だった。蔣介石は一一月二九日に楊杰へ電報を送り、南京の防御工事はとても「薄弱」[53]で、恐らく長く持ちこたえられないと書き、ソ連は一〇日以内に参戦するだろうか、と尋ねている。

この翌日には、南京を守る城門の一つ、和平門で砲弾が炸裂するのが、蔣介石の耳にも届くようになる。長江からも日本の艦艇が南京に迫り、人々は一時パニックになった（「蔣中正日記」一九三七年一一月三〇日条[54]）。

南京国民政府の総統府（2017年、筆者撮影）

危機迫る中で書かれた、一一月三〇日付の蔣介石からスターリン宛て書簡は、中国語の原文が残されている。この書簡で蔣介石は、張冲と楊杰に「友愛」を示してくれたのに感激したと書く。さらに、こう続けた。

中ソの二大民族は、元来東アジアの平和の二大柱石であり、利害が一致するのみならず、悲哀を分かち合う間柄で、凶暴な日本は唯一の共通の敵でもあります。［中略］いままさに存亡の時、故に失礼をかえりみず、あえて直言します。民族の生存と国際的義務を果たすため、中国はすでにその最大にして最後の力を尽くしましたが、やむを得ず南京まで退かねばならず、友邦ソ連の実力による支援を、切実に欲しています。先生が機を逃さずに決断されるよう望んでいます。義を重んじて兵を興し、東アジアの危機を救って下さい。中ソの永遠の協力精神を強化することは、すべて先生を頼りとしております。事態は切迫していますので、どうかお返事をお待ちしております(55)

希望を断たれた蔣介石

しかし、スターリンは蔣介石の要請に応じるつもりはない。一九三七年一二月五日に、ヴォロシーロフと連名で出した書簡は、それを確認するものだ。残念ながら中国語訳しか残されていないが、その内容は以下の通りである。

日本の対ソ挑発なくして即刻出兵すれば、国際世論はソ連を侵略国と認め、日本の立場は立ちどころに強化されるでしょう。現在の日本は侵略国であり、故に世界の世論は日本に反対しています。かりにソ連が挑発を受けずに対日出兵に踏み切った場合、日本はかえって自らを侵略の犠牲者に仕立て上げるであろうし、これは中ソ両方にとって不利です。［中国に関する］九ヶ国条約の主要な加盟国が、共同で日本の侵略と対決するのに同意すれば、ソ連はただちに出兵します。なぜなら、その暁には、世界の世論はソ連の行動を法と正義を守る当然の行動と見なすでしょうし、日本も被害者面をできず、［国際］世論の同情は日本に寄せられないでしょう。ソ連政府のこのような態度を、即時参戦に変更できるのは、ソ連の最高議決機関である中央委員会のみです。同委員会はいま休会中で、一二月か来年二月に開かれるので、待って下さい。各種のルートと方法により、できる限り、中華民族と国民政府への技術援助を増やすことは決まっています(56)

要するにスターリンは、返事を先延ばし、はぐらかした。

この書簡が蔣介石に届いたのは一二月五日である。

「今日、スターリンの返信を受け取ったが、楊〔楊杰〕と張〔張冲〕が知らせてきたのとは全く違う。ドイツの調停にも希望はない」。

「注意　一、スターリンの返信を研究してみるに、ソ連の出兵はすでに絶望的だ。二、国際情勢はいよいよ我々に不利な状態だが、まだ極東の変化に積極的に対応する」（「蔣中正日記」一九三七年一二月五日条）[57]。

それでもスターリンへは翌日に返信し、中央委員会で中国への援助が決まるのを望んでいると、改めて出兵への期待を表明した[58]。ただ、その日に蔣介石は、こうも日記に記す。

「スターリンの返信も来て、日本とソ連の態度はすでに明らかだ。再び待つ所は無い」（「蔣中正日記」一九三七年一二月六日条）[59]。

蔣介石は首都の南京を離れる決意をした。一二月七日午前五時、蔣介石は廬山へ向けて飛び立つ[60]。

南京は一二月一三日に陥落した。蔣介石はこの日、中国が持久戦を続ければ、日本はいずれ列強に対して必ず挑発に出ると日記に記す。南京で抵抗が続いているのにも心を動かされている（「蔣中正日記」一九三七年一二月一三日条）[61]。しかし、実際にこの街で起きていたことを彼が知るのはまだ先である[62]。

中ソの根強い相互不信

蔣介石は、一九三七年一二月二八日に、武漢でソ連の駐華全権代表と会談する。そして、日本はドイツを通じて四条件を提示し、再び講和を持ちかけてきたが、断ったと明かした。そして、ソ連政府への伝言を頼む。

「ソ連が中国を助けるために武力を行使しないのなら、中国の破滅は不可避です。いまや日本は華北に公然と傀儡政府を樹立し、その上で中国に安易な条件で和平を提案している」。

また、いま二〇個師団を新たに編成しているが、そのための武器や軍事顧問を援助して欲しいとも申し出る。(63)

あえて日本側の和平条件を伝えたのは、ソ連側の動揺を誘い、中国への支援を確かなものにするためだろう。

だが、ソ連は動く気配もない。蔣介石は日記に、再びソ連への不信感を記す。

「午後は外交政策を研究した。日本の害は急だが防ぎ易い。ロシアの患いは穏やかだが予測できない」

(「蔣中正日記」一九三八年一月一日条(64))。

一方、ソ連には軽々しく中国を支援できない事情があった。

ソ連から中国への軍需物資の支援は内密に進めていたのだが、蔣介石がドイツのジャーナリストへ、「十分な量の軍事的供給と武器を、第一にソ連とインドシナから受領している」と暴露した。これが一二月二四日に、タス通信を通じてスターリンの目に触れる。スターリンは、ヴォロシーロフとモロトフに宛てて書いた。

「蔣介石はあまり慎重に行動しない。あいつのことなどほうっておけ(65)」。

リトヴィノフ外務人民委員も、「我々が中国に多大な軍事支援を行っていると、ロイター通信などから頻繁に報道され、困惑している」とマイスキー駐英全権代表に書く(一九三八年一月三日付)。リトヴィノフは、こうした情報を流しているのは日本側だと推測した(66)。

事実、一九三七年九月一日に広田外相は、植田謙吉駐満大使などに宛てて、干渉を避けるため各国へ徹底させるべき点の一つに、次をあげた。

「支那側背後ニ「コミンテルン」ノ策動アルコト」(67)。

共産主義者の支援を受けている中国、というイメージを流布し、欧米で蒋介石の評判を落とすのが目的だろう。ソ連も、各国の反感を買うのは避けたいので、対華支援には二の足を踏む。

例えば、一九三八年一月に楊杰と会談したヴォロシーロフは、ソ連がいま出兵できない理由を説明した。

日中戦争は日本が侵略者だと世界は認め、中国へ同情している。しかし、ソ連が参戦したら日ソ戦争になる。そうなれば、（ソ連を嫌う）英仏はさらに傍観するだろう。また、イギリスは日中ソ、いずれが勝つのも望んでいない。彼らは日ソ戦争を期待しており、日本が勝ちそうになればソ連を助け、ソ連が勝ちそうになれば日本を助けるだろう。ソ連はイギリスのことを「疑懼」している、といった理由だ。ただ、ソ連の「国会」が一ヶ月後に開かれるから、そこで対日作戦案を議論すると請け負う(68)。

ソ連は日本と戦うことで、欧米列強が漁夫の利を得るのを強く警戒していたことが分かる。次章では、スターリンもほぼ同じことを語っている。

「援蒋ルート」の誕生

事情はどうあれ、ソ連による参戦の引き延ばしと支援の停滞に、中国側は不満を募らせる。

駐ソ大使を辞して帰国する途中、パリに立ち寄った蒋廷黻は、一九三八年一月一三日に、ブリット駐仏米国大使へ怒りを吐露した。ソ連は、いかなる時でも日中戦争に介入するつもりはない。日中戦争が長引いて、日本陸軍が弱体化しても、ソ連は日本軍の攻撃を恐れているからだ。リトヴィノフは、米英仏が日本に宣戦布告するならソ連も宣戦布告すると何度もいったが、信じていないと蔣廷黻は語る。

ただ蔣廷黻は、ソ連の軍需物資の援助は想定以上だったとも明かす。ソ連の援助物資は香港と広東から入っている。また、フランス領インドシナ（以下、仏印）の鉄道を使って運ばれている。中国の抗戦は、外部から軍需物資を得られるかにかかっていると蔣廷黻は語ったが、彼は悲観的だった。香港、広東、漢口の輸送ルートは、日本軍によっていずれ遮断されるだろう。日本は、フランスにも圧力をかけて、仏印ルートも閉鎖させるに違いない。

一方、ソ連領のトルキスタンから新疆を経由するルートは、トラックの状態が良くても、重慶まで一八日間かかる。それにガソリンを消費するのが問題だと語った。蔣介石の軍が四川に撤退しても、複数の補給ルートを確保できる否かに中国の生死はかかっている、というのが蔣廷黻の見立てだ。確かに、ソ連の支援物資は中国を支えていたが、輸送ルートは常に問題だった。

そこで蔣廷黻がブリットへ相談したのが、ビルマ（現在のミャンマー）・ルートである。ビルマのラングーン（現在のヤンゴン）からマンダレー（実際はラシオ）までイギリスの鉄道を使い、そこからはトラックで運び、雲南省を経て重慶へ至るルートだ。蔣廷黻はその相談に、今晩ロンドンへ行くという[69]。

なお、中国は一九三七年末から、イギリスの植民地だったビルマと昆明を結ぶビルマ・ロード（滇緬公路）の建設を開始し、翌年の晩夏に完成させる。このルートは中国の窮地を救うことになり、日本軍には目の敵にされる。

第二章　最大の支援国家ソ連、一九三八年

戦況の推移

開戦後の一年間で、中国の沿岸部は次々と日本軍の占領下に置かれた。蔣介石と国民政府は、内陸部へと追いやられる。

そこで蔣介石は、今後の戦略を以下のように組み立てた。

「広大な空間と土地があるから、時間をかけて持久戦で勝利するようにし、各方面で小さな勝利を積み上げ、全体として大勝を成し遂げる」（「蔣中正日記」一九三八年三月五日条）(1)。

その戦略を実践するように、一九三八年四月には、山東省南部の台児荘で日本軍を押し戻した。全体の戦局からすれば、ささやかな勝利だったが、中国側は大いに宣伝する。

雪辱に燃える日本軍は、中国軍が集結する徐州を目標に据えた。徐州は黄河と淮河が交わり、鉄道も交差する交通の要所だ。日本軍は華北と華中の占領地を結び、徐州に集結する中国軍も包囲殲滅しようとする。

一九三八年四月下旬、日本軍は南北から包囲を狭め、五月一九日に徐州は陥落した。しかし、中国軍

の主力を取り逃がす。

そこで日本軍は、内陸部の武漢と、沿岸部の広東へも作戦を広げた。蔣介石も武漢で指揮をとる。しかし、一〇月には広東と武漢が陥落する。蔣介石は、武漢からさらに長江をさかのぼって、臨時首都の重慶への退却を余儀なくされた。以後、七年間にわたり重慶が抵抗の拠点となる。一九三八年は、日中戦争が持久戦となる転機の年だった。

イタリアの変心

こうした中、それまで武器を売却してくれていた、独伊との関係が崩れてゆく。

先に触れた一九三八年一月のブリット駐仏米国大使との会談で、蔣廷黻は、中国には未だにドイツとイタリアから得た軍需物資が大量にあり、ドイツの軍事顧問団も、蔣介石に忠誠を尽くしていると語っている。しかし実際には、独伊と中国の溝は広がっていた。

開戦直後の一九三七年七月に、コーラ駐華イタリア大使は、斡旋に尽力し、早期の和平を得たいと蔣介石に見栄を切る。また、イタリア政府も調停に向けて準備していると語った(2)。実際、イタリアのチアーノ外相も、日本寄りではあったが、開戦当初は日中間の調停に努めた(3)。

しかしイタリア政府は、早々に日本に傾く。チアーノは、駐伊米国大使と一九三七年七月一七日に会談した際、日本が軍事的優位を占め、その後見のもとに、中国では諸省が独立してゆくという見通しを語った(4)。

状況がまさにそのように推移すると、チアーノの指示で、一九三七年八月にイタリアは中国への航空機の売却を停止し、一一月には軍事顧問団が引き揚げた。ムッソリーニも、一〇月六日に新聞で、反共

産主義や「ファシズム的性格」を持つという理由で、日本への共感を表明する。(5)

ただ同年一〇月二五日に、蔣介石の特使である蔣百里（方震）と会談したムッソリーニは、中国との従来通りの友好関係を望む。そして、これからイタリアは日独防共協定に加入するものの、「欧州問題」が原因のソ連対策であって、中国へ矛先を向けたものではないと弁明した。(6)自らの言葉を証明するように、同年一一月六日に、ムッソリーニは独伊による日中間の調停を提唱した。(7)

しかし、それと同じ一九三七年一一月六日に、イタリアは日独伊三国防共協定に調印した。一二月一日には満洲国も承認する。イタリアには、満洲国への経済進出という下心があったといわれる。当然、イタリアへ向ける中国の視線は冷めたものになる。

イタリアの満洲国承認から間もない一二月一〇日、ジョゼフ・グルー（Joseph Clark Grew）駐日米国大使は、機知に富む表現でコーデル・ハル（Cordell Hull）国務長官へ報告した。

グルー駐日大使、のち国務次官
（アメリカ議会図書館蔵）

「ベルリン・ローマ・東京枢軸は、イタリアによる潤滑油の塗布で、極東で順調に回転し始めている。次の潤滑油の塗布は当然、ドイツによる『満洲国』の正式承認になるだろうが、ベルリンはいまのところ、中国への不必要な侮辱を避けたいと考えているため、急いで行動する準備はできていないようである(8)」。

グルーの観察は正確だった。ドイツは日中の間を揺れていた。

日本へ傾くドイツ

ドイツの苦しい立場を率直に明かしたのが、外務省のヴェルナー・フォン・シュミーデン（Werner von Schmieden）東アジア・オーストラリア部長である。彼はアメリカの外交官へ、一九三七年八月に次のように語った。

最も望ましくないのは、日本か中国のどちらかが、決定的な勝利を収めることだ。日本が勝てば、中国と極東から西洋の権益を排除するだろう。中国が勝っても、間違いなく排外主義に傾くだろうが、日本に対抗するため、西洋の権益を維持するかもしれない、と。(9) ドイツは、防共協定を結んでいる日本と、中国におけるドイツの権益の間で、板挟みになっていた。

ドイツは、以前からの契約があるとして、開戦後にも中国への武器輸出を続けた。ヒトラーも、一九三七年八月一六日に、「中国との条約に基づいて輸出される物資（武器）については、中国からの外国為替ないし原料供給で支払われる限り、続行せよ」と命じた。ドイツの軍事顧問団も中国で活動し続ける。第二次上海事変では、ドイツの軍事顧問団の指導を受け、ドイツ製の武器で武装した中国軍が奮戦してもいる。(10)

しかし、一九三七年八月の中ソ不可侵条約は、ドイツを刺激した。反共産主義を掲げるナチスにとって、ソ連は不倶戴天の敵である。そのソ連に中国が接近するのは許し難い。

そこで蔣介石も、調印発表前にドイツ側に説明し、その疑いを招かぬように、ドイツ側と親しい孔祥熙へ命じている。(11) しかし、同年一〇月、トラウトマン駐華ドイツ大使は、外交次長の陳介（ちんかい）に、日中を仲介する用意があると語ったが、中ソの提携には苦言を呈した。(12)

中独関係はさらに冷え込んでゆく。日本がドイツを通じて講和条件を伝えたのが、いわゆるトラウトマン工作だが、持ち込まれた当初から、蔣介石は厳しい言葉で拒絶した（「蔣中正日記」一九三七年一一月五日条）[13]。交渉は翌年一月まで続くものの、結局、ドイツは調停に失敗した。

一方、日中を天秤にかけるヒトラーは、一九三七年一一月二四日に、武者小路公共駐独大使へ、「東洋ハ日本ニ委スヘキモノナリト確信」していると語る[14]。

ドイツの日本重視は、次第に鮮明になってゆく。一九三八年二月、ヒトラーはドイツの国会で演説し、満洲国を承認する決意を表明した。同月に外相に就任したヨアヒム・フォン・リッベントロップ（Ulrich Friedrich Wilhelm Joachim von Ribbentrop）も、従来の対華接近策を改め、日本寄りに外交を転換させる。

ドイツとの深まる溝

なんとかドイツを味方につなぎとめようと、蔣介石はあがく。朱家驊を特使としてドイツに派遣し、中国の苦境を説明して、引き続きドイツの援助を得ようとした[15]。ドイツがオーストリアを一九三八年三月一二日に併合すると、ゲルマン民族が併合で一つになるのにはむしろ賛成だと、蔣介石はトラウトマン駐華ドイツ大使に語る[16]。

しかしヒトラーとリッベントロップ外相は、同年四月五日に、中国への武器輸出を全面的に禁止させる[17]。さらにドイツ政府は、軍事顧問の召還を中国側に通達した。七月五日までに、トラウトマン大使と軍事顧問団たち全員は、家族と帰国の途に着く[18]。

対照的に、日独関係は親密さを増す。一九三八年四月には、日独防共協定の立役者であった、駐日ドイツ大使館付き陸軍武官のオイゲン・オット（Eugen Ott）が、駐日ドイツ大使に任命された。それから間もない五月一二日に、ドイツは満洲国と満独修好条約を、九月には通商条約を結ぶ。

独伊が日本側に立つことを鮮明にすると、日本もそれに応え、両国のヨーロッパ政策を支持する。例えば、まだ内戦の続くスペインでは、独伊が支援するフランシスコ・フランコ（Francisco Franco Bahamonde）将軍の政権を、一九三七年一二月一日に承認すると外務省が談話を発表した。スペインの内乱はコミンテルンの「策謀」によるもので、「反共産主義」のフランコ政権を支持するという理由だ。また独伊との関係が強固になるのも意義深いとしている。[19]

スターリンと孫科の会談

このようにして、ドイツの軍事支援はいったんは途絶えた。そのため一九三八年には、ソ連が最大の支援国家となる。米英の経済支援と異なり、中国が必要とする武器を公然と提供した点でも、ソ連の支援は一線を画していた。[20] 一九三八年二月六日にも蔣介石は、モスクワにいる楊杰に、大量の武器を買い付けるように命じている。

二月にスターリンと会談した孫科は、蔣介石に託された書簡（第一章参照）を渡し、以下の伝言も添える。徐州はあと半月、武漢なら半年は持ちこたえられる。上海で日本軍は一〇万人、中国軍は二五万人を失ったが、約五〇万から六〇万人を徴兵して軍を再建中だ。ソ連からも広範な支援を賜りたい、と。さらに孫科は、満洲で日本軍が弱体化していると告げ、ソ連が日本に宣戦布告してくれるよう、蔣介石が熱望していると述べた。

しかしスターリンは、「参戦は二つの理由で不適切であると答えた」。

第一に、ソ連が参戦すれば、他の各国から中国への支援が止まってしまうし、日本に味方する国も出るだろう。

第二に、「日本はしばしば我々の国境を侵そうとするが、少なくとも日本人は我々の領土内にはいない。そのため、我々の側からの宣戦布告は、日本では侵略行為として認識される可能性がある。それは日本軍が作ろうとしている、日本人の愛国心を生むことになる」。

そしてスターリンは、武器の支援もできる限り以上をしているので、中国国内に軍需産業を興すべきだと勧めた。またスターリンは、中国は五年か一〇年間、厳しい戦いを強いられ、莫大な犠牲を出すだろうが、それらは必要なことであり、中国はこの戦争に勝利して浮上すると持ち上げる。

さらにスターリンは、新疆や「外モンゴル」についての疑惑は杞憂であり、中国が「外モンゴル」と新疆を確実に保持できるほど強くなったら、そこにソ連人は一人も残らないと宣言する。最後は、孫科を前に乾杯の祝辞を述べた。

「いずれ新疆や外モンゴルまで含む、強国の中国に乾杯する」[21]。

スターリンから国民党への、最大限のリップサービスである。

スターリンに贈られた孫科のポートレイト（1938年、スターリン・デジタルアーカイブ蔵）

孫科はこの会談で受けたスターリンの印象を、ブリット駐仏米国大使に語っている。ソ連が日本と戦争をすれば、ドイツがソ連を攻撃するのをスターリンは恐れていた。また日本がソ連に打ち負かされるのを、米英は許さないとスターリンは思っている、と[22]。猜疑心の塊であるスターリンの本性を、孫科は見抜いていた。

ソ連の軍事援助の実数

それでもソ連は、武器や資金を中国に援助し続ける。中国への支援には「Y」の暗号名が付された。内戦中のスペインへの援助が「X」と冠したのに倣った[23]。

一九三八年三月一日に、ソ連は中国に五〇〇〇万ドルの借款を供与する協定をモスクワで結ぶ。借款の対象は前年一〇月三〇日からの分だ。要するに借金なので、返済方法も詳しく決められている。この協定の第五条では、中国がソ連に必要な物資を供給して、元本と利子を返済すると決められた。ソ連側が指定した物資は以下の通りだ。

「茶、皮革、毛類、アンチモン、錫、亜鉛、ニッケル、タングステン、絹、綿花、桐油(きりゆ)、薬草、赤銅[24]」。茶や絹といった中国の特産物の他に、ソ連は中国の鉱物資源に執着していた。この点は、ドイツと変わりがない。

ソ連からの軍事援助の規模は、先行研究により異なる。航空機だけとっても、最小で九〇〇機あまりから最大で一五六二機とする研究まであって、確定できないのが現状だ[25]。

なお一九三九年二月に中国で働いていたソ連人は、軍人や技術者を合わせて三六六五人に上った。彼らの任務は参謀本部での作戦の立案や、演習や教育現場における教官、最前線での指揮官など多岐にわたる。ソ連人たちは第二次世界大戦中に中国から引き揚げるが、それまでに、事故なども含めると二二七名が犠牲となった[26]。

日本からソ連への抗議

ソ連の対華援助に、日本側は神経を尖らせていた。特に、ソ連人パイロットを問題視する。一九三七年に中ソ不可侵条約が結ばれた時から、密約が結ばれ、ソ連はパイロットを提供しているという噂はあった。そこで同年八月二一日に、広田外相はソ連の駐日大使を追及したが、大使は聞いていないとしらを切る。(27)

外務省の河相達夫情報部長は、一九三八年四月五日の声明で世論に訴える。同年三月に、安徽省蕪湖で撃墜された爆撃機も、捕虜となったパイロットはソ連人だった。他にも同様の例がある。ソ連側は、義勇兵が戦っているというが、彼らはソ連政府から派遣されている、と。(28)

ただ日本側も、外交ルートで抗議をする他に手段はなく、ソ連の支援は止められない。それどころかソ連側は、同年六月一七日に、日本軍は中国の無防備の都市や民衆を狙って爆撃を繰り返していると、堀内謙介外務次官へ抗議した。(29)堀内次官は、日本軍は非戦闘員を目標として攻撃をした事実はないと強弁し、日ソの泥試合となる。

実際には、ソ連人パイロットが参加していた。蔣介石は、モスクワにいる楊杰に、戦闘機や爆撃機のパイロットを、それぞれ一大隊派遣してくれるようソ連に要請せよと、一九三八年一月三日に命じた。ソ連製の航空機を中国人パイロットが使いこなせるには時間が必要なためだ。(30)

空中戦では、初めこそソ連の戦闘機（I－15やI－16）は活躍したが、日本陸軍が一九三八年に投入した九七式戦闘機には、歯が立たなかったという。ただ、交戦で得た情報を基に改良を重ね、ノモンハンの戦役では、日本軍の戦闘機と互角か、それ以上の能力を示す戦闘機をソ連は送り出す。(31)スペイン内戦での経験がソ連の戦車を改良し、日中戦争での経験がソ連の航空機の性能を磨いたのである。

物々交換の提案

一九三八年四月一八日に、徐州会戦が始まる。蔣介石が指揮する武漢の上空でも、四月二九日から空中戦が始まった(32)。蔣介石は、差し当たりこの会戦のためにも、より多くの航空機が欲しい。

一九三八年五月五日、蔣介石はスターリンとヴォロシーロフ国防人民委員へ宛て、武昌(ぶしょう)(現在の武漢)から書簡を送る。まず、武器の代金や輸送費の支払いが終わっていないことを弁解した。「これだけの大金が一度に送金されてしまうと、中国の国際通貨決済のレートを維持するのが難しくなり、中国経済全体が打撃を受けます。軍隊は犠牲となる決心はありますが、それでは敵に勝てない」。そして、すぐに全額を支払うことはできないにしても、可能な限り全額を支払う準備をしていると記す。その上で蔣介石は、軍需品の不足を訴えた。特に爆撃機だ。中国には軽爆撃機が一〇機しかない。すでに三二〇〇万両も支払い済みだから、早急に爆撃機とエンジンを引き渡すよう求めた(33)。

楊杰も五月九日にこの手紙を渡す際、前線で爆撃機が不足しているとヴォロシーロフに伝え、六五機を早急に引き渡して欲しいと頼んだ(34)。

しかし、五月一〇日のスターリンとヴォロシーロフの返信は冷徹であった。

　我々は中国の厳しい外貨と財政の状況をよく理解し、考慮しています。それゆえ、中国から武器の代価を金や外貨では求めません。けれども、茶、羊毛、皮革、錫、タングステンといった物資を中国から取り寄せたい。そうした物資は、中国の国民経済や国防にダメージを与えず、中国はソ連に供給できると正確に把握しています。ですから、こうした物資が中国から供給されるよう期待しています。

> ソ連からの援助は、一分たりとも疑いをさしはさむ必要はありません。侵略者からの英雄的な解放戦争を戦う偉大な中国人民のため、できることはすべて行います。ご希望の航空機もお送りします。中国への新たな借款は、ソ連の最高機関で審議されるでしょう。成功を願っております。中国の解放戦争の前線における軍事的な成功に向けて、我々の熱烈な挨拶と祝福をお受けとり下さい(35)。

それでも蔣介石は、五月三一日に両名へ返信する。近衛文麿首相が内閣を改造し、日本は中国への侵略のスピードを上げると思われる。各種の兵器と航空機の需要は切迫しており、まず一億六〇〇〇万元の第二次借款を締結して欲しいと要請した(36)。

五月二三日に、スターリンらと再び会談した孫科も、中国の財政状況は厳しいと、五億メキシコドルの借款を要請した。また、米英との借款交渉に失敗したことも打ち明ける。孫科によると、ローズヴェルトは中国を助けたいと思っているが、アメリカの世論の支持がない。中国は各国から武器を手に入れられるが少量で、ドイツも軍備の供給を停止したという。

蔣介石に贈られたヴォロシーロフのポートレイト（1927年、スターリン・デジタルアーカイブ蔵）

窮状を訴える孫科に、スターリンは、新たな借款は多額なので、分割での供与を提案する。ヴォロシーロフは、橋の破壊など、小規模なゲリラ戦で日本軍を疲弊させるよう勧めた。そして最後に、スターリンがこう励ます。

「日本人は全く勇敢ではない。詐欺師のろくでなしだ。奴らは弱い者を威嚇することしかできず、強い者に当たると、その勇気は消える」[37]。

「日ソ開戦幻想」

蔣介石は、未だにソ連に参戦も働きかけていた。一九三八年三月九日、ソ連のルガネッ＝オレリスキー駐華全権代表と会見し、日本軍は中国を外界から切り離そうとしていると述べた。そのために、日本軍が満洲から一〇個から一二個師団、広東攻略のために転用すると明かした。そして、ソ連が参戦し、中ソが結束して日本を壊滅させるのに好都合ではないかと水を向ける[38]。

ルガネッ＝オレリスキーの答えは芳しくなく、ソ連が中国を積極的に援助できないと知り、蔣介石は不満だった（「蔣中正日記」一九三八年三月九日条[39]）。

蔣介石はその翌日の三月一〇日に、モスクワにいる楊杰へ電報を送る。日本軍が華南の占領に向かい、北満洲では日本軍が空になったとヴォロシーロフ国防人民委員に伝え、ソ連が満洲か朝鮮を攻撃できないか、すぐに相談するように命じた。せめて赤軍が満洲や朝鮮との国境付近で兵力を増やしてくれれば、日本軍は全力を南方に振り向けられず、牽制になると蔣介石は期待した[40]。

日本軍がソ連に進攻するのも、蔣介石には望ましいシナリオである。問題は、そうした願望が先行して、判断を狂わせていたことだ。

例えば、石原莞爾が関東軍参謀副長に就任した際は、ソ連進攻という石原の主張を実現するためで、日ソ戦争は恐らく今月中旬には必ず起こると書く（「蔣中正日記」一九三八年四月五、六日条[41]）。

人事で日本軍の戦略を占うのは、蔣介石の癖だった[42]。石原の参謀副長在任中に、日ソが衝突する張鼓峰事件が起きるが、その際に蔣介石が日ソ戦争に期待した伏線もここにある。日ソ戦争への過剰な期待は、日中戦争前から見られたものだが、日中戦争後には一段と頻繁に日記に登場している。これを鹿錫俊は「日ソ開戦幻想」と名付けた(43)。

一九三八年六月一四日にも、ルガネツ＝オレリスキーへ蔣介石はこう述べた。「遅かれ早かれ、ソ連は自動的に日本と開戦になる。ならば、いまがその最も良い時期だ」。しかし、ルガネツ＝オレリスキーがその可能性について話すのを拒むと、蔣介石は話題を転じ、自らの決意を表明する。日本の攻勢によって武漢や広東を失い、南西部にわずかな領土しか残らないとしても、中国政府は日本といかなる講和も結ぶ気はない。抗戦の継続のためにも、ソ連の支援を仰ぎ、秘密軍事協力を進めたいから、スターリンとヴォロシーロフに伝えて欲しい、と。さらに、ブリュッヘル元帥を軍事顧問として派遣して欲しいとも頼んだ(44)。

日本の矛先を中国へ

対照的に、ソ連側は日本の攻撃が遠のいたと安堵していた。一九三八年三月二三日、リトヴィノフ外務人民委員は、アメリカのデーヴィス駐ソ大使に語る。日本は一〇〇万人を中国大陸に、三〇万人を満洲に展開している。中国が日本に対して予想外の軍事的成功を収めているので、いまは日本の対ソ侵略はあり得ない、と(45)。

その翌日にヴォロシーロフ国防人民委員に提出された報告書でも、赤軍参謀本部が次のように分析している。ソ連の仮想敵は、ドイツとイタリアのファシスト連合と、それを支えるポーランドと日本である。しかし、いまドイツとイタリアはソ連に対し自由が利くが、日本は中国との戦争で多大な軍需物資と戦費を費やしている、と(46)。

ともあれ、中国に日本軍が足止めされている限り、ソ連の東は安泰である。そのため、スターリンは中国を励まし続けた。

彼は六月一〇日付の蔣介石に宛てた書簡で、孫科との最後の会談での約束はきっと守るから、心配することはないと書く。そして、「強奪者」、「侵略者」、「自由の敵の国家」と戦う蔣介石と中国を称賛し、中国の自由は目前に迫っていると堅く信じる、と鼓舞した。(47)

しかし、追い詰められた中国は、ソ連からはもっと積極的な支援を必要としていた。六月九日には、黄河の堤防を中国軍が自ら破壊し、日本軍の進撃を少しでも遅くしようとする。ただその代償は大きく、中国人の被災者は一二五〇万人以上、死者は八九万人、被害総額は一〇億九一七六万二〇〇〇元にも上った。(48)

六月一一日、ソ連のルガネツ＝オレリスキー駐華全権代表を宋子文が訪ねる。宋子文は窮状を訴えた。中国軍と国民の士気は低く、親日勢力が台頭し始めた。ソ連の直接介入のみがこの事態を救える、と。そして、「もっと実質的な」相互援助条約を締結できたら戦争を続けられると述べた。モスクワでの条約交渉には、宋子文がルガネツ＝オレリスキーと赴き、もしソ連政府が必要と思うのなら、蔣介石自身がモスクワへ行くとも提案する。(49)

ソ連側はこの申し出に否定的だ。六月一四日、リトヴィノフ外務人民委員はスターリンの指示を仰いだが、蔣介石と宋子文のモスクワ訪問に反対している。とりわけ蔣介石の不在は、中国の親日派に利用されるかもしれないと、リトヴィノフは懸念を表明した。(50)その代わりにソ連は、七月一日に、二度目となる五〇〇〇万ドルの借款に応じる。

しかし、蔣介石がいま欲しいのは借款ではなく、武器だった。七月一四日にはスターリンとヴォロシーロフへ、ソ連の熱心な援助で士気は奮い立っていると、まず記した。その上で、戦局はすでに重要な新段階に入ったとし、戦闘機や重爆撃機、砲弾を急いで送って欲しいと懇願する。[51]

ただ蔣介石は客観性を失っておらず、同日の日記にこう書いた。

「我が国に対するソ連の今後の態度は、自らが奮起するかにすべてがかかっている」（「蔣中正日記」一九三八年七月一四日条）。[52]

ロンドンでの日ソの密談

一方、スターリンは中国を支援しつつも、日本との関係が決定的に悪化するのも望まない。

日本の攻撃が近いと知らせる蔣介石の書簡から、一九三八年四月一二日にモスクワは、満洲国とソ連の国境を守る特別極東赤旗軍へ警告を発する。ただスターリンは、蔣介石の警告が日ソ戦争の勃発を願ってのことだと疑っていた。そのため警告を受けてからも、特別赤旗極東軍での粛清に余念がなかった。[53]

日中を天秤にかけるスターリンの姿勢は、次のエピソードからもうかがえる。

ロンドンで吉田茂駐英大使が、日ソ関係の改善について話し合いたいと、マイスキー駐英全権代表に会談を求めた。マイスキーは、関係悪化の原因は日本側にあると、つれない態度だったが、吉田は、過去ではなく未来について考える必要があると食い下がった。このやり取りを、五月一二日にマイスキーはスターリンへ報告する。[54]

スターリンは五月一四日に、外務人民委員部を通じて指示した。

「吉田との会談を避けず、会談では、彼のいうことを注意深く聞け。日ソ間の友好関係を促進するための具体的な方策を聞くのだ。ソ連もまた、友好関係を求めていると表明せよ」[55]。

こうして開かれた会談では、日ソ関係の改善では一致した。しかしマイスキーが、では関係を良くするにはどうしたらよいか尋ねると、吉田は述べた。

「もしあなた方が中国人に航空機を送るのをやめたら、我が国との友好はすぐに確立される」。

マイスキーは、それは中国の問題であって、日ソ両国には関係ない、と突っぱねる。中国に送っている武器についても吉田が問い質すと、武器を送っているのはソ連だけではない、ドイツなど各国もしているではないかとマイスキーは反論し、話し合いは平行線に終わった[56]。

マイスキーは五月一八日に、会談から受けた印象をスターリンに報告している。

「日本人は、中国で自分たちが置かれている困難な状況を理解し始めて、我々から中国政府への援助を、完全に、あるいは少なくとも部分的に停止するよう望んでいる[57]」。

張鼓峰事件

日ソ関係は疎遠になるばかりだった。日本陸軍は、陰で中国に肩入れするソ連への敵対心を募らせる。一九三八年七月三日付で、陸軍省が近衛首相に提出した要望書が、その一例だ。ここでは、ソ連を日中戦争に「積極的に」参加させないのが大前提となっている。さらに、ソ連の「不信行為」を米英仏で宣伝し、その国際的地位を落とすともある[58]。

日本とソ連の緊張が、日中戦争をめぐって高まっていた時に、事件が起きた。

日本統治下の朝鮮と満洲国、ソ連が国境を接する丘、張鼓峰がその舞台である。一九三八年七月一一日、ソ連の国境警備隊が張鼓峰の頂上を占拠し、陣地の構築を始めた。日本側は国境侵犯だと抗議し、朝鮮軍は独断で張鼓峰を夜襲して占領した。しかし反撃を受け、大損害を出す。

日ソの衝突が続く一九三八年七月三〇日、行政院長兼財務部長の孔祥熙が、ソ連の臨時駐華全権代表を訪ねた。そして、軍事であれ外交であれ、どのような手段で事件を解決しようとも、中国はソ連を断固として支持すると表明した。

もっとも、孔祥熙が勧めるのは軍事的な解決だ。日本は中国との戦争で疲弊しており、中ソが協力すれば日本の軍事力を容易に撃破できる。日本海軍も、ソ連との戦争では実力を発揮できないと分析している。日ソ開戦への期待が露骨に表れている。

なお孔祥熙は、外交で解決するとしても支持すると述べたが、中国の国益を犠牲にして日本と協定を結ばないよう、念を押した(59)。

結局、八月一一日に日ソ両国はモスクワで停戦協定に調印した。蔣介石は張鼓峰事件を注視し、日ソの全面戦争を期待したが、夢に終わった。軍事面から見れば日本はソ連に勝ったとし、日本は以後、ソ連をさらに恐れなくなるだろうというのが、彼の見立てである（「蔣中正日記」一九三八年八月一八日条(60)）。

中ソ秘密条約の提案

張鼓峰事件の解決で、日ソ開戦の見込みがなくなったため、日本軍は中国の戦線に力を入れてくるのは必定と蔣介石は見た。実際、日本の大本営は、一九三八年八月二二日に、漢口（かんこう）攻略の大陸命（天皇の統帥命令）を発している。

八月一七日付のスターリンとヴォロシーロフ宛ての電報で、蔣介石は、日本は九月中には武漢に全力で進攻して来るので、決戦になると予測している。そして、各種の航空機を急いで送ってくれるよう願い出た(61)。

蔣介石はより大胆な手を打つ。八月一七日に、蔣介石の使者として、張群がソ連のルガネッ＝オレリスキー駐華全権代表を訪ねた。そして、中ソ両軍の軍事同盟を提案する。同盟の目的は、日本がソ連を攻撃したら共同軍事作戦を展開するためで、その時までは赤軍から教官を送り込んで訓練してもらいたいという(62)。

しかし、八月二四日に蔣介石を訪ねたルガネッ＝オレリスキーは、提案を拒否する。ソ連は日本を攻撃するつもりはなく、日本が攻めてくるのを待つと伝え、協定は両国にとって有害無益だと切り捨てた。蔣介石は、これで中国は「独立自由と自力更生」を勉強する時代となり、喜ばしいと書く（「蔣中正日記」一九三八年八月二四日条(63)）。精一杯の強がりだろう。

それでも蔣介石は、ソ連との提携を諦めない。

八月二六日、今度は孫科がルガネッ＝オレリスキーを訪ね、中国政府と蔣介石の名のもとに、秘密条約を提案した。中ソの友好関係をさらに増すためで、ソ連の参戦を義務付けないと述べた。具体的には、条約には以下の項目を盛り込む。

①両軍の一般的な協力関係の構築、特に日本と共同で戦うための訓練。
②外交面で協力し、中国がソ連に合わせた外交路線を取る。
③中国が親ソ的態度を守り、民主主義国を支え、決してファシズム陣営には加わらないと誓約する。
④相互に必要な物資を融通することによる、経済関係の促進（ソ連からは武器、中国からは資源）。
⑤中国の中央部と、トルクシブ鉄道を結ぶ鉄道の敷設。

ソ連政府がこれらについて議論を始められると判断したなら、すぐにモスクワに行くつもりだと孫科は述べた。しかしルガネツ＝オレリスキーは、この条約を秘密にしておくのは不可能だと、否定的だった(64)。

リトヴィノフ外務人民委員も、孫科がモスクワに来たところで、ソ連の立場を変えることはできないと、八月二八日にルガネツ＝オレリスキーに打電している(65)。

ソ連の示した参戦条件

孫科が秘密条約を提案したのと同じ一九三八年八月二六日、蔣介石はスターリンへ期待を込めて書簡を送る。

> 六月一九日付［実際は六月一〇日］の書簡を拝読し、そのご厚情とご厚誼に誠に感銘を受けました。被圧迫民族を解放し、世界の平和のため奮闘するソ連のみが、抗戦で苦闘する孤立した［我が］軍へ、真摯で熱烈な期待を終始寄せてくれているのです。将来、中国が民族解放戦争に勝利したら、全中国人民は、貴国の援助への謝意と、閣下が義を守り、義を盛んにしたのを永遠に忘れません。中ソの両大民族は、世界の平和と正義を守ることに、同等の責任を負っています。両国の協力関係が必ず日ごとに増すと深く信じています。侵略主義が根本から崩壊する時まで閣下とともに努力し、ご支援いただけるよう願います。健康をお祈りいたします(66)

八月三一日、ルガネツ＝オレリスキー駐華全権代表は蔣介石と会談し、なぜこの条約が必要か説明を求めた。蔣介石がいうには、極東の平和は中ソの緊密な協力によってのみ確保できる。ソ連との緊密な協力関係を「ほぼ永久に」確立し、戦後の中ソ関係の基盤を築くためにも、この条約を締結したいと彼は述べた(67)。

一方、孫科は、条約を必要とする理由として、勝利に疑いを抱く中国国民の鼓舞や、日本への圧力、また戦後にソ連は中国共産党を支持するのではないかという疑念を払拭するため、などをあげた。さらに、独伊は開戦初期には助けてくれたが、いまでは日本を助ける「事実上の敵」なので、この条約で中国が「反ファシズム」陣営に加わっていることを表明したいのだとも述べた(68)。

彼らの説明は美辞麗句に彩られている。より率直にいえば、戦況が思わしくない中で、ソ連からの継続的な支援の確約が欲しかったのだろう。

一方のソ連は、張鼓峰事件以後、中国への肩入れに慎重になっていた(69)。ルガネツ＝オレリスキーは、いまのままでも中ソ関係は改善できると、新しい条約の必要性を認めない。提案を知ったリトヴィノフ外務人民委員も、その答えに満足している(70)。

追い打ちをかけるように、九月八日には、ウラジーミル・ポチョムキン（Владимир Петрович Потёмкин）外務人民委員代理が、蔣介石に以下を明示するよう、ルガネツ＝オレリスキーに命じた。

「ソ連が対日戦を行うのは、日本がソ連を攻撃するか、イギリスやアメリカが対日戦に参加するか、国際連盟が太平洋諸国に対日戦を義務づけるかの、三つの場合のみである(71)」。

ミュンヘン会談

ソ連の消極的な態度には、ナチスが勢力を広げる欧州情勢も影響していたと思われる。一九三八年三月にオーストリアを併合したドイツは、今度はチェコスロヴァキアへズデーテン地方を要求し、両国は一触即発となる。

蔣介石は当初、チェコ問題は戦争にならないし、ヨーロッパでの戦争は中国にとって有害だと、五月二九日にルガネツ＝オレリスキー駐華全権代表に語っていた(72)。

しかし緊張は高じるばかりで、チェコスロヴァキアのエドヴァルド・ベネシュ（Edvard Beneš）大統領は、ソ連にも助けを求めた。ソ連はそれに応え、フランスがチェコスロヴァキアの同盟国としての義務を履行したら、ソ連も援助を与えると、政治局は一九三八年九月二〇日に決定する(73)。

九月二二日、蔣介石はルガネツ＝オレリスキーに、ミュンヘン協定が「ヨーロッパだけでなく、アジアにも大きな変化をもたらすことは必至」なので、中ソがより緊密に協力する必要性がさらに高まっていると説いた。具体的には、「少なくとも相互援助条約」を中ソが締結すべきだと訴える(74)。しかし、ソ連から色よい返事はない。

最終的に、九月二九日に行われたミュンヘンでの首脳会談の結果、ヒトラーは英仏の合意を得て、血を流すことなくズデーテン地方を獲得した。一〇月にはドイツ軍がズデーテン地方に進駐する。このように、西からドイツの矛先が迫る情勢では、ソ連も日中戦争に深入りはできない。

ミュンヘン会談の前に、蔣介石は、ヨーロッパで戦争が勃発したら、対日作戦を共同で行い、単独で講和しないと誓うための秘密協定をソ連に提案するつもりだった（「蔣中正日記」一九三八年九月一九日条(75)）。しかし、事態は収束し、目論見が外れる。蔣介石は日記で、「白人」は戦禍を恐れて妥協を求め、「弱小国家」すなわちチェコスロヴァキアを犠牲にしたと嘆いた（「蔣中正日記」一九三八年九月二九日条(76)）。

日本との和平も検討

一九三八年一〇月六日にも、蔣介石は日記で愚痴る。スターリンには八月から二通も書簡を書いた。

九月中旬の、武漢近郊で戦闘が最も激しかった時に、ソ連から武器が届くようにしたかったが、返事もない。ソ連は武器や航空機の援助を申し出てきたが、ヨーロッパの政局の緊迫のせいか、中国が武漢を放棄するからか、あるいは日中の講和を恐れたのだろうか。このように、国際情勢はただ利害があるのみで、信義など全くない、と(77)。

国内でも国外でも明るい展望はなく、日本との講和が蔣介石の頭をよぎる。そのころ香港では、和知鷹二陸軍中佐と、元天津市長の蕭振瀛の間で、和平工作が進められていた。九月二七日、蔣介石は蕭振瀛に妥協を戒める電報を送る。しかし内心では、もしヨーロッパで戦争が起こらなければ、対日講和もありえるとシミュレーションしていた（「蔣中正日記」一九三八年九月二六、二七日条(78)）。

一〇月二一日には、広東省の省都の広州が陥落する。それから三日後、ルガネツ＝オレリスキー駐華全権代表を訪れた孔祥熙は、ソ連が圧力をかけなかったから、日本軍は満洲から三個師団を広東に差し向けたのだと、半ば責めた。そして、ミュンヘン協定の結果、ソ連は一九三五年に結んだチェコ・ソ連相互援助条約や、仏ソ相互援助条約の義務から解放されたのだから、極東に力を入れるべきだと主張した(79)。要するに、ヨーロッパで孤立しているなら、ソ連はアジアでその力を行使して中国を助けよという、切実だが身勝手な要求である。

ついに一〇月二六日には、武漢が日本軍に占領された。しかし、これで蔣介石は、奥地の重慶で継戦する意志をむしろ固めた。蕭振瀛にも香港へ戻るのを禁じ、和知との交渉を中止させる。「講和さえしなければ、たとえ失敗しても必ず復興できる」と彼は自身を鼓舞した（「蔣中正日記」一九三八年一一月九日条(80)）。

そこに追い打ちをかけたのが、汪兆銘の出奔である。革命への献身と教養の高さで、国民党でも群を抜いていた彼は、かつて孫文の右腕だった。孫文の死後は蔣介石と対立し、失脚と復権を繰り返す。日中戦争後は対日和平に傾き、一九三八年一二月に重慶を脱出した。

汪兆銘は、日本との和平を考えるべきだとする声明（艶電）を、同年一二月二九日にハノイで出す。これを読んだ蔣介石は、「敵と通じ国を売ろうとするのがほぼ暴露された。この賊は薬では救えない。不義の行い多く、きっと自滅する」と、日記で罵倒した（「蔣中正日記」一九三八年一二月三一日条）(81)。

アメリカへの期待

土俵際へ追いつめられていた蔣介石へ、積極的な支援を始めたのがアメリカだ。まずは一年前に時間を戻し、アメリカと日中戦争の関係を、往復書簡を中心に考察する。

第一章で論じたように、アメリカは日中戦争の調停を拒んでいた。そうした中、どのようなルートで渡ったのかは定かでないが、蔣介石から大統領への、一九三七年九月七日付のメッセージが残っている。その要旨は以下の通りだ。

我々は、アメリカ人が正義と自由を愛する国民だと信を置いている。そのため、アメリカが極東に関して何か提案してくれるのなら、いかなる時でも真剣に検討する用意がある。また、私は平和のために働くとも国民にいっているが、戦いを強いられるのなら、どんなに悲惨であろうとも、長期戦を戦い抜く準備がある、と(82)。

右のメッセージの前日、上海で戦況が悪化し、蔣介石は首都に軍の幹部を集めて、防衛作戦を練る(83)。形勢が不利な中、彼はソ連の参戦と同じく、アメリカの調停にも希望を託していた(84)。

アメリカでも、日中戦争の開戦以来、世論では中国への同情の声が高まっていた。ローズヴェルト大統領も、日本への敵意を隠さない。一九三七年一〇月五日の、シカゴにおける「隔離演説」は有名だ。この演説では、「国際的無政府状態」を引き起している国々は「隔離」されなければならず、アメリカは中立主義を離れ、侵略行為を阻止するための集団安全保障体制に参加すべきと強調した。名指しこそされていないが、日本、ドイツ、イタリアへの非難である。

しかし、アメリカ国内では孤立主義が支持を集めており、具体的な行動はほとんどない。一九三七年七月一四日に、中国の通貨（法幣）の為替ルートを安定させるため、五〇〇〇万ドル相当額まで法幣を買い上げたのが目立つ程度だ。(85) 日中戦争をめぐって、大統領と世論、そして世論の影響を大きく受ける議会と大統領の意見対立は、アメリカの行動を制約した。

政権内でも、ハル国務長官が慎重な姿勢を崩さない。九ヶ国条約会議に出席したアメリカ代表団が、日本への経済制裁を提案してもはねつけた。日本との戦争を恐れていたし、アメリカには当時その準備もなかったというのが、後年のハルの弁明である。(86)

米大統領への書簡

蔣介石がローズヴェルト大統領に親書を送ったのは、一九三七年一二月二四日である。書き出しはこうだ。

「中国の長い歴史において、今日ほど甚大な危機に見舞われたことはなく、極東の平和がひどく乱されたことも決してありませんでした。この五ヶ月、中国は生死を賭けて日本と戦ってきました(87)」。

しかし、「超近代的武器で武装した」日本軍は「中世的な野蛮さ」を誇示しながら、次々と主要都市を占領し、無数の非戦闘員や、少なからぬ外国人も殺し、多くの施設を破壊していると訴えた。これらは、太平洋地域すべてを支配しようとする日本の野心の表れだという。中国では、華北の大部分が日本軍に占領され、南京と上海を結ぶ鉄道沿線の大都市や、首都の南京も占領されている。そして、北平では、日本の傀儡政権、中華民国臨時政府が樹立された。そして、さらに内陸部へと侵略を広げている。しかし中国は、日本政府がその侵略的な政策をやめるまで抵抗し、決して降伏しないと誓った。

この書簡は、劣勢を正直に吐露し、中国への同情を求めている。そして、自分は中華民族の自由のためだけではなく、「人類への共通の脅威」とも戦っていると記す。ただ、この書簡では、アメリカによる「効果的な支援」を早急に願うとあるだけで、具体的な方法や要求する軍需品は記されていない。

つれない返事

一九三八年一月三日の、ローズヴェルト大統領の議会における年頭教書は、平和と民主主義を力強く擁護する内容だった。[88] ここに希望を見た蔣介石は、アメリカが「太平洋集団会議」を召集するよう働きかけてゆくと決めた。[88] アメリカの指導力で、戦争を解決に持ってゆくシナリオである。

前年一二月二四日の書簡に対する大統領の返信は、一九三八年一月二五日に蔣介石へ渡された。内容は中国への共感にあふれている。

> あなたが言及されている問題に、私は多大な関心を払い続けていると述べなくてはなりません。中国での悲劇的な衝突は、最も関わりのある二ヶ国だけではなく、世界全体にとっても憂慮すべきことです。アメリカ政府と国民は、現在繰り広げられていることを、不安をもって見つめ、深い遺憾の意を抱いています[89]

では、アメリカはどう支援するのか。平和を促し、国際協力を確立するための最良の方法を研究し、考え続けますと書くだけで、大統領の書簡は具体性に欠けていた。

欲しいのは同情ではない。蔣介石は一月三〇日に返信を書く。アメリカが平和に向けて国際社会で指導力を発揮し、抗戦を続けるための経済的、物質的な支援を中国に与えるよう願い出た(90)。

蔣介石の書簡は、二月七日に中国の王正廷（おうせいてい）駐米大使から大統領に手渡された。しかしハル国務長官は、返信の必要はなく、ジョンソン駐華大使を通じ、受け取りの確認と謝意を伝えさせるだけで良い、と大統領に進言するメモを送っている(91)。

日米関係の悪化を喜ぶ

このように冷淡だったアメリカ国務省も、日本に幻滅し、徐々に対華方針を変えてゆく。

一例を記す。長江などで、日本は条約上認められていた各国の航行権を無視し、航行を許可制にすることで、事実上の封鎖をしていた。長江を遡って、重慶へと支援物資が届けられるのを防ぎ、日本軍の作戦にも支障を来さないようにするためだ。

グルー駐日米国大使は宇垣一成（かずしげ）外相に、こうした航行権など、アメリカの在華権益を尊重するよう求めていた。アメリカの抗議に、宇垣は対処を約束したが、その後も航路は閉ざされたままで、一九三八年一〇月三日には、グルー大使が近衛外相臨時代理へ抗議した。しかし、日本側はアメリカ側への回答を一一月一八日まで引き延ばす(92)。こうした日本政府の言行不一致はアメリカ側をいらだたせる。

一方、失意の底にあった時、アメリカが対日姿勢を硬化させたニュースは、蔣介石を鼓舞した。中国は、ソ連へ同盟を持ちかけて失敗し、広州と武漢も失おうとしていた。蔣介石の期待に反し、張鼓峰事件は日ソ戦争に発展せず、ミュンヘン会談の結果、ヨーロッパでも戦争が回避された。

そこで蔣介石は、再びアメリカにすがる。一九三八年一〇月八日付のローズヴェルト大統領宛ての書簡で、アメリカが先導し、日中戦争を調停する国際会議を開くよう要請した。

「ヨーロッパ情勢が落ち着いてきたいま、アメリカ政府が関心のあるすべての政府を会議に招待し、停戦を前提条件として、冷静かつ公正な審議を通じ、永続的な解決を目指すことで、極東の平和に向けた動きを開始することは不可能でしょうか(93)」。

大統領は一〇月一九日に返信する。

「極東で発生した悲劇的な紛争を、武力行使や武力行使の脅しによらず、正義に基づき、太平洋諸国の交渉によって解決する必要性は、世界における法と秩序の再確立のため、日に日に強くなってきています(94)」。

しかし、会議開催について、明確な日取りや段取りは示されなかった。

アメリカの桐油借款

それでも、蔣介石はアメリカに希望を託すしかない。一九三八年一〇月一五日付の書簡では、ローズヴェルト大統領が何度も日本に警告してくれたのを、侵略を受けている人々は、アメリカの深い同情の表れとして受け取っている、と持ち上げた。その上で、大統領に経済的支援を求める(95)。

経済支援の要請は、ホワイトハウスで好意的に迎えられた。一〇月一七日にヘンリー・モーゲンソー(Henry Morgenthau, Jr.)財務長官は、大統領へ意見書を送る。過去の宥和政策を繰り返してはならない。

今こそ、中国に財政的な支援をすべきだと。

「戦艦一隻の建造費よりも少ない金額を賭けるだけで、中国人に改めて活を入れられるし、効果がある。それ以上の意味もあります。我々の行動で、侵略と戦う民主主義の闘争をあらゆる場所で促進できる[96]」。

大統領も中国への支援に前向きだ。一一月一〇日付の蔣介石への返信で、経済的支援の申し込みは、ワシントンで「最も慎重かつ同情的な検討を受けている」と書いた。そして、中国に好意を持つようになった来歴を振り返る。

「ご存知のように、私は長年にわたり、個人的にも公的にも中国に強い関心を持ってきました。公的な関心は、私が海軍次官補を務めていたころからで、個人的な関心は、私の先祖が極東に早くから関わっていたことと、中国の人々に対する長年の愛着の両方から生じています[97]」。

海軍次官補時代のローズヴェルトは、一九一五年に対華二一ヶ条を要求し、ドイツ領南洋諸島や、山東半島に手をかける日本の膨張に、強い警戒と不信を抱いていた。さらに、伯父は広東貿易に従事した[98]。こうした経歴が中国への親しみを生んだのだろう。

大統領の言葉に偽りはなかった。アメリカが中国に借款二五〇〇万ドルを供与すると正式に発表したのは、一九三八年一二月一五日だ。

この借款の利益は、アメリカの農作物および工業製品の対華輸出、中国からの桐油の輸出にファイナンスされると取り決められた。そのため、桐油借款と呼ばれる。しかしアメリカは、武器、弾薬、航空機の購入や、通貨の安定には使用しないことを条件にした。

ソ連からの借款に比べれば、額ははるかに少ない。利用条件も厳しい。だがこの借款は、アメリカは味方だと中国が宣伝するのに、格好の材料となった。蒋介石は、「アメリカの借款は敵にとって最大の打撃の成立を意味する」と喜んだ（「蒋中正日記」一九三八年一二月一七日条）[99]。

駐米大使の胡適も、抗戦の継続か、最良の条件で和平を結ぶか、中国政府内では対立があるが、蒋介石が前者を選ぶのに借款は大いに役立ったと、スタンリー・ホーンベック（Stanley Kuhl Hornbeck）国務省政治顧問に謝意を表した[100]。

「東亜新秩序」への反発

アメリカに一歩踏み込ませた一因には、近衛内閣が一九三八年一一月三日に発表した「東亜新秩序建設声明」もある。この声明は、日本、満洲国、そして日本寄りの中国の諸政権の互助、共同防共、経済結合を唱えていた。

さらに近衛首相は、蒋介石政権は「一地方政党」に転落したと、ラジオで豪語した。これに先立ちアメリカは、一〇月六日に、中国での「門戸開放、機会均等」を維持するよう日本政府へ申し入れていた。従って、日本が中国市場を独占することになる「東亜新秩序」は断じて認められない。一二月三〇日には、主権を持たない地域でも、日本が自らを「運命の代行者」とみなすような構想は認められないと、日本政府へ抗議した[102]。

「今ヤ支那ヲ如何様ニ処理スルトモ、ソノ鍵ハ全ク日本ノ手ニアルノテアリマス」[101]。

蒋介石は、アメリカの強硬な姿勢に勇気づけられた。そして、一九三九年三月二五日付でローズヴェルト大統領へ書簡を送る。アメリカは、「東亜新秩序」を公式に否認した唯一の国であると持ち上げ、大統領の年頭教書に感銘を受けたと記す。また前年の借款にも謝意を述べた。最後は、「国際関係が正常な状態にまだ戻れるか、それとも恒久的に武力に支配される運命なのかは、アメリカと、その偉大で有能な指導者である、あなたの崇高な努力にほぼかかっているのです」と結ばれている[103]。

一九三九年四月八日、大統領は手短に返信する。前年一二月の蔣介石の演説から「国際社会の平和と秩序を再建する」という部分を引用し、アメリカ政府としてもそれが目的だと記す[104]。ただ議会に縛られる大統領からは、具体的な約束はない。未だにアメリカは、中立法も発動できずにいた。

アメリカの中立法

中立法は、ヨーロッパ諸国の戦争に巻き込まれるのを避けるため制定された、アメリカ国内の法律である。一九三五年のエチオピア戦争でも発動され、交戦国への軍需品輸出と借款供与を禁止していた。その背景には、海外の紛争に関わるのは避けたいアメリカの世論があった。

中立法は一九三七年の改正で、石油、鉄などの交戦国に対する輸出を承認するかわりに、交戦国に現金支払いでの自国船輸送を義務づけた。アメリカが日中戦争に中立法を発動しなかったのは、この条項によって、海運力と資金力で中国より優れた日本だけが得をするのを恐れたためだ。しかし、アメリカが中立法を発動しなかったために、日本は外貨事情の許す限り、アメリカから石油、屑鉄(くずてつ)、機械などを買えた[105]。

そこで蔣介石は、武漢の陥落後、日本への宣戦布告を考える。宣戦布告をすれば、アメリカが中立法を発動してくれるのではないかと期待した[106]。しかし、宣戦布告は思いとどまる。アメリカが中立を宣言し、中立法を発動すれば、中国にもデメリットがあったからだろう。

例えば、日本と戦う中国国民の士気を低下させる。第二に、船舶も外貨も少ない中国が、アメリカ市場から物資を購入できなくなる。第三に、アメリカ人の飛行教官らが中国に渡航できなくなる、などだ(107)。また、たとえ中国が日本へ宣戦布告しても、アメリカが中立法を発動する保証もなかった。

イギリスの閣内対立

中国への支援に、アメリカよりもさらに腰が重かったのがイギリスだ(108)。蔣介石とイギリス側との往復書簡が、チェンバレン内閣期にほとんど見当たらないのは示唆的である。

イギリスでは、首相と外相の間で溝が生まれていた。日本を侵略者と見なし、態度を硬化させたのがイーデン外相である。彼は開戦から間もない一九三七年七月二〇日に、米英の共同介入を持ちかけたが、アメリカ政府に、かえって情勢を悪化させると断られた。それでもイーデンは、アメリカと歩調を合わせることで事態の収拾を試みる。日中戦争について、単独行動を避けてアメリカに頼るのは、イーデンに限らず、これ以降のイギリス外交の基調となった。

チェンバレン首相（1938年）

一方、傍観を決め込んだのが、チェンバレン首相である。戦争勃発当初、外相と首相の足並みはほぼ一致していた。戦乱を華北のみにとどめ、イギリスの在華権益が集中する、華中や華南への飛び火を避けることだ。しかし、上海から南京へと戦火が広がると、チェンバレンは中立に傾く。日中戦争で中国が勝ち、一九二〇年代の北伐当時のように、イギリスの在華権益が脅かされるのは好ましくない。そう考える首相は、日本が反帝国主義運動の鎮圧者として、一定の力を保持するのを望んだ。かといって、日本がその分を越え、イギリスの在華権益にまで手を出すことは望まない(109)。イギリスの日和見な外交の始まりである。

チェンバレンは、ローズヴェルトの「隔離演説」も、「イタリアとドイツを日本人に接近させる原因になった」と否定的に見ており、ローズヴェルトとの首脳会談にも応じない。アメリカが先行するなら、イギリスも中国へ艦隊を派遣する用意がある、とイーデン外相がアメリカ側に伝えても、チェンバレンは気乗り薄だった(110)。

一九三七年一一月の九ヶ国条約会議で対日経済制裁案が出ても、チェンバレン首相は、「制裁はもしそれが効果的であれば戦争の危険を伴い、逆に効果がなければ何の価値も持たない」、「ヨーロッパの情勢がこれほど深刻な現時点で、日本に喧嘩を仕掛けるほど自殺的行為はない」と閣議で述べた(111)。

一九三七年末、イーデンはローズヴェルトの案に基づいて、米英海軍の共同演習で日本へ圧力をかけるよう閣僚に働きかけたが、失敗する。翌年二月には、ビルマと中国をつなぐ道路の建設資金を中国に提供する案を出したが、この借款はあまりにも日本を刺激すると、大蔵省に拒否されてしまう(112)。日中戦争だけでなく、独伊への対処方針でも首相と対立したイーデンは、同月に外相を辞任した。

慎重なチェンバレン首相

蔣介石は、開戦以来、イギリスからは何の支援もないと焦慮していた。一九三八年四月二四日に、アーチボルド・カー（Sir Archibald Clark Kerr）駐華英国大使と会談した彼は、悲嘆と嫌味を織り交ぜながら、なぜイギリスは支援してくれないのかと詰め寄った。中国は自国の存亡を賭けて戦っているだけでなく、イギリスの在華権益のためにも戦っているのだと主張しても不公平ではないだろう。日本が勝てば中国のマンパワーが加わって本当の「黄禍」になる、と警告した。

ただ、蔣介石も戦勝を収められていない。それどころか退却続きだ。いずれ漢口も捨てて、日本軍の補給線を伸び切らせる作戦だが、漢口から退却しても、イギリスは引き続き国民政府を支持してくれるかと、蔣介石は大使に聞く[113]。カー大使は支持を明言した。

しかし、ロンドンでは閣僚たちが中国を支援するかで対立していた。イーデンに代わり、外相となったハリファックス子爵（Edward Frederick Lindley Wood, Viscount Halifax）は、チェンバレン首相と同じくドイツに宥和的だ。しかし彼は、日本には厳しい態度で臨む。

ロバート・クレーギー（Sir Robert Leslie Craigie）駐日英国大使は、中国の前途に悲観的だったが、イギリスの外務省は、すぐに中国が倒される可能性はないとして、日本を封じ込める方針を取る[114]。

だが、チェンバレン首相は相変わらず慎重だった。中国の支払い能力に限界があったのに加え、ヨーロッパ情勢の緊迫のため、イギリス自身も再軍備を急いでいたからだ[115]。蔣介石がイギリスに求めた借款も、一九三八年七月一三日の閣議で却下した。この借款が日本への挑発行為と見なされ、イギリス領の香港が脅かされるのを懸念したといわれる。

蔣介石はいら立ちを日記に記す。日中戦争は国際問題であり、国際的な干渉と共同解決がなければ、決して終結できない。しかし、イギリスの姿勢はまだ「待機」のままだ。日中の疲弊を待っているのか、準備が整うのを待っているのか、アメリカとの協力を待っているのか、と（「蔣中正日記」一九三八年七月二八日条）[116]。

蔣介石は一九三八年一一月に、再びカー大使へ借款を強く迫った。もし借款が得られなければ、中国は外交政策を見直し、どこの国であれ援助を頼むしかないと語る。そして、チェコスロヴァキアに与えられたのと同額の借款を求め、「イエスかノーか」のはっきりした回答を求めた[117]。しかしイギリスは、同年一一月一日に日本へ調停を申し出たように、あくまで中立を保つ[118]。

海南島占領

イギリスを借款供与に踏み切らせた大きな要因は、一九三九年二月一〇日に、南シナ海にある海南島が日本海軍に占領されたことだ。

海南島の占領は、中国を援助する「援蔣ルート」の遮断を直接の目的としていたが、万が一イギリスと開戦した際には、日本海軍は航空作戦の基地として活用するつもりだった[119]。

海南島占領が持つ重要性を、アメリカのグルー駐日米国大使は見逃さず、ハル国務長官へこう打電した。これまでにも日本軍は、トンキン湾での物資輸送を統制できて、インドシナから中国まで、航空機でも容易にアプローチできる潿洲島を保持していた。しかし、海南島の占領は戦略的により重要である。この島が整備された海軍基地と航空基地となれば、香港からインドシナ半島南端までの海岸線すべてを支配できる。ハノイ港も封鎖できるし、南シナ海の管理や、英領シンガポールが支配している海域を制限するのにも大きな効果がある、と[120]。

蔣介石も、日本軍による海南島の占領を「太平洋上の九一八〔満洲事変〕」と公言し、開戦以来、英仏米にとって最大の脅威になったと考えた。そのため、今後の戦局は必ず急激に変化すると期待する。日記には、「倭寇〔日本の蔑称〕は思い上がり、世界と開戦するのか」とあきれたように書く（「蔣中正日記」一九三九年二月一〇日、一一日条[121]）。

イギリスの対華支援

イギリスも、自身に矛先が向けられたのを認識していた。二月一五日、ハリファックス外相が、海南島の占領についての日本側の弁明を閣議で披露した。すると何人かの閣僚から、この占領に鑑み、中国への借款供与を遅らせるのは望ましくないという声があがる[122]。

チェンバレン首相は、中国への借款の供与は認めたものの、外相と財務相に、アメリカとの共同歩調は崩さず、それ以上は踏み越えないよう、翌週の閣議で注意を与える。政府間の借款ではなく、銀行間の融資にすることも決められた[123]。

結局、イギリスが総額一〇〇〇万ポンドを供与する幣制基金借款協定を中国と結んだのは、一九三九年三月二九日だ。これは、中国の通貨を安定させる名目だったので、法幣安定借款ともいう。

戦争による輸出の減少で、輸入のための外国為替資金が目減りしていた中国にとって、実質的には借款供与に等しかった。それなのにこのような名目となったのは、借款に反対する大蔵省の批判を、ハリファックス外相がかわそうとしたからだ。一九三五年に、イギリスは南京国民政府の幣制改革を支援しているから、これなら名目も立ちやすかった。

それでも、まだイギリスは旗幟を鮮明にしたくはない。一九三九年九月二八日の閣議で、チェンバレン首相はこう述べている。

「中立を維持し、中国政府であれ日本政府であれ、不快にするのを避けるのが我々の利益になる。日本では、我々に友好的な者を増やすのが重要だ。同時に、いかなる形であれ、蔣介石の立場を損なうようなことをしないよう注意しなければならない[124]」。

第三章

ソ連への期待と失望、一九三九年

中ソ同盟を熱望

国際政治が、第二次世界大戦でおなじみの、枢軸国対連合国の図式に収まるのはまだ先である。日中戦争三年目の一九三九年には、世界情勢はまだ流動的だった。

欧州情勢は日に日に緊迫していた。前年のオーストリア併合に続き、一九三九年三月一五日、ドイツ軍がプラハに入城し、チェコはドイツの保護領となる。ヒトラーはまたも無血で領土を拡大した。

これを知った蔣介石は日記に書く。日ソ関係はチェコ問題によってさらに緊張度を増すだろう。日本はソ連との妥協が難しくなり、もしかしたら日ソ戦争は避けられないかもしれない、と（「蔣中正日記」一九三九年三月一六日条）。

そして、ドイツが東欧に勢力を拡大することが予想されるので、ドイツの友邦の日本は、ソ連に接近できない。それどころか、「ドイツと日本は連合してソ連を攻める可能性すらある」（「蔣中正日記」一九三九年三月一七日条）。(1) これはソ連を中国に引き付ける、またとないチャンスと蔣介石は見た。

同年四月、蔣介石は再び孫科をモスクワに派遣する。だが、リトヴィノフ外務人民委員が奔走しても、なかなかスターリンと会えない。

スターリンが会見を避けたのは、おそらく三月二二日付で蔣介石が送った書簡に原因がある。この書簡はソ連に同盟を迫っていた。長文なので前半部分は省略して紹介しよう。

現代的な武装に優れる敵により、この二〇ヶ月の間、沿岸部や河沿い、鉄道沿線の重要な町や都市から我々は次々と失いました。現在の手詰まりな状況は、敵にとっても我々にとっても、最後まであくまで戦い抜くために、戦備を整え、軍需物資と兵員を強化するために時間が費やされています。我が軍の死傷者はすでに一〇〇万人を越え、犠牲は甚大ですが、人民の闘争心と我が軍の規律は闘争が続くため、より強力になっています。最後の勝利は我々のものだ、という確信は時間の経過とともに現実となりつつあります。

戦端が開かれてから、敵も七〇万以上の死傷者を出しており、戦費は九億円を超えています。あらゆる点から見て、敵は軍事的にも、経済的にも、道徳面でも消耗し、侵略行動の最後に待ち受ける末路を恐れていると考えています。

いま我々が最も欲しいのは、当然ながら、軍需物資です。ソ連が供与してくれた計一〇〇〇万ドルにのぼる二回の借款は、先年までに使い果たしました。戦局は、およそ一年半続くと考えられる第二段階に入りつつあり、ソ連から軍需物資をおよそ一億五〇〇〇万ドル分得られれば、欠乏を補充できるでしょう。来る一八ヶ月間にソ連から必要な物資を得れば、敵への最終勝利に確信が持てます。

孫科同志は、前年モスクワから帰って来ると、あなたの中国に対する友情と、我々が最終勝利を得るまで、あなたが物資の支援継続を保障してくれたことを話してくれました。この継続的な支援の保障は、とてつもなく私たちを勇気づけました。中国は、さらなる支援をソ連へお願いしたい。先生［スターリン］が、再びこの緊急の要請に気前よく応じ、目の前の困難の解決を急いでくれると、私たちは信じています。

第二に、そして同じくらい重要な点につきご提案させて頂きたい。中国革命にとって最終の、そして最大の課題は、新中国の建設です。戦後の中国の再建を守るには、極東における平和を守るのが第一です。中国を取り巻く国際環境は、特殊で複雑です。中国の最大の友はソ連だ。両国とも革命を願う国家であり、互いに支援し合い、より協力すべきです。これは両国の将来にとってすばらしいだけではなく、世界の平和にとっても利益となる。日本の帝国主義が消滅しない限り、中国が建設できないのみならず、ソ連も東アジアで日本の脅威にさらされ続けるでしょう。日本の帝国主義は、西ヨーロッパのファシスト陣営と協調して戦争の準備をしています。

それゆえ私は、今後五〇年間にわたり、ソ連と中国は共同戦線を維持するべきだと思います。両国は、すでに締結した不可侵条約から一歩進み、極東における平和の保障のための友好協定を結ばねばなりません。その場合のみ、ファシスト陣営の共同防共の威嚇は実質的に失敗することになるのです。我ら両大国によってそのような協定が締結されれば、ただちに世界平和を強化する堅固な基盤となる。

集団安全保障の原則を維持し、この共同協定に加入したいと望む、平和を愛好する他の国々との協力はさらに歓迎されます。両国の共同の利益と両国民の幸福、そしていわせて頂ければ、全中国人民の利益のため大変重要なのは、この協定をあなたの望む条件で公表することです。この協定が早いうちに受け入れられ、施行されるよう望みます。
前記の提案を実現するための交渉を容易にするには、通常の外交によらないのが望ましい。それゆえ中華民国国民政府は孫科同志を全権特使に任命し、私の個人的な代理人としても派遣します。彼は、この書簡ではいい尽くされていない具体的な内容について、口頭で説明するでしょう。お返事をお待ち申し上げるとともに、再度温かい個人的な挨拶を送ります(2)

この書簡のポイントは二つだ。最も急を要する支援として、蔣介石は一億五〇〇〇万ドルの借款を申し込んでいる。そして、ソ連との恒久的な同盟を求めた。

この書簡は孫科が持参し、リトヴィノフ外務人民委員を通じて、四月一三日にスターリンのもとに届いている。書簡には、この中ソ東アジア平和保障協定の詳細な趣意書と草案も付いていた(巻末史料①)。

スターリンの不信感の源

スターリンが一ヶ月近くも孫科を避けた理由は、この同盟の提案であったと思われる。なぜスターリンは同盟に消極的だったのか。それは、欧米列強への不信感と表裏一体であった。

そのことを示す演説がある。一九三九年三月一〇日、スターリンは全連邦共産党(ボリシェヴィキ)第一八回党大会で、世界情勢をこう分析した。

第一次世界大戦後、米英仏は、ヨーロッパではヴェルサイユ条約、アジアでは「中国に関する九ヶ国条約」を基礎に、戦後の平和を築いた。しかし、「好戦国家」の日独伊は、「新たな帝国主義戦争」を始め、この体制は破壊された。

「新たな帝国主義戦争」の特徴は、世界大戦になっていないことだ。なぜなら、特に米英仏が譲歩を重ねるからだ。なぜ彼らは譲歩するのか。ブルジョワの政治家たちは、第一次世界大戦が革命につながったのをよく覚えているから、戦争が世界的になるのを好まない。そして、米英仏など、不干渉国家の描いているシナリオはこうだと、スターリンは推測を述べた。

［不干渉国家は］日本が中国と、さらに良いのはソ連との戦争に巻き込まれるのを妨げず、ドイツがヨーロッパ問題にかかずらう間に、ソ連と戦争に突入するのも妨げない。そして、それら参戦国が戦争の泥沼にはまるよう、密かに奨励し、互いを弱めさせ、力を使い果たさせ、全参戦国が十分に衰えたら、力を温存した彼ら［不干渉国家］が、もちろん「平和のため」といいながら介入し、自分たちの条件を、力の弱った参戦国に押しつけるのだ(3)

こうして上海、広東、海南島が日本に譲られ、香港は包囲されてしまった。これでは侵略者を使嗾（しそう）しているようなものではないか、と説く。

そして、ソ連の外交方針を述べる。我々はソ連と国境を接するすべての国々との平和を維持する。これらの国々が直接、間接にソ連の国境を脅かさない限り、ソ連はこの立場を変えない。ただ、侵略国の犠牲となり、祖国の独立のために戦う諸民族は支援する。ソ連の国境を侵す者には、倍返しする用意がある、と(4)。

スターリンは、日中戦争へのソ連の軍事介入は米英仏を喜ばすだけだと信じていた。だが、日本を牽制するためなら、中国への支援は惜しまない。東に日本、西にドイツという潜在的な敵を抱えていたために、スターリンの関心はもっぱらソ連の安全保障に注がれていた[5]。

ソ連のルガネッ＝オレリスキー駐華全権代表も、ソ連が戦争に巻き込まれるのに警告を発していた。以下は一九三九年三月二〇日付の、リトヴィノフ外務人民委員への報告書の一節である。

「蔣介石とすべての中国人が心底願っているのは、ソ日間の戦争である。この選択肢が最良だと思っている。そうなれば、すべての重荷が我々によって肩代わりされ、中国人自身は『抜け目のない』駆け引きによって、元の状態に戻るからだ。大っぴらには誰もいわないが、そうした願望に気付くのは難しくない[6]」。

中国共産党への配慮

さらにソ連は、国民党を支援する一方で、国際共産主義運動の総本山として中国共産党も気にかけざるを得ない。コミンテルン執行部書記長のディミトロフの一九三九年四月二六日の日記には、こんな会話が記されている。

ヴォロシーロフ　ディミトロフ同志は、中国の同志たちへの色々な形での援助について、頻繁に要請しております。そのような援助を認めては、我々と蔣介石の関係は難しくなる。

スターリン　我々は中国政府を支援する国だと、肝に銘じておかなければならない。我々は援助を続けなければならぬ。けれども我々は、中国人民の闘争にとっては害をなすこともするだろう[7]

ヴォロシーロフ国防人民委員は国民党への支援を担当し、ディミトロフはコミンテルンを通じて中国共産党を支えていた。そのためヴォロシーロフは、上司の前であえてディミトロフを牽制したのである。

気になるのはスターリンの返答だ。中国政府を支援するが、人民に害をなすというのは、国民党へのソ連の支援が、中国共産党に悪い影響を及ぼすのを、スターリンが暗に認めたのか。ましてや、ソ連と国民党との同盟ともなれば、どれだけ中国共産党に打撃を与えるか分からない。さらに、日本を完全に敵に回すことになる。スターリンにすれば、同盟は失うものばかり多い選択肢だった。

はぐらかされる同盟と援助

不安の募る蔣介石に、朗報が舞い込む。ソ連が英仏の代表団とモスクワで会談しているという。もし英仏ソの同盟ができれば、日独伊の枢軸国には大きな打撃となる。

蔣介石は、一九三九年四月一九日に孫科に電報を送り、イギリスとソ連が交渉しているなら、中ソ英仏が極東でも協力するよう促せと命じた。四月二五日にも孫科へ、スターリンと会談して、かつてソ連が提唱していた「集団安全保障体制」の構築を要請するよう命じた。[8] 蔣介石は四月二九日にカー駐華英国大使と会談すると、イギリスとソ連が無条件で軍事同盟を結ぶように提案もしている。[9]

ようやく孫科がスターリンと会えたのは、五月一三日だ。スターリンは、「あなたは無条件に希望の借款を手に入れられる」と気前良い。また、協定の詳細は貿易人民委員のアナスタス・ミコヤン（Анастас Иванович Микоян）と、軍需品の補給はヴォロシーロフ国防人民委員と交渉するよう指示した。[10]

肝心の同盟については、孫科が次の日に蔣介石に送った電報で明らかにしている。スターリン、モロトフ、ヴォロシーロフとの会談で、ソ連側は「遠東和平保障条約」について異存はないが、米英仏が参加するかどうか見極めたいとした。ヨーロッパにおける反侵略条約も、英仏がソ連の支援を願っていないから成立していないとも彼らは語る(11)。ソ連は中国と同盟を結ぶ気があるが、問題は消極的な英仏にあるのだと、責任を転嫁したのである。

しかし、五月一六日に孫科と会談したモロトフは、情報がもれたとして、対華援助に関する交渉を延期すると告げた(12)。蔣介石は不審を抱く。

「ソ連の対華政策が突然変わり、約束をたがえた原因はどこにあるのだろうか」(「蔣中正日記」一九三九年五月一七日条)(13)。

蔣介石はパリにいた駐ソ大使の楊杰に、すぐにモスクワに戻り、交渉が止まった真相を究明するよう、五月一九日に命じた(14)。

同盟は無理でも、せめて援助は欲しい。五月二四日に蔣介石がスターリンへ送った書簡は、その実現を懇願する。

外交団が探知したので、支援を即時実行するのは具合が悪いため、モロトフ先生が各件の交渉を急に中止したとの報告を受けました。貴国の立場からすればやむを得ませんが、閣下が弱きを助け、区々とした対外関係のためにためらうことは決してなく、中国への侵略を防ぐ革命戦争をあくまで援助してくれるものと信じています。ただ戦争は日毎に激しさを増し、武器の消耗は甚大で、全国の軍と国民は、貴国の緊急援助を切に待ち望んでいます。できる限り早く、お約束してくれた物資をお送りいただくよう、閣下にお願いします(15)

その上で蔣介石は、孫科と再び会談してくれるよう、スターリンへ願い出た。五月二六日、孫科もスターリンに宛てて書簡を書き、「あなたのさらなる指示を待ち、順調に始まった交渉が一刻も早く再開され、一日も早く締結されるよう」懇願した。[16] だがスターリンの返信は確認できない。

ノモンハンと中国への援助

しかし、中ソ関係は再び持ち直した。

一九三九年六月一三日、ソ連が一億五〇〇〇万ドルを供与する三回目の借款契約が結ばれた。六月一六日には、孫科とミコヤン貿易人民委員が、中ソ通商条約を締結する（批准は両国とも翌年一月）。さらに六月二〇日には、軍需物資、自動車、石油製品をソ連が供与する秘密協定を、ミコヤンと楊杰が結ぶ。[17]

もっとも、中ソ東アジア平和保障協定は、ソ連側に再びかわされた。六月二四日の孫科の電報によると、中ソ通商条約を祝う晩餐会で、彼は蔣介石が中ソ同盟を希望しているとスターリンに伝えた。しかしスターリンは、中ソ同盟は受け入れるが、しばらく待つべきだと述べた。恐らく米英から誤解を受けるので、米英が極東に積極的に介入してから締結すべきという理由だ。

同盟はともかく、なぜソ連は急に多額の借款に応じたのか。それを解く鍵は、恐らくノモンハンでの日ソの衝突にある。一九三九年五月一一日に、満洲国とモンゴル人民共和国の国境で始まった小競り合いは、五月末には応援に駆け付けた関東軍と赤軍の間で、全面衝突となっていた。

同じ晩餐会で、スターリンは孫科へ、ノモンハンの戦況を解説した。三週間前、敵はモンゴル軍の準備が整っていないのに乗じ、攻撃してきた。モンゴル軍は数十機の航空機を失い、騎兵は五〇数名が戦死した。ソ連はソ蒙協定（一九三六年に結ばれたソ蒙相互援助議定書）を履行し、兵を動員して援助した。一四〇機が出撃した結果、敵の航空機三〇数機を撃墜し、五〇〇名あまりを撃滅した。敵は再反撃を試み、事態は必ず拡大するだろう、と。

なお孫科は、ソ連からの軍事顧問団長のアレクサンドル・チェレパーノフ（Александр Иванович Черепанов）に不満が出ているので、帰国させると述べる。そして、蔣介石はブリュッヘルが中国に来て援助してくれるのを望んでいると伝えた。しかしスターリンは、ブリュッヘルは「その好色によって敵の奸計に落ち、機密を漏洩し、規律を損なった」ので、法に照らし処刑済みであると述べた[18]。

ノモンハンの戦役もあってか、この時期、ソ連の対華援助は手厚さを増す。一九三九年六月二七日、政治局は、新疆のクルジャに航空学校を、同じく新疆のウルムチには航空機工場は建てないが、組立工場を設けることを承認した。航空学校には教官他二一名も派遣し、練習用の航空機も提供する。いずれもヴォロシーロフ国防人民委員の提案によるものだ[19]。

中英仏ソの連携を求めて

しかし蔣介石は、不安をぬぐい切れなかった。一九三九年六月三〇日にヴォロシーロフに送った書簡では、中国への武器が発送されていないという噂があるが、ただちに送ってもらいたいと書き送っている。というのも、国際情勢が日々悪化するなか、ヨーロッパで戦争が勃発すれば、武器の輸送はさらに難しくなるためだと、懸念を表明している[20]。

蔣介石はヨーロッパでの戦争勃発を見越して外交戦略を練っていた。開戦四ヶ月前の日記にはこうある。

「イギリスの［駐華］大使に対し、ソ連との軍事同盟には無条件で応じ、即時の同盟締結を容認するよう、イギリス政府に打電して欲しい旨を伝えた。同盟が結ばれたら、必ずや極東のソ日両国もヨーロッパでの戦争を拱手傍観していられなくなるし、ヨーロッパの戦局は必ず極東、さらに世界へと拡大する」（『蔣中正日記』一九三九年四月三〇日条）(21)

要するに蔣介石は、ソ連にイギリスと同盟させてヨーロッパの戦争に巻き込み、日中戦争にも引きずり込もうとした。日本とソ連には、ヨーロッパでの戦争勃発で「漁夫の利」を得させないのが目標だ。

そのためにも、ソ連が日本の友好国ドイツではなく、英仏と同盟するよう強く望む。一九三九年六月二二日付の書簡で、蔣介石はスターリンにその点を強く訴える。

チャギン［Чагин チェレパーノフの暗号名］総顧問の帰国に際し、あなたへのご挨拶を託します。日本と我が国との戦いは、すでに二年が経とうとしています。［中略］現在、抗戦はすでに第二段階に達しています。敵勢は衰え、強弩も末勢です。我々は、侵略者どもを駆除し、正義を確立するのに全力を傾けております。中国の唯一の友好国であるソ連も、さらに一歩踏み込んで、極東の関係各国を領導し、日本の行動に効果的な制裁を加えられるよう引き続き願っています。ただいま貴国はイギリス、フランスと不可侵協定の交渉を進めています。もしこの協定が極東も包括するなら、人類の歴史に貢献する、さらに雄偉なものとなるでしょう(22)

蔣介石は、ソ連が英仏と条約を結び、日本と同じ陣営には属さないことを世界に示してほしかった。こうも書いている。

「英ソ談判の早期の成功は、中国の抗戦と極東情勢が大きな鼓舞を受けるだけではありません。世界平和への機運を高めるのに、これ以上ないほど優良な影響を与えるのです(23)」。

日本への一〇〇倍返し

この書簡に、一九三九年七月九日付で、スターリンとヴォロシーロフは返信している。中国側の翻訳官も但し書きをつけるほど異例な、スターリンの手書きの書簡だ。

孫科氏とチャギンを通じて、閣下の書簡をすべて受け取りました。我々の国へ寄せられた思いやりに、心より感謝いたします。

我々は今後も、中国の解放のために全力で支援していきますので、ご安心ください。

我々とヨーロッパ諸国との交渉はまだ続いています。交渉が成功裡に終われば、極東においても、平和を愛する国家のブロック結成に向けて、大きな一歩となるでしょう。中国との二年にわたる戦争で、日本は正気を失い、いら立って、イギリスやソ連、モンゴル［人民］共和国に無謀な攻撃を仕掛けています。これは日本の弱体化を露呈している。このような行動で日本は酬いを受けるでしょう。ソ連からは、日本はすでに手痛いしっぺ返しを受けています。米英も適当な機会をうかがっています。日本が中国から痛烈な一〇〇倍返しをされる日が近いのは、間違いありません。閣下と閣下の軍隊、ならびに偉大な中国の完全な勝利を、心よりお祈り申し上げます(24)

ここでスターリンが、日本が「正気を失って」、ソ連とモンゴルへ攻撃を仕掛けてきたと記しているのは興味深い。スターリンからすれば、中国に続いてソ連とも戦う日本は、自滅に走っているとしか思えなかったのだろう。ただ、書簡を受け取った蒋介石は、日記でこの部分を引用し、信じてよいのか半信半疑である（「蔣中正日記」一九三九年八月一日条(25)）。

もっとも蔣介石は、ソ連側にそのような内面は見せない。八月一日に新任の駐華ソ連全権代表アレクサンドル・パニューシキン（Александр Семёнович Панюшкин）と会談した際は、スターリンとヴォロシーロフに謝意を伝えて欲しいと伝言を頼む。[26]
八月三日、蔣介石は両名へ返信を書く。

もしソ連と英仏の協定が長期間、締結に至らないならば、イギリスで保守党が再び台頭するのは避けられない。そうすれば、日本軍閥の侵略の勢いは燃え上がり、イギリスが日本と妥協する可能性もより高くなる。中国の抗戦だけでなく、極東の情勢にとってこれは最も不利となるので、先生の援助を強く望んでいます[27]

蔣介石はヴォロシーロフへも書簡を送っている（七月三〇日）。まだソ連から約束された武器が届いていないが、ヨーロッパで戦争が起これば、輸送はさらに困難になる。そうなれば、中国軍の補給も、反攻計画も大きな影響を受けるとして、いつ武器を送ってくれるか教えて欲しいと頼んだ。[28]
蔣介石は、ノモンハンの戦況に注意を払い、ソ連の対日参戦に希望を膨らます。
「ロシアと日本のハルハ河での衝突は止められない」（「蔣中正日記」一九三九年七月一五日条）。
「ソ連は日本との開戦を決心したかもしれない」（「蔣中正日記」一九三九年八月一七日条）。[29]
国民党の有力者である張群も、中国軍は近いうちに攻勢に出るつもりだから、満蒙の国境で戦争が勃発したら、中ソ両軍で日本人を叩きのめそうと、パニューシキン駐華全権代表へ共同作戦すら申し出た。[30]
蔣介石は八月一七日にモスクワの孫科に電報を打ち、英仏ソの協商の話し合いに、中国政府の代表も加えて極東問題を協議したいと、スターリンらに伝えるよう命じている。しかし三日後、この交渉に極東問題は無関係なので、中国の参加は断るという返事が返ってきた(31)。

独ソの急接近

この間にもヨーロッパ情勢は急激に動いていた。台風の目はドイツである。

ソ連を仮想敵にする日独伊防共協定を強化するべく、日独は交渉を続けていたが、日本政府は一歩引いた態度を崩さず、まとまらない。ドイツは一九三九年五月二二日、独伊のみの友好同盟条約に踏み切る。事前にこの事態を予想した蔣介石は、国際的に孤立した日本が、米英との妥協に向かうのではないかと期待した（「蔣中正日記」一九三九年五月九日条(32)）。

日本の同盟参加に見切りをつけたヒトラーは、さらに大胆な手を打つ。ソ連との不可侵条約締結による、東欧の分割だ。

七月二六日、ベルリンのレストランで、ドイツ外務省の外交官が、ソ連のゲオルギー・アスターハフ（Георгий Александрович Астахов）駐独全権代表代理に、政治協定を持ちかけた。ソ連は交渉に乗る。その理由は、四日前に、後述する天津租界の問題をめぐって、イギリスが日本と妥協したためともいう。イギリスの日本への宥和的な姿勢への失望と、日本が東からさらに圧力をかけてくるのにスターリンが脅威を感じ、西では妥協を求めたとする説だ(33)。

また、ノモンハンの戦役が激化したことで、東西からの挟撃を恐れたスターリンが、ドイツとの宥和に傾いたとする研究もある(34)。これらが、どこまで独ソ不可侵条約に影響したか検証するには、さらなる史料が必要だ。だがソ連外交を考える際には、西と東の双方に目を配らなければならないのは確かだろう。

独ソの交渉は八月に本格化する。八月二日、アスターハフを招いたリッベントロップ外相は、「バルト海から黒海までの領土に関しては、我々は苦もなく合意できるだろう」と、ソ連との勢力圏分割に意欲を示した。[35]

その後の詳細は省くが、八月一四日、リッベントロップは、ドイツの駐ソ大使に、自身とスターリン、モロトフとの会談の設定を命じる。翌日、大使がモロトフを訪ね、独ソ関係改善のために、リッベントロップのモスクワ訪問を持ちかけた。英仏が交渉に熱意を見せないのに業を煮やしていたソ連は、この提案に飛びつく。[36]八月一七日に、ソ連の提案で、英仏との軍事会談は中断された。

蔣介石は、英仏ソの会議の結果がなかなか出ず、焦燥を日記に記しているが、このような独ソの急接近に気づかなかった。

むしろ蔣介石は楽観的だった。八月一九日の日記には、英仏ソの軍事会議の結果はまだ出ていないが、イギリスは日本への圧力を次第に強め、アメリカの態度はいつもの通りで、すべて自分にとって有利だと記す。[37]八月二一日の日記でも、ドイツは独伊同盟に日本が参加するのを望んでいないし、ドイツは連日ポーランドを脅迫しているが、このような恫喝は最後には失敗に終わるのは目に見えている、と記す。そして、そのようなドイツに接近してきた日本外交もすでに失敗しており、救い難いと書く。[38]

しかし八月二二日の日記では、八月一九日に締結された独ソ通商協定に続き、独ソ不可侵条約が明日モスクワで締結されるという話があると記す。[39]これは事実無根ではなかった。

ヒトラーとスターリンの往復書簡

一九三九年八月二〇日付で、ヒトラーはスターリンへ書簡を送った。

「私にとって、ソ連との不可侵条約の締結は、長期的なドイツの政策の確立を意味するものです。それによってドイツは、過去の幾世紀にわたり、両国にとって利益があった政治方針へと再び舵を切るでしょう」。

ヒトラーは交渉を数日以内にまとめようと、半ば脅すようなことも書いている。

「ドイツとポーランドの緊張は耐え難くなりました。ポーランドの大国に対する出方は、いつ危機が勃発してもおかしくないほどです」。

「私の見るところ、両国が新たなる関係に入ろうとする目的からすると、一刻も無駄にすべきではありません。そこで、八月二二日火曜日、遅くとも八月二三日水曜日には、我が外相を受け入れるように再度希望します」(40)。

当初、ソ連側が示した会談の日時は、八月二六日だった。しかしその日は、ヒトラーが定めていたポーランド攻撃の開始日だったため、彼は自ら交渉に介入したのである(41)。

一方、スターリンは、ドイツのポーランド攻撃は八月二五日だと、諜報機関から情報を得ていた(42)。開戦後になれば、ドイツとの条約締結交渉は不利になる。戦勝の勢いでドイツが鼻息を荒くするのは目に見えていた。さらに、ポーランドを破ってからでは、ドイツはソ連との不可侵条約を必要としないかもしれない。

そうしたことを考えたのか、スターリンも交渉を急ぐ。八月二一日午後五時に、モロトフ外務人民委員を通じて返事を渡した。

「両国の国民は、互いに平和的な関係を必要としています。ドイツ政府が不可侵条約に同意すれば、両国間の政治的不安を除去し、平和と協力を築く基礎となる。ソ連政府は、八月二三日のリッベントロップ氏のモスクワ訪問に同意するよう、あなたに通知する権限を私に与えました[43]」。

そして八月二二日夜、モロトフはフランスの駐ソ大使に、「英仏政府は三国相互援助条約の基本である軍事協定の交渉に緩慢に対応した」と、両国との交渉打ち切りを宣告した[44]。見方によっては、ヒトラーは書簡の力で、英仏ソの提携阻止に成功したのである。

一九四〇年七月にスターリンは、スタフォード・クリップス（Sir Richard Stafford Cripps）駐ソ英国大使へ、外交政策の転換をこう弁明した。

「ソ連は、古い均衡を変えたいと思っていた。〔中略〕イギリスとフランスはそれを保持したいと思っていた。ドイツも均衡を変えたいと考えており、この古い均衡から脱却したいという共通の欲求が、ドイツとの和解の基礎を作ったのだ[45]」。

裏切りの独ソ不可侵条約

一九三九年八月二三日、リッベントロップ外相がソ連を訪れ、モスクワ時間の八月二四日午前二時に、クレムリンで独ソ不可侵条約が調印された。また、秘密付属議定書で、ポーランドやバルト三国、フィンランドにおける勢力範囲も決められた。

長年の宿敵が手を結び、世界は動転した。蔣介石は考察する。英仏はソ連にだまされたが、ソ連も失った信用は大きい。唯一得をするのはドイツである。ヒトラーはこの条約締結で最大の能力を示した。しかし、一番失敗したのは日本だ。以後、ソ連とイギリスとの外交は特に慎重に行わないわけにはいかない、と（「蔣中正日記」一九三九年八月二三日条(46)）。

その翌日には、今後の予測をいくつか書いている。

ソ連はヨーロッパの政局の調停に乗り出し、ポーランド問題を解決して、そのあとイギリスやドイツと共同で、日本と対峙して極東問題を解決するのか。あるいはソ連はそうせず、ヨーロッパが多事なのを利用して、ポーランド問題から火中の栗を拾うつもりなのか。そうだとすれば、ソ連は思いのままに極東問題を処理できる。ソ連が各国を利用する策略は特に恐るべきだ（「蔣中正日記」一九三九年八月二四日条(47)）

独ソ不可侵条約の締結におけるスターリンとリッベントロップ（1939年8月）

蔣介石は独ソ不可侵条約の締結から二日後に、パニューシキン駐華全権代表と会談し、「独ソ不可侵条約の締結は平和の事業のために貢献する」と述べたが、質問攻めにした。仏ソ相互援助条約との兼ね合いはどうか、もしドイツがフランスに進攻したら、ソ連はどうするのか。そして、「ソ連の極東政策は変更されるのか」と不安を口にする(48)。

パニューシキンは懸念の払拭に努めたが、張群や孔祥熙も、日ソも不可侵条約を結ぶのではないかと彼へ問い質した(49)。何より国民党の幹部たちが恐れたのは、日ソの接近であり、ソ連からの援助停止だった。

第二次世界大戦の勃発

一九三九年九月一日、ドイツ軍がポーランドに侵入し、九月三日、英仏がドイツに宣戦布告する。第二次世界大戦が始まった。

蔣介石は九月四日に孫科と楊杰に電報を送り、ヨーロッパで戦争が始まったが、ソ連はどういう方針で臨むのか、スターリンに尋ねるよう指示している(50)。会談はかなわなかったが、九月七日にスターリンから伝言があった。日本との妥協の話し合いはまだない。イギリス、フランス、ポーランドとの交際はいつも通りだ。極東で何かあったら、まず中国に知らせる、という内容だった(51)。

スターリンとモロトフは、九月六日にパニューシキン駐華全権代表へ送った電報で、日ソ不可侵条約が結ばれるという噂は根も葉もないと否定した。「蔣介石がなぜ動揺しているのか理解できない」と、いかにも迷惑そうでもある(52)。九月一〇日に楊杰と会談したモロトフは、日本から不可侵条約の提案があったら、誰よりも先に蔣介石に知らせると述べた(53)。

独ソ不可侵条約が結ばれても、蔣介石はまだ英仏ソの連携に未練がある。ここにアメリカも加えた大連合を結成するのはどうかと、モスクワにいる孫科や、駐仏大使の顧維鈞(こいきん)に指示を飛ばした(54)。

その点、気がかりだったのは、ソ連が大戦に参戦するかだ。九月一一日にパニューシキンと会談した蔣介石は、ソ連のポーランドに対する態度と、ヨーロッパでの戦争に参戦するかをスターリンに確かめて欲しいと、繰り返し頼んだ(55)。

しかし、ソ連の二つの行動が、蔣介石の願望を打ち砕く。

九月一五日に日ソは停戦協定に調印し、ノモンハンの戦役は決着がついた。日ソの全面戦争の希望は潰えた。

さらに、赤軍が九月一七日にポーランドへ進攻する。蒋介石は日記で、ソ連の国益とポーランド領内のウクライナ人やベラルーシ人の保護を掲げて参戦しながら、ドイツとポーランドの戦争には中立を守るというソ連の声明は、「滑稽」だと記す。そして、日本と妥協し、ポーランドを侵略するソ連に信義や道徳心はないとなじった（「蔣中正日記」一九三九年九月一七日条）[56]。

東西から攻撃を受けたポーランド軍は崩壊し、九月二八日にリッベントロップ＝モロトフ線が引かれ、ポーランドは独ソに分割された。これにより、英仏とソ連の関係は悪化する。英仏とソ連を結びつけようとした中国の外交も、失敗に終わった。

ソ連への未練

それでも蒋介石は、九月二二日付で、スターリン、モロトフ外務人民委員、ヴォロシーロフ国防人民委員へ書簡を書く。これらの書簡を、孫科に代わる特使となった軍人、賀耀組（がようそ）に持たせた。蒋介石はスターリンへの書簡で、一九三九年七月九日付の来信に再度触れ、「感奮（かんぷん）を覚えずにはいられませんでした」と書いている。

しかし、蒋介石が訴えたかったのは、武器の支援継続である。

「ヨーロッパは秋になって多事であり、中国の海路輸送は切断の恐れが出てきています。ゆえに、貴国と我が国の陸上交通線は、ますます重要になってきているのです」。

ソ連から中国への支援物資は、そのほとんどが新疆とソ連領中央アジアを経由する「西北ルート」で運ばれた。その他にも、当時はソ連領だったウクライナのオデッサ港から、シンガポール、ベトナムのハイフォン、香港などで陸揚げする海上輸送ルートがあった。船舶は、中国政府の代表が個人の資格でイギリス船をチャーターし、一九三七年一一月から輸送が開始された(57)。蔣介石は、ヨーロッパで戦争が始まったので、この海上ルートが使えなくなるのを危惧したのだろう。

さらに蔣介石は、日本が日中戦争に全軍を投じないよう、満洲国との国境で赤軍が展開するのを期待した。同書簡にこうある。

> 中国の抗戦が始まってからも、日本は全兵力を中国に投入できていません。なぜなら、我が東北の辺境で貴国が発揮している牽制の力が大きいからです。近日、ヨーロッパ情勢が突然緊張することもあるでしょう。しかし、貴国の兵力は雄厚なので、この牽制のための兵力を削減しないよう、中正は切望しております(58)

スターリンの返信は確認されていない。ただ、一一月一三日に、パニューシキン駐華全権代表から蔣介石へ、スターリンの伝言がもたらされた。まず、対華政策に変更はない。また、ソ連がいま日本に関係改善の意向を示しているのは、日本をアメリカに対して強硬にさせるためで、日米の衝突を引き起こすためだという内容だった(59)。

この会談についてソ連側の記録も残っているが、スターリンからの伝言は、対華政策は不変であるとしか記されていない(60)。よくある不一致だが、中国側の記録に、より本音が出ているように思う。

一九三九年一一月に、ソ連によるフィンランド進攻（冬戦争）が始まると、蔣介石は憤る。ソ連はアメリカの調停を受けず、共産党の傀儡政府を作って、フィンランドを徹底的に滅ぼそうとしている、と（「蔣中正日記」一九三九年一二月三日条）[61]。

だが、外交の舞台では、そのような本音は隠す。国際連盟でこの件が問題になると、連盟に出席している顧維鈞に電報を送り、ソ連に対し譴責や懲戒案が出されても、決して賛成を投じないよう指示した。結局、一二月一四日にソ連は、フィンランドの主権侵害を理由に国際連盟を除名されるが、その採決を中国は棄権した[62]。

モロトフは棄権ですら不満で、もし中国代表が反対していれば、このような結果には決してならなかったのだと、駐ソ大使の楊杰に嫌味を述べた。そして、今後の援助も中国の態度次第だと、一九四〇年一月九日の会談で脅す[63]。ソ連に限らず、各国は支援を外交の道具にしていた。

天津の租界封鎖

一九三九年夏には、他にも各国の頼りなさを中国側に痛感させる事件が起きていた。発端は、天津における日中の衝突だ。

天津は一九世紀からの開港場で、日本や欧米列強が租界を持っていた。一九三九年四月九日、「親日的」と見られていた天津の海関（開港場に設けられた税関）の監督、程錫庚が暗殺される。容疑者は天津のイギリス租界に逃げ込んだ。日本側は容疑者の身柄引渡しを要求したが、イギリス側は拒否した。

そこで、日本軍は六月一四日に英仏租界の交通を制限して、アメリカ人を除き、検問所での出入りを厳しくする。日本陸軍はこの事件を利用して、イギリスに蔣介石への援助の停止と、「東亜新秩序」建設への協力を迫った。さらに、この事件を利用して、汪兆銘と蔣介石、そして日本と中国との調停にイギリスを立たせることも目論んでいた(64)。

蔣介石はイギリスの妥協を阻止しようと、ジョンソン駐華米国大使に、天津に行って調停役を務めるように求めた。日本はイギリスを孤立させたと考えたから封鎖に踏み切ったとして、アメリカ政府がイギリス側につくと表明するようにも勧めた。しかしジョンソンは、日英間の問題だと、調停役を断る(65)。

一方、チェンバレン首相は、議会において、忍びがたい侮辱だとしながらも、武力には訴えなかった。交渉は日本に有利に解決し、七月二二日、イギリスは中国で日本軍を妨害しないという取決めを結んだ。

日英の妥協で、蔣介石は眠れぬ夜を過ごしたが、数日で気分を切り替えている。

「日本はこれでは決して満足しない。［日本の］軍閥はイギリスへの反感と侮りを今後必ず加速させる。従ってこれも決裂すれば、日英はもう再び妥協できないのではないか」（「蔣中正日記」一九三九年七月二六日(66)）。

いつまでも落ち込まないのは蔣介石の精神の強さでもあるが、現実を都合よく解釈してしまうのは弱点でもあった。

高まるアメリカへの期待

独ソ不可侵条約が締結され、ノモンハンでも戦火が止み、日ソ戦争の可能性は消失した。イギリスも日本へ譲歩する。ならば、蔣介石が頼りとするのはアメリカだ。

一九三九年七月二〇日、蔣介石は長文の書簡を大統領に送る。この書簡は、アメリカで学会に参加する北京政府の元外交総長、顔恵慶に託された。蔣介石がこの書簡で取り上げたのは、以下の三点だ。

第一に、日本が九ヶ国条約などに違反しているので、経済制裁を課すよう求めた。具体的には、鉄とガソリンの禁輸、日本製品の関税率の引き揚げなどを提案している。こうした経済制裁の実施で、日本が交渉の席につくようにする。その上で、アメリカが九ヶ国条約の加盟国などを集めた国際会議を召集するよう要請した。日中戦争をアメリカの経済力と外交力で終結に導く構想だ。

第二は、中国への軍需物資の支援だ。軍隊の士気は高く、国民は結束しているが、中国軍にはまだ本来備えるべき軍備が、十分に行き渡っていない現状を訴えている。さらに、アメリカ政府と実業家たちからの金融支援も願い出た。

第三に、ヨーロッパで戦争が勃発したら、太平洋での責任はアメリカが担うと自覚を促した。蔣介石は、ヨーロッパとアジアの戦争の結合を予測する。

「もし不幸にしてヨーロッパの民主主義の大国を巻き込む戦争が勃発すれば、日本は必ず中日戦争への現在の態度を変えさせようと、英仏に対し、威圧や脅しといったあらゆる手段をとるのは間違いありません」。

その上で蔣介石は、アメリカがこれから取る態度や行動が、太平洋の将来においては決定的になるとして、一九三九年四月にアメリカが太平洋に艦隊を移したのを、大統領のリーダーシップが発揮されたと称賛する。

そして、「アメリカはいまのところ日本がまだ敬意を払う唯一の国であり、その諫言に日本は耳を傾けないわけにはいかない。そのため閣下は、すべての極東の問題、ひいては世界の他の問題の解決の鍵を握っている」と訴えた。(67)

対日経済制裁の発動

大統領から返事はなかったが、蔣介石が七月に書簡を送ってから、アメリカの対日政策は一段と厳しくなり、彼を喜ばせている。

アメリカでは、イギリスの対日譲歩や、日本軍による、中国における自国民への加害や権益の侵害が続くのに不満が高まっていた。ついに一九三九年七月二六日には、アメリカは日米通商航海条約を半年後に終了させると日本へ通告した。蒋介石はジョンソン駐華米国大使に、「偉大で輝かしい」行動だと称賛した。[68]

アメリカの厳しい姿勢を見て、イギリスも宥和的な姿勢を転換する。八月二一日には、日英交渉が決裂した。

蒋介石はその力を目の当たりにして、アメリカへの働きかけをさらに強めてゆく。八月三〇日には、極東問題を議論する国際会議を招集するよう、アメリカのジョンソン駐華大使に求めた。ただ、ソ連に未練を残す蒋介石は、いかなる場合でも会議にソ連を加えなければならないと語っている。[69]

一方のアメリカは、平沼騏一郎内閣の下で、日独伊の同盟交渉が行われているのに神経をとがらせていた。しかし独ソ不可侵条約の締結で、日本を枢軸陣営から引き離す好機が来たと考える。八月三一日にローズヴェルトは、駐米英国大使へこう語っている。

> 米英の支援のもと、日本は中国と話し合う方向へと、この協定［独ソ不可侵条約］は日本の外交方針に根本的な再編をもたらすだろう。彼［大統領］は、我々の態度は友好的であるべきだが、そうしたことを熱望しているそぶりを見せてはならない、と考えている。もし日本が再び敵対的になるのなら、二通りの圧力のかけ方を胸に秘めている。第一に、日本から北へ約七〇〇マイルにあるアリューシャン列島に、輸送機と爆撃機を送る。第二に、アメリカ艦隊をハワイに移駐させるのだ[70]

中立法の改定と中国

この会話の翌日、ヨーロッパで戦争が勃発する。

英仏を支援したい大統領の足かせになったのが、中立法である。ローズヴェルトは一九三九年一月の年頭教書で、この年の五月一日に二年間の期限が切れる、中立法の改定を求めた。少なくとも侵略国に対してのみ武器禁輸を適用できるような裁量権が、大統領に認められるよう希望した。「差別的禁輸制度」の導入である。一方、議会は徹底的な中立を求める。(71)

最終的に、一九三九年一一月三日に改定された中立法には「差別的禁輸制度」が盛り込まれ、枢軸国の独伊に禁輸規定が適用された。独伊両国以外には武器を輸出できるので、ドイツと戦う英仏には有利な改定となった。

ただし、交戦国に現金払いで、自国船輸送を義務づけた「現金輸送条項」は残る。そのため、沿岸部を占領されて港を使えず、自国の船で太平洋を往復するのも難しい中国には恩恵が少ない。蔣介石はもどかしかっただろう。

大統領の素っ気ない返信が届いたのも、このころである。七月二〇日付の蔣介石の書簡を、顔恵慶から受け取ったのは一一月三日だった。そのため、ここ数ヶ月間で事態は大きく変わってしまったと、大統領は国際情勢にそれ以上は言及しなかった。(72)

蔣介石はアメリカに多くを望むのを断念する。一九三九年一二月一九日に大統領へ書簡を送るが、経済支援だけを懇願した。(73) ソ連からは武器を、アメリカからは金銭を、という従来の方針に戻らざるを得なかったのだ。大統領と蔣介石の往復書簡も少なくなり、中国は、外交も苦戦する時期に入る。

第四章

世界大戦への道、一九四〇年

英ソ関係を注視

独ソ不可侵条約やポーランド分割で、ヨーロッパがもはや様相を一変させても、蔣介石は、イギリスとソ連が手を結ぶ希望を捨て切れなかった。

一九三九年一一月八日に会談したカー駐華英国大使に、蔣介石はこう語った。危機にある現在、何より希望するのは、英ソが「共通する土台」を見つけることだ。ロシア人がそのように賢明になるよう、自分としてはできることは何でもするし、もうしている。なぜなら、最近受けとった書簡で、ソ連は全く反英的でないとスターリンが表明しているからだと、蔣介石は述べた。

昨日の敵が今日の友となる国際情勢の中で、いまやイギリスも敵か味方かと、蔣介石は気をもむ。この会談でも、ソ連がもし英独の戦いに（ドイツ側で）参戦したら、イギリスは日本と同盟するのか、あるいは日本がイギリスに戦争を仕掛けたら、イギリスは中国と同盟するのかと何度も聞いた(1)。イギリスをつなぎ止めておくためにも、蔣介石は英ソを仲介する意向を示したのだろう。

ソ連が日独伊の枢軸陣営に加わる可能性も、無かったとはいえない。この時期、イギリス空軍が中心となって、ソ連の油田地帯であるカフカース地方を爆撃する「槍(やり)作戦」を練っていた。英仏の敵国ドイツに、ソ連が石油を供給しているという理由である(2)。「槍作戦」は、一九四〇年五月に、ドイツ軍がフランスに進攻したため中止されたが、他にも、イギリスではソ連と戦端を開くシナリオが練られていた(3)。もし英ソ開戦となれば、ソ連は枢軸陣営にさらに接近していたはずだ。そうなると、中国はソ連という有力な支援国を失う。英ソ関係の破綻を、蔣介石は何としても防がねばならなかった。

中ソ軍事同盟の提案

ソ連を枢軸陣営から引き離そうと、中国はあらゆる手を講じる。

一九四〇年一月八日、駐ソ大使の楊杰はモロトフ外務人民委員と会談し、離任を伝えた。そして、日中戦争の初期からの支援に感謝を述べた。しかし、中国はより大規模な援助を必要としていると前置きした上で、「共通の敵」を想定した中ソ軍事同盟の締結を申し出る。戦後にソ連へ、大連と旅順、葫蘆(ころ)島(とう)、山東半島の威海衛(いかいえい)を軍事基地として提供するとも申し出た。モロトフは「大変興味深い」と述べたが、孔祥熙をはじめ、すべての中国人がそうした意見ではないだろうと、慎重な姿勢を崩さない(4)。

蔣介石の腹心の賀耀組も、一九四〇年四月二八日にモロトフと会談した際、協定に向けて交渉の用意があり、日本へ勝利した暁には、ソ連海軍に中国の港を提供すると示唆した(5)。

両名の提案は、蔣介石の意向を受けていたか定かではない。しかし蔣介石も、ソ連との関係を未だに重視していた。一九四〇年三月二七日に、新たな駐ソ大使として邵力子を派遣するとスターリンに伝え、いままで通りソ連を持ち上げつつ、援助を乞うた。

「最近のヨーロッパでの戦争はますます拡大していますが、ソ連は開戦から現在まで偉大な政治を行い、世界における平和の大黒柱となって大きな喜びが起こっており、私もそれに全く同調しています」(6)。だが、スターリンは冷淡だ。蔣介石は一九四〇年にスターリンへ六通の書簡を送ったが、同年に返信は一通だけだった。

宜昌会戦

それでも蔣介石は、軍需物資を得るため、スターリンへ書簡を書き続けなければならなかった。

中国軍は一九三九年一二月半ばから、冬季攻勢に出た。日本陸軍の第一一軍は、翌年一月まで苦戦を強いられた。武漢攻略作戦に次ぐ損害を出した第一一軍は、敵は未だ健在だとの感を強くする。そこで第一一軍は、蔣介石の主力を叩き、重慶への補給路を圧迫する作戦を練る。そのため湖北省の宜昌(ぎしょう)の占領を狙い、第一一軍は一九四〇年五月一日に作戦を始めた(7)。長江沿岸の商港である宜昌は、重慶から見て東に四八〇キロ、湖南省や湖北省の輸送路の要として、また四川盆地への出入り口でもある要衝だった。

戦況は中国側に不利で、第五戦区右翼兵団総司令兼第三三集団軍総司令の張自忠(ちょうじちゅう)が、五月一六日に戦死した。日中戦争で陣没した中国の将官でも、最も高位の軍人である。蔣介石は、誠に良き将を失ったと嘆いた(「蔣中正日記」一九四〇年五月一八日条)(8)。

苦境の中で頼りにしたのは、やはりソ連だった。蔣介石は一九四〇年六月一二日に、スターリンとヴォロシーロフへ駆逐機(迎撃戦闘機)一二〇機を要請した。宜昌で中国軍が「甚だしい危機」に陥っていると前線から電報があり、重慶も日本軍の爆撃を受けているためと説明している(9)。

この時期、重慶も日本軍の爆撃に連日さらされていた。一九三八年一二月に始まり、多い時には一度に一〇〇機が来襲した。特に、一九四〇年五月から九月にかけての、日本陸海軍の共同作戦「百一号作戦」で、重慶は甚大な被害を受けた(10)。

蔣介石の要請は遅きに失した。蔣介石がスターリンに書簡を送った六月一二日に、第一一軍が宜昌を占領する(11)。

ただそれでも、ソ連が重要なのに変わりはない。五月二五日、劭力子を駐ソ大使として送り出す際、蔣介石は、物資の援助が得られるかは二の次であり、最も重要なのは、ソ連が中国と協力するのか、その外交方針を明らかにすることだと語っている(12)。

蔣介石は、この会戦の間に、ローズヴェルト大統領へも書簡を書く。一九四〇年五月一七日付の書簡で、日本軍は軍事面では泥沼に陥る一方、この戦争が「経済戦争」になりつつあると書く。中国は、汪兆銘政権の銀行（のちの中央儲備銀行）が上海で設立される上、欧州情勢も日増しに険悪化し、物価の上昇と為替の下落に苦しめられていると伝えた。そこで、アメリカ政府の財政支援を仰いだのである(13)。

このように、蔣介石は支援を仰ぐにしても、ソ連には武器、アメリカには財政と使い分けていた。

フランス降伏

宜昌の陥落後、蔣介石には悪い知らせが続く。一九四〇年六月一四日、パリにドイツ軍が入城した。ちょうどこの日、蔣介石はローズヴェルト大統領へ書簡を送っている。「世界情勢は激変しているので閣下と意見交換したい」と記し、自らワシントンに行けない代わりに、宋子文を派遣すると伝えた(14)。蔣介石は、特使として、アメリカを知悉する義兄を送り、何とかアメリカの支持をつなぎとめようとした。

フランスの占領に、蔣介石はなぜあわてたのか。問題はそのアジアにおける植民地だった。

日本軍は、仏印経由の「援蔣ルート」の切断を狙っていた。広東失陥後、華南の諸港を封鎖されつつある中国にとっては、残された数少ない海への出入口で、ここから大量の物資が中国へ輸送されていた。(15)特にベトナム北部のハイフォン港が重要だった。しかし、ハイフォンから鉄道でドンダンに至り、同地から陸路、南寧に至るルートは、日本軍が一九三九年一一月二四日に南寧を占領し、遮断した。ただハイフォンは、雲南省の昆明とも滇越鉄道で結ばれていた。両市を結ぶ道路もあり、地元の華僑の青年たちが動員されて、輸送や改修工事に当たっていた。(16)

フランスは日本の警告的申入れにもかかわらず、武器禁輸を完全には実施しない。そこで日本軍は、南寧陥落後の一九三九年一二月末から、滇越鉄道の中国領内を走る区間（雲南鉄道）を爆撃し、遮断しようとした。

フランスがドイツに降伏する可能性が高まると、蔣介石は仏印との軍事協力を指示し、日本軍がベトナム北部に進出するのを防ごうとする。一九四〇年六月二日のことだ。だが仏印のフランス当局は、日本との衝突を避けようとして、中国の呼びかけにも消極的だった。結局、予想以上の早さでフランスは崩壊し、六月一七日にはドイツへ休戦を申し込む。蔣介石もその日のうちにこのニュースを知った。(17)

その後は、中国側が恐れていたことが現実になる。ジョルジュ・カトルー（Georges Albert Julien Catroux）仏印総督は、仏印経由で重慶に軍需物資を送るのを、六月一七日に禁止する。六月二〇日には日仏協定も結ばれ、援助物資の輸送停止が正式に決まった。日本陸軍はその効果をこう見積もる。重慶ではこの鉄道封鎖により、米とガソリンの値段が高騰している。社会不安はようやく顕著になりつつある、と。(18)

仏印ルート閉鎖への対応

蔣介石は、中国軍の仏印派兵を検討する。日本が安南（ベトナム）を占領したら、その大義名分や方法がいかなるものでも関係なく、中国軍も安南へ軍を進め、日本と戦い、条約上の権利を守るつもりだった（「蔣中正日記」一九四〇年六月二二日条）[19]。

この危機に頼れるのは、アメリカしかなかった。ソ連はドイツと手を結んでおり、イギリスはドイツとの本土決戦に備えているからだ。

独仏が休戦協定に調印した翌日の六月二三日、ジョンソン駐華米国大使と会談した蔣介石は、次のように語った。フランスと中国は、仏印の鉄道を通じて、軍需品その他を輸送する協定を結んでいる。中国は軍需品以外の輸送にこのルートを使ってきたが、いまは日本の要求により、すべての物資の搬入が止められようとしている。日本は二〇人の検査官を仏印に置いているともいう。そのため仏印総督府に抗議するつもりだ、と。その上で大使に、仏印の鉄道を使った米中貿易も邪魔されているので、アメリカからもフランス当局に抗議してもらえないかと頼んだ。

蔣介石は、二つ目の対抗措置を語った。それは、日本がアジアの大陸部か島嶼部に軍事的な措置をとったら、中国も軍事的手段で対抗する声明を、一日か二日のうちに出すというものだ。蔣介石は、次のように確信を持って語った。

「日本はあのルートを使って中国に侵入するため、軍をインドシナに進めるつもりだ。もし彼らがそうするなら、中国も対抗して軍を送る」[20]。

一方、アメリカにいる宋子文には、大統領に会ったら次のことを伝えるよう、六月二六日に蔣介石は命じた。まず、日中問題の解決方法について助言を求める。太平洋のアメリカ艦隊を大西洋に送らずに、駐留させて欲しい。また日本の南進を牽制するために、ベトナムから中国への輸送問題に、アメリカが強い態度に出る。そして、日本が重慶爆撃をやめるよう、アメリカが日本に警告するか、石油の禁輸をちらつかせることだ(21)。

右の中で、アメリカがすでに実行に移していたのが、アメリカ艦隊のハワイへの移駐だ。大統領の命によって、一九四〇年五月に、艦隊はカリフォルニア州の港には帰投せず、真珠湾を基地に日本を牽制することになった(22)。しかし、経済制裁は日本側のさらなる行動を待つことになる。

ビルマ・ルートも閉鎖

ベトナム経由の対華援助ルートを断ち切ると、日本はイギリスへも抗議し、ビルマ・ルートの閉鎖にも成功する。ヨーロッパでドイツが連戦連勝なのが、日本を調子づかせた。

谷正之(たにまさゆき)外務次官は、一九四〇年六月一一日にクレーギー駐日英国大使を呼び出し、中国からイギリスの小型砲艦や陸軍部隊を撤兵すべきだと迫る。その前日に、イタリアが英仏に宣戦布告したので、中国で英伊軍が衝突するのを避けるためだと、谷は説明した。中国からイギリスの軍事力を一掃するための方便だ。

そして六月二四日に、有田八郎外相はクレーギー大使に、武器弾薬の他、ガソリンやトラックなど中国側が必要とする物資を、ビルマ・ルートで輸送するのを至急停止するよう要望した。

イギリスもこの日が来ると予想していた。そこでハリファックス外相は、閉鎖の要請があっても拒否するよう内閣に求めていた。実際に日本から要求されると、閉鎖ではなく、ビルマ・ルートで輸送される物資の量を最少量にしようとする。しかし、イギリス軍の幕僚やクレーギー大使は、日本の要求を受け入れるよう進言し、チャーチル首相もそれに従った[23]。

ヨーロッパでは、ドイツとイタリアに抵抗する全責任がイギリスに委ねられている。そのため、ヨーロッパと極東の両方で侵略に対抗するのは不可能だと、イギリス政府はアメリカ国務省に弁明した。さらに、米英の仲介で日中を和平に持ち込むのはどうかとも提案する[24]。

イギリスの弱腰は、ドイツとの死闘の影響だろう。一九四〇年七月からイギリス本土でドイツと熾烈な空中戦を繰り広げる中、イギリスはアジアの植民地防衛が後手になる。

イギリスは屈した。七月一二日にクレーギー駐日英国大使は、以後三ヶ月間、ビルマ・ルートを閉鎖すると有田外相に通告する。チャーチル首相は、蒋介石へ弁明の書簡を送った[25]。

蒋介石は、「国際環境が我が方にとって劣悪なのは、今日において極まったといえるかもしれない」と嘆く（「蒋中正日記」一九四〇年七月一九日条[26]）。

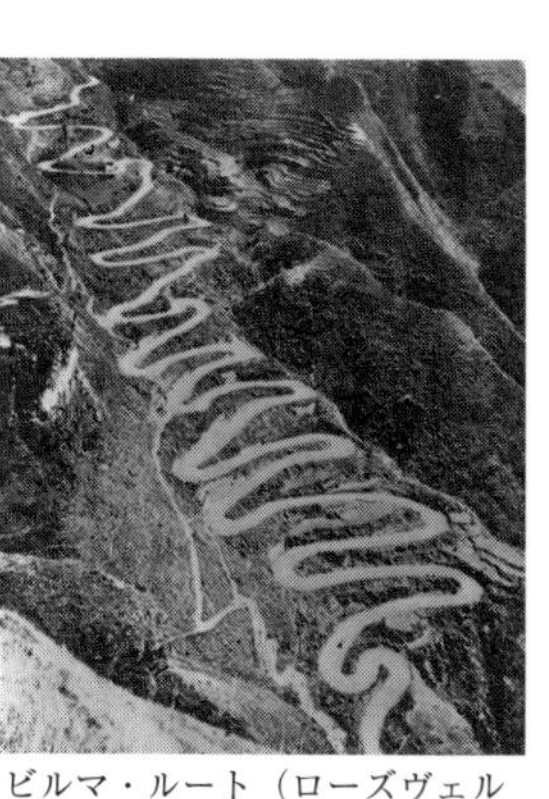

ビルマ・ルート（ローズヴェルト大統領図書館蔵）

重慶では、七月二〇日に政府と軍の幹部が集められ、外交政策を討議した。蒋介石は駐英大使を召還せず、国際連盟も脱退しないよう主張した[27]。ただ彼は、米英の極東政策の不一致という弱点が暴露されたと考えた。駐英大使の召還も考えたが、三ヶ月は様子を見ることにする（「蒋中正日記」一九四〇年七月二〇、二一日条[28]）。

その代わり蒋介石は、七月二八日にチャーチルに書簡を送り、日本の政策は、いずれイギリス自身を脅かすと警告した。ただ中国が戦争に勝ち、独立を保持することだけが、イギリスの極東における利益を保つのにつながると書く。そして最後に、中英両国の利益を図るため、速やかにビルマ・ルートを復旧して欲しいという、「切迫した要求」を突き付けた[29]。

ビルマ・ルートの復活

日本軍はさらに追い打ちをかける。一九四〇年九月二三日、「援蔣ルート」の遮断を理由に、北部仏印へ進駐を開始する。しかし、蔣介石はこれに対抗して派兵しなかった。できなかったというべきだろう。中国軍は、仏印から雲南へ日本軍が襲来するのに備えなければならなかった。

しかし日記では、戦火が東南アジアへ拡大するのを、むしろ蔣介石はチャンスと見ている。「敵国の侵略行動が中国以外の国家へ転じるのは初めてであり、イギリスやアメリカへの挑戦が現実ともなったので、特別な研究が必要である。時機を逸せず、我が国が日本に抗戦する上で最大の転機とする」（「蔣中正日記」一九四〇年九月二三日条[30]）。

蔣介石の願望は現実となり、日本軍の北部仏印への進駐は、米英の中国支援を加速させる。

アメリカは、対日経済制裁を強化した。七月二日に大統領が署名した輸出管理法により、一〇月一六日からは、すべての屑鉄がアメリカから日本へ輸出できなくなった。この法律は、大統領が国防に必要だと判断した物資を、輸出許可制にするか禁輸にできる。そのため、航空機部品、航空燃料、潤滑油が、七月に相次いで許可を必要とする品目に指定されている。北部仏印への進駐は、重慶に対する軍事作戦だという日本側の説明は容れられず、アメリカは日本が南方資源を狙っていると見て、強硬な措置を取った[31]。さらにアメリカは、九月二五日に、重慶国民政府に二五〇〇万ドルの借款を供与すると決めた。

こうしたアメリカの強い姿勢と、九月二七日に調印された日独伊三国同盟に刺激され、イギリスは方針を転換する。

チャーチルは一〇月五日夜に郭泰祺(かくたいき)駐英大使と面会し、三ヶ月前には日本が宣戦布告してくるかもしれなかったので、日本に譲歩してビルマ・ルートを閉鎖しなければならなかったが、一〇月八日には再開を発表すると伝えた(32)。そしてイギリスは一〇月八日に、ビルマ・ルートに関する日英の合意を更新しないと松岡洋右(ようすけ)外相に通告した。

合意の期限が切れた翌日の一〇月一八日、ビルマ・ルートでは物資の輸送が再開された。ただちにビルマのラシオから第一陣のトラックが出発する。そこで日本軍は中国領内のビルマ・ルートを空爆したが、効果はわずかだった。米英の援蔣物資はビルマ・ルートから中国に運ばれ、仏印ルートを失った後の重要な「援蔣ルート」となった。

チャーチルの激励

一九四〇年一〇月九日付のチャーチルへの書簡で、蔣介石はイギリスのビルマ・ルート再開に謝意を表した。蔣介石は、イギリスの対独抗戦には感銘を受けている、と持ち上げた。また経験上、日本に対しては一切妥協しないよう勧めた。日本の「軍閥政府」は武力だけを恐れ、和平や正義といった言葉は決して耳に入らないからだと記す(33)。

一〇月二六日に届いたチャーチルの返信は、「誠実で真摯、一つの心の慰めとなった」と、蔣介石は日記に書いている(「蔣中正日記」一九四〇年一〇月二六日条(34))。この書簡は、一〇月一八日にロンドンの中国大使館が受け取った、次の書簡であろう。

親愛なる大元帥
一〇月九日付の貴簡を、あなたの中国大使から受け取り、大変喜ばしく思っています。あなた方、そして私たち両国民は、我々を揺さぶる闘争の中で、危機にあるのは間違いありません。中国人の抗戦力は、あなたのリーダーシップの下で、自らの運命の主人公になろうとする中国人の決意を反映している。この数年の重圧と試練を経て、中国は自由で統一された国家となると私は確信しています。貴国の確固たる決意は、自国のみならず、ヨーロッパの自由をも救っていると、どうかお知りおき下さい。
親愛なる大元帥よ、最大の敬意と好意をお受け取り下さい(35)

だが、仏印と雲南を結ぶルートは閉鎖されたままだ。中国が支援を受けられるのはソ連経由の新疆ルートと、再開されたばかりのビルマ・ルート、日本海軍の封鎖をかいくぐる華南諸港経由の細々としたルートに狭まっていた。

そのビルマ・ルートも、北部仏印のハノイから飛び立った日本海軍機によって、一九四一年一月五日に爆撃される。同年二月に日本陸軍は、イギリス領の香港と広東省の韶関を結ぶ輸送路を断つ「香韶路遮断作戦」も成功させる。重慶包囲網は、この時期、一段と狭まっていた。

蔣介石の好敵手、松岡洋右

北部仏印進駐を強行したのは、一九四〇年七月に組閣した第二次近衛内閣である。アメリカとの関係が悪化すると、近衛内閣はドイツとソ連へ接近する。この政策転換を推進したのは、松岡外相と近衛首

新刊一覧

セクシュアリティの性売買

キャスリン・バリー 著
井上太一 訳

搾取と暴力にまみれた性売買の実態を国際規模の調査で明らかにし、その背後にあるメカニズムを父権的権力の問題として理論的に抉り出した、ラディカル・フェミニズムの名著。

¥5500

人種の母胎

性と植民地問題からみるフランスにおけるナシオンの系譜

エルザ・ドルラン 著
ファヨル入江容子 訳

性的差異の概念化が、いかにして植民地における人種化の理論的な鋳型となり、支配を継続させる根本原理へと変貌をしたのか、その歴史を鋭く抉り出す。

¥5500

戦後期渡米芸能人のメディア史

ナンシー梅木とその時代

大場吾郎 著

日本とアメリカにおいて音楽、映画、舞台、テレビなど活躍し、日本人女優で初のアカデミー受賞者となったナンシー梅木の知られざる生涯を初めて丹念に描き出す労作。

¥5280

翻訳とパラテクスト

ユングマン、アイスネル、クンデラ

阿部賢一 著

文化資本が異なる言語間の翻訳をめぐる葛藤とは？　ボヘミアにおける文芸翻訳の様相を翻訳研究の観点から明らかにする。

¥4950

マリア＝テレジア 上・下

「国母」の素顔

B・シュトルベルク＝リリンガー著 山下泰生／伊藤惟／根本峻瑠訳

「ハプスブルクの女帝」として、フェミニズム研究の範疇からも除外されていたマリア＝テレジア、その知られざる実像を解き明かす、第一人者による圧巻の評伝。

各¥8250

戦後期渡米芸能人のメディア史

ナンシー梅木とその時代

大場吾郎 著

日本とアメリカにおいて音楽、映画、舞台、テレビなど活躍し、日本人女優で初のアカデミー受賞者となったナンシー梅木の知られざる生涯を初めて丹念に描き出す労作。

¥5280

読書装置と知のメディア史

近代の書物をめぐる実践

新藤雄介 著

書物をめぐる様々な行為と、これまで周縁化されてきた読書装置との関係を分析し、書物と人々の歴史に新たな視座を与える力作。

¥4950

ゾンビの美学

植民地主義・ジェンダー・ポストヒューマン

福田安佐子 著

ゾンビの歴史を通覧し、おもに植民地主義、ジェンダー、ポストヒューマニズムの視点から重要作に映るものを仔細に分析する力作。

¥4950

新刊一覧

イスラーム・デジタル人文学

須永恵美子 編著
熊倉和歌子 編著

デジタル化により、新たな局面を迎えるイスラーム社会。イスラーム研究をデジタル人文学で捉え直す、気鋭研究者らによる最新の成果。

¥3520

ディスレクシア

マーガレット・J・スノウリング 著
関あゆみ 監訳
屋代通子 訳

ディスレクシア（発達性読み書き障害）に関わる生物学的、認知的、環境的要因とは何か？ ディスレクシアを正しく理解し、改善するための効果的な支援への出発点を示す。

¥2860

シェリング以後の自然哲学

イアン・ハミルトン・グラント 著
浅沼光樹 訳

シェリングを現代哲学の最前線に呼び込み、時に大胆に時に繊細に対決させ、革新的な読解へと導く。カント主義批判により思弁的実在論の始原ともなった重要作。

¥6600

一つの惑星、多数の世界

ドイツ観念論についての試論

ディペシュ・チャクラバルティ 著
篠原雅武 訳

人文科学研究の立場から人新世の議論を牽引する著者が、ラトゥール、ハラウェイ、デ・カストロなどとの対話的関係のなかで示す、新たな思想の結晶。

¥2970

近代日本の身体統制

宝塚歌劇・東宝レヴュー・ヌード

垣沼絢子 著

戦前から戦後にかけて西洋近代社会、民主主義国家の象徴とみなされた宝塚・東宝レヴューを概観し、西洋近代化する日本社会の身体感覚の変貌に迫る。

¥4950

福澤諭吉

幻の国・日本の創生

池田浩士 著

福澤諭吉の思想と実践——それは、社会と人間をどこへ導いたか？ 福澤諭吉のじかの言葉に向き合うことで、その思想と実践をあらたに問い直し、功罪を問う。

¥5060

反ユダヤ主義と「過去の克服」

戦後ドイツ国民はユダヤ人とどう向き合ったのか

高橋秀寿 著

反ユダヤ主義とホロコーストの歴史的変遷を辿りながら、戦後、ドイツ人が「ユダヤ人」の存在を通してどのように「国民」を形成したのかを叙述する画期作。

¥4950

宇宙の途上で出会う

量子物理学からみる物質と意味のもつれ

カレン・バラッド 著
水田博子／南菜緒子／南晃 訳

哲学、科学論にとどまらず社会理論にも重要な示唆をもたらす21世紀の思想にその名を刻むニュー・マテリアリズムの金字塔的大著。

¥9900

今回のイチオシ本

思想としてのミュージアム

増補新装版

博物館や美術館は、社会に対してメッセージを発信し、同時に社会から読み解かれる、動的なメディアである。日本における新しいミュゼオロジーの展開を告げた画期作。旧版から十年、植民地主義の批判にさらされる現代のミュージアムについて、論じる新章を追加。

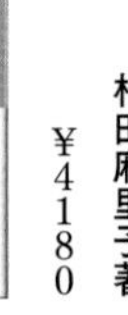

村田麻里子著

¥4180

復刊 呪われたナターシャ

現代ロシアにおける呪術の民族誌

三代にわたる「呪い」に苦しむナターシャというひとりの女性の語りを出発点とし、呪術など信じていなかった人びと―研究者をふくむ―が呪術を信じるようになるプロセス、およびそれに関わる社会的背景を描いた話題作、待望の復刊!

藤原潤子 著

¥3300

超越論的存在論

ドイツ観念論についての試論

存在者へとアクセスする存在論的条件の探究。「世界は存在しない」「複数の意味の場」など、その後に展開されるテーマをはらみ、ハイデガーの仔細な読解も目を引く、哲学者マルクス・ガブリエルの本格的出発点。

マルクス・ガブリエル著

中島新/中村徳仁訳

¥4950

はじまりのテレビ

戦後マスメディアの創造と知

1950~60年代、放送草創期のテレビは無限の可能性に満ちた映像表現の実験場だった。番組、産業、制度、放送学などあらゆる側面から、初期テレビが生んだ創造と知を、膨大な資料をもとに検証する。気鋭のメディア研究者が挑んだ意欲的大作。

松山秀明 著

¥5500

相だった。中国はソ連の支援を受けている。ならば、そのソ連を枢軸陣営に引き付けて、中国への支援を止めさせる。だが日ソ関係はノモンハンの戦役以来、良いとはいえないので、ドイツと同盟し、その口添えでソ連に接近する。これが、松岡の外交方針だ。

ドイツ側にとっても、日本との同盟は米英を牽制するのに好都合だった。日本が南方進出を加速すれば、米英はヨーロッパでドイツと、東南アジアで日本との二正面作戦を余儀なくされる。そのためドイツ側は、日本の要人たちへ熱心にシンガポールの攻略を持ちかけた。

一九四〇年九月二七日、ついにベルリンで日独伊三国同盟が調印される。三国同盟の締結を受けて、スターリンに次の書簡を渡すよう、蔣介石は九月二九日に駐ソ大使の邵力子に命じた。三国同盟の成立後、国際情勢が急速に変わるのは間違いない。アジア方面では、「日本帝国主義」の大冒険の始まりとなるだろう。それゆえ、中ソ両国の関係は重要となる。私としては、あなたのご意見をぜひともうかがいたい、と(36)。

一方、松岡は、次はソ連との外交に取り組むと公言する。一九四〇年一〇月七日の地方長官会議で、こう訓示した。

「[日ソ]双方とも東亜の一角でいがみ合っている時ではない。誤解があれば解き、懸案があれば解決して、もっと大きな目標に向って協力すべきであると信ずる」(37)。

この公開演説をタス通信が配信し、一〇月九日にソ連の『プラウダ』紙が報じる。では、松岡の差し出す手をソ連は握るのか。

日ソ接近への不安

蔣介石の耳にも、日ソ不可侵条約の噂が聞こえてくる。そこで、「ソ連と日本が不可侵条約を結ぶのを阻止する策略」を日記の注意項目に入れている（「蔣中正日記」一九四〇年一〇月一六日条）[38]。

とりわけ気になるのは、スターリンの動向だった。

スターリンからの返信が蔣介石に届いたのは、『プラウダ』に松岡の記事が掲載されてから一週間後の、一九四〇年一〇月一六日であった。

書簡を受け取りました。信頼と温かい祝意に対し御礼申し上げます。

あなたが書簡で提起された問題が複雑だったため、返信が遅れました。中国と日本の情勢に十分には通じていないので、助言するのは困難です。しかし、関心のある問題につき、多少とも意見を共有する用意はあります。

私が思うに、三国同盟の締結は中国の状況を少々悪化させる。ソ連にとってもいくらかはそうでしょう。これまで日本は孤立していたわけですが、三国同盟によって孤立を脱し、ドイツとイタリアという同盟国を得ました。しかし、現在の国際情勢では、三国同盟はその矛盾した性質により、かえって日本にとって不利に働くかもしれません。なぜなら、三国同盟は、米英が日本に対し中立となる土台を壊すからです。こうした面から見ると、三国同盟は中国にとってプラスになる。［アメリカの］屑鉄その他の品物の輸出禁止や、［イギリスの］ビルマ・ルートの開放は、それをまさに証明している。

この複雑な、矛盾を秘めた情勢下で、中国における主要な課題は、中国国民軍の維持・強化だと思います。中国国民軍は、中国の運命、自由および独立の担い手です。閣下の軍が強力になれば、中国は堅固になるでしょう。
いま、和平交渉の可能性や対日講和について盛んに論じられ、書かれています。これらの噂がどれだけ現実に合致しているのかは知りません。しかし、それがどうであろうと、一つはっきりしているのは、中国国民軍が強固で強力であり、中国があらゆる困難を克服できることです。
閣下のご健勝と事業の成功を祈ります(39)

蔣介石は、一〇月二二日にスターリンへ返信を送る。必ず日本は中ソ両国の共通の敵となる。しかし、両国が団結していれば、日本が何を企んでいようとも粉砕できると、結束を呼びかけた(40)。

この時点では、日ソ接近は蔣介石の杞憂だった。スターリンは書簡で、もはや米英は中立ではなく、中国に味方すると予想している。スターリンにしてみれば、自ら首を絞めている日本と、あわてて条約を結ぶ必要はない。

蔣介石も一先ず安心したのは、日記を読むと分かる。

「スターリンの私への返信を見ると、その真意は分からないが、日本と不可侵条約を結ぶつもりはないことがうかがえる。もしそうでないならば、スターリンは返信する必要はなかった」(「蔣中正日記」一九四〇年一〇月二六日条(41))。

スターリンの真意

しかしスターリンの書簡は、裏を返せば、ソ連の援助を頼みとせず、自力で戦うよう促す、突き放した内容でもあった。

中国どころではないというのが、スターリンの本音だろう。ドイツが快進撃を続ける一方で、赤軍が無様な戦いぶりを露呈していたからである。

フィンランドとの冬戦争で、ソ連は領土を拡張したが、赤軍は大きな犠牲を払った。憤慨したスターリンは、一九四〇年四月一六日に、軍幹部を叱責した。張鼓峰事件やノモンハンの戦役などは戦争ではなく、「ちっぽけなエピソード」に過ぎないと語り、日本に勝った程度で驕るなと戒めた[42]。国民党の支援を担当していたヴォロシーロフは、冬戦争の責任を負わされて、国防人民委員から降ろされた。

同年九月一八日、セミョーン・ティモシェンコ（Семён Константинович Тимошенко）国防人民委員と、キリル・メレツコフ（Кирилл Афанасьевич Мерецков）赤軍参謀総長は、スターリンとモロトフへ今後の作戦方針を提出し、日独との二正面作戦への準備を促した。

「武力衝突は西側の国境に限定されるかもしれないが、日本による攻撃の可能性は否定できない」。

そして、日本軍の沿海州への進攻を防ぐため、満洲へ攻め入る計画も立てた[43]。

二正面作戦となると、ソ連は自軍の兵器も足りず、中国を支援する余裕はなかった。それどころかソ連は、赤軍を再建する間、日独には宥和的に接するしかない。

そのため中国が日本への抵抗を続けてくれさえすれば、スターリンは満足だった。それを如実に示すのが、一九四〇年末に、軍事顧問団長兼駐在武官として重慶へ赴く、ヴァシリー・チュイコフ（Василий Иванович Чуйков）に、スターリンが語ったとされる次の内容だ。

「今後米英側の蒋介石に対する援助も次第に増加してゆくであろう。これにソ連の援助が加われば、蒋介石は日本の侵略を撃退することは無理としても、侵略への抵抗を『永びかせる』ことはできよう」[44]。

中米英軍事同盟の模索

一方、ソ連を信用しきれない蔣介石は、ドイツと戦うイギリス、そしてそれを支えるアメリカとの関係を深めてゆく。

一九四〇年一一月五日、ローズヴェルトが三度目の大統領選に勝利した。その翌日に蔣介石は祝電を送り、三選は「世界平和の曙光で、人類の正義の福音」だと、大いに持ち上げる。[45]

蔣介石は、米英との同盟を模索しはじめる。しかし、提案の手順は次のように考えあぐねた。第一に、まずイギリスの意見を聞き、そのあとアメリカに提議する。第二に、米英に同時に提案する。第三に、間接的に両国に探りを入れる（「蔣中正日記」一九四〇年一一月一日条）。[46]

さらに彼が頭を悩ましたのは、ソ連の反応だった。

中米英で協定を結んだら、ソ連はどのような反応を示すだろうか。

①日本と妥協する。
②［中国］共産党に反乱を起こさせる。
③しばらく傍観する。
④［ソ連の］枢軸陣営への加盟が促される。
⑤［ソ連の］民主陣営への加盟が促される。
⑥［ソ連は］あえて公然と中国共産党を助けたり、中国を圧力したり、脅迫したりはしない（「蔣中正日記」一九四〇年一一月一日条）。[47]

蔣介石は迷った末、一一月九日に、大統領三選の祝意を伝えるという名目で、ジョンソン駐華米国大使を呼び出し、王寵恵外交部長から中米英同盟の草案を手渡させた。

用意された草案は、九ヶ国条約に基づき、門戸開放と中国の主権、「領土と行政の一体性」を確認する「原則」から始まる。これは、日中戦争前後に雨後の筍のように叢生した、日本の傀儡政権を一掃したいという、重慶国民政府の願望の表れだろう。

草案はさらに、日本の「東亜新秩序」や「大東亜共栄圏」への対抗を謳う。太平洋での平和の維持について、米英中が共同声明を出すことも盛り込まれている。

理念の共有だけではない。アメリカが中国に毎年五〇〇機から一〇〇〇機の戦闘機を売却し、一九四〇年末までに、二〇〇機から三〇〇機を中国に送るように求めた。米英からの軍事、政治、経済の顧問団派遣も願い出ている。その代わり、中国側は以下を約束する。

「イギリスもしくはアメリカ、もしくは英米両国と日本との間で敵対行為が生じた場合、全中国軍がそうした敵対行動に参加し、中国国内のすべての飛行場は同盟軍の手に委ねられる(48)」。

これは片務的とはいえ、軍事同盟といってよい内容である。

同盟提案の裏事情

この同盟の草案は、中国の経済的苦境も物語る。草案には、米英から中国への追加借款の申し出も書かれていた。計二億から三億ドルという、莫大な金額だ。

インフレに苦しめられていた重慶国民政府は、新たな借款を必要としていた。物価は開戦当初に比べると、一九四〇年六月に四・八倍となっている。通貨と物価の安定には、ドルやポンドの支えが不可欠だった。[49]

蔣介石は早くも一九三九年五月に、桐油借款に続く第二次借款の獲得を、駐米大使の胡適に命じていた。胡適の尽力で、第二次借款の法案は、一九四〇年二月一三日にアメリカ議会の上院を通過する。雲南省の錫を担保にすることは、財政部長の孔祥熙が反対したが、胡適の意見が通り、一九四〇年四月二四日に、二〇〇〇万ドルの華錫借款が成立する。[50] しかし、中国のインフレには焼け石に水だった。そのため、桁違いの借款を新たに要求したのである。

また蔣介石がジョンソン駐華米国大使に語ったところでは、ビルマ・ルートの閉鎖後にアメリカの物資が減っただけでなく、ソ連からも約束された物資が届かなくなっていた。ビルマ・ルートが日本軍に爆撃される恐れもあり、シンガポールも攻撃されれば海上輸送も途絶するため、時間がないのだと蔣介石は訴えた。

さらに、中国の士気を維持するためにも、アメリカの積極的な支援が不可欠だと語る。「我々が恐れているのは、我が軍が対処できる日本軍ではなく、反抗的な共産主義者どもだ」と本音ものぞかせた。[51] 輸送の途絶による国内情勢の悪化で、中国共産党の勢力が伸びるのを恐れたその心理が、後述する新四軍事件を招いた一因だろう。

蔣介石は、カー駐華英国大使へも同盟案を提示した。米英の両大使には、この案は我が国の外交史上、極めて重要な文書の一つであるとまで述べた。

拒否された支援

しかしハル国務長官は、中国の外交攻勢に嫌気がさしていた。一九四〇年一〇月二四日には、ジョンソン駐華米国大使へ、ソ連から中国への援助が停止されているという情報はこちらにないと伝える。航空機については、一九三七年七月一日以来、アメリカから中国への二七九機の航空機の輸出が承認されており、部品を含めた総額は約二二〇〇万ドルに達していると知らせた。アメリカはもう十分に航空機は送っているということだ。

またハルにいわせれば、ビルマ・ルートが日本軍に爆撃されても、利用できなくなる可能性は低い。日本軍がシンガポールを攻撃する危険性はあるが、差し迫っているとも思えない。そしてアメリカは、戦争中を除き、同盟を結ぶことも、戦争に巻き込まれるのも避けるのが伝統的な政策だと伝えた[52]。同盟の提案があってからもアメリカの態度は変わらず、サムナー・ウェルズ（Benjamin Sumner Welles）国務次官も、アメリカは同盟を避けるのが伝統的な政策だと、一一月一八日にジョンソン大使に返信した[53]。

なおも蔣介石はジョンソン大使にすがりつく。アメリカが同盟に加わる必要はない。ただその趣旨に賛同してくれさえすれば良い。近頃、日本が汪兆銘政権を承認するという噂がある。日本が承認する確率は五〇パーセントと踏んでいるが、もし日本に続いてドイツも承認すれば、ソ連は重慶に対して冷たくなるだろう。そうなると、中国国民は動揺するに違いない。その前に何か手を打ちたいのだ、と。さらにこう述べた。

「もしアメリカが好意的な態度を示さず、積極的に援助もしない時には、我々の抗戦は重大な危機に陥るだろう。アメリカだけが潮目を変え、中国人の士気を維持できる」[54]。

このような蔣介石の哀願には耳を貸さなかった米英も、日本のある行動で態度を一変させる。

経済支援の加速

開戦以来、重慶国民政府との和平を裏で画策してきた日本政府は、一九四〇年三月三〇日に南京で樹立された汪兆銘政権の承認を先延ばしにした。南京を認めれば、重慶との交渉の余地が狭まるためだ。だが、一九四〇年一一月三〇日に、日本政府は日華基本条約を結び、汪兆銘政権を中国を代表する政権として認めた。汪兆銘は南京国民政府の主席に就任する。こうして、正統な国民政府を名乗る二つの政権が、中国では一九四五年まで並び立つ。

これはアメリカを刺激した。一一月三〇日、ハル国務長官は日華基本条約を認めない声明を出す。それまで中国の支援に消極的なハルだったが、一二月になると、日本の都市を爆撃するために中国に五〇〇機の爆撃機を引き渡すことすら口にした。しかも、あえてアリューシャン列島から日本上空を通過して中国に引き渡し、「日本人に教訓を与える」という威嚇的な案である(55)。これは軍部の賛同を得られなかったが、日本へいら立ちが高まっていた証左だ。

ローズヴェルト大統領も、一二月一日に、一億ドルの「信用借款」を重慶に与えると公表した。

蔣介石は、それまで以上の喜びをワシントンに伝える。大統領、ハル国務長官、モーゲンソー財務長官、ジェシー・ジョーンズ（Jesse Holman Jones）連邦債務局長に、それぞれ電信を送った。大統領宛ての電信では、日本が汪兆銘政権を承認し、中国が危機にある時に、借款は中国の軍民に自信を与え、安定した社会経済の基礎を与えると書き(56)、大統領への敬意を伝えた。ハル国務長官には、中国を救うリーダーシップを発揮してくれたと感謝する。

イギリスも続いた。一二月一〇日に、法幣安定資金と信用借款を、それぞれ五〇〇万ポンド供与すると表明した。しかしこれは、中国側の希望額二〇〇〇万ポンドの半分でしかなかった。あまりにも少額

であると、蔣介石は発表を差し止めさせた。(57)

されど航空機は届かず

蔣介石は借款だけでは満足できない。彼が欲しがったのは、アメリカ製の最新鋭の戦闘機と爆撃機だった。四人に電信を送った翌日、再び大統領に宛てて懇願する。蔣介石によれば、ノモンハンで日本軍は六〇〇機が撃墜される大打撃を受け、ソ連に挑戦できなくなった。これにあやかりたい彼は、三ヶ月から四ヶ月の間に、五〇〇機の航空機が欲しいと要求する。長距離爆撃機で日本国内の空軍基地や航空機工場を空爆し、「日本の軍閥の弱点」を日本国民に暴露したいのだと書く。(58)

一九四〇年一二月一六日付の、モーゲンソー財務長官への書簡では、異なる理由が書かれている。蔣介石によると、来春に枢軸国はジブラルタル海峡、スエズ運河、シンガポールで一斉に攻撃を開始するという情報がある。日本のシンガポール攻撃を防ぐためにも、中国軍は広東と武漢の再占領を準備しているので、さらなる航空機の援助を、とある。(59)

蔣介石の呼びかけに応えるように、大統領は一二月一七日の記者会見で、武器貸与法の構想を示す。一二月二九日には、ラジオを通じて、外交政策の基調は、アメリカを戦争から守ると同時に、アメリカを「民主主義の兵器廠（へいきしょう）」にすることにあると、国民に語りかけた。大統領は経済援助から、さらに一歩踏み込む決意を示したのである。

大統領は一二月三一日に蔣介石へ返信を送り、公表された声明に沿って、中国への支援を続ける意思を示した。ただ、具体的な問題は胡適駐米大使や宋子文と話し合っていると、個別に言及するのを避けた。(60)

以上のように、日本政府による汪兆銘政権の正式承認は、米英から蔣介石政権への支援増大につながった。

ドイツとの貿易再開

他方で、ドイツとイタリアによる汪兆銘政権の承認は、独ソ開戦後の一九四一年七月まで遅れた。これは、ドイツが蔣介石を完全に見捨てられなかったためである。

一九三八年四月にヒトラーは武器輸出禁止を命じたが、実は中独貿易は再開されていた。ドイツ経済省の主導により、ナチスの対華経済顧問で、実業家のヘルムート・ヴォイト（Helmut Woidt）が中国を訪問し、行政院長兼財務部長の孔祥熙と会談した。その結果、同年一〇月一九日に、新しい貿易協定が重慶で調印され、毎月七五〇万ライヒスマルクを上限に、軍需物資が中国へ輸入されることになった。

香港には輸入を請け負う「合歩楼公司」の代表が駐在し、華南の諸港から重慶方面へドイツの軍需品が流入した。ドイツ外務省はこれを阻止し切れず、一九四〇年五月までに、九九〇〇万ライヒスマルク分の軍需物資を「合歩楼公司」は中国へ輸入した。規模を縮小しながらも、武器輸入はドイツの汪兆銘政権承認まで続く(61)。

広東を占領され、武漢を失おうとしていた一九三八年一〇月当時、ドイツとの貿易再開は藁にもすがる思いであっただろう。ドイツも対華貿易には未練があった。また日本の南進を加速させて米英を牽制し、いずれは日本とソ連を挟撃したいとなると、日本が中国大陸に釘づけになっているのは、ドイツにとって不都合だ。そこでドイツは、日中の調停を再び試みる。

リッベントロップ外相の調停

一九四〇年八月、同盟交渉の場でドイツ側は日本側へ、日中戦争の調停を申し出た。前年に不可侵条約を結んでいたソ連を通じて、重慶にアプローチしようという提案だ。しかし、松岡外相は、日中戦争は日本が単独で解決すると、仲介を断った。ドイツに足元を見られるのが嫌だったからだと、松岡は枢密院で述べている[62]。

それならばと、リッベントロップ外相はソ連や中国へ働きかける。一九四〇年一一月一二日に、ベルリンで会談したモロトフ外務人民委員にこう語った。

早期の終戦のため、蔣介石と日本の見解の相違を妥結させられないか、中国大使［陳介］に尋ねてみました。もちろん、ドイツが仲介に立つとは決していいませんでしたが、ドイツと中国の長きにわたる友好関係から、蔣介石大元帥にドイツの見解を伝えたまでです。日本は［王兆銘の］南京政府を承認しようとしていますが、報道によると、日本も中国も妥協の希望ありと伝えられています。こうした報道が、果たして事実に基づいているかは分かりません。しかし、もし日中両国の妥結が成立するなら、もちろん喜ばしいに違いありません[63]

モロトフは、「日中の和解は非常に得策となる」と賛同する。ただ、もろ手をあげて賛成したわけではない。一一月一三日のヒトラーとの会談で、こう述べている。

「中日関係に関しては、その解決に努力するのは明らかに独ソの任務です。しかし中国にとって不名誉な解決はすべきではない。ましてや、日本がインドネシア［当時はオランダ領東インド、以下では蘭印と略記」を獲得するチャンスのあるいま、中国には名誉ある解決を保証すべきでしょう[64]」。

以上のモロトフの発言は、出発前にスターリンに与えられた指示をなぞっている。一一月九日、彼に与えられた指令にはこうある。

「秘密議定書では、中国について、議定書の一項目として次のように記すよう。中国（蔣介石）のために名誉ある和平を獲得する必要があり、恐らくドイツとイタリアも参加して、ソ連は自ら調停に乗り出す用意がある。インドネシアが日本の勢力圏となるのに我々は反対しない（満洲国は日本のために残す）[65]」。

ドイツの調停を拒否

実はモロトフ外務人民委員がベルリンに来る前日に、リッベントロップ外相は、かなり具体的に調停を陳介駐独大使へもちかけていた。外相がいうには、独ソ関係は良く、英米ソの連合は成らない。最後の勝利はヒトラーに帰して、年末までに戦争は終わり、ドイツはヨーロッパを統一する。そうなれば中国は米英の助けに頼れない。だからこれが最後の日中和解のチャンスだ、と[66]。

しかし、蔣介石は相手にしない。陳介への返信で、日本が中国の領土から陸海空すべての軍隊を撤退させせない限り、交渉には応じないとリッベントロップに伝えさせる[67]。

蔣介石は、こうしたドイツの仲介は、日本が袋小路に陥っているからだと考えた。詳細な日付は不明だが、一九四〇年秋に大統領へ宛てた手紙で、こう分析している。

日本は今、中国軍を粉砕することが不可能であることに気づき、インドシナ、オランダ領東インド、マラヤへの南進のため、中国から軍隊を撤退させています。大英帝国に最終的に勝利した場合、中国とのいかなる有利な和平条件も破棄する可能性があるため、日本は中国との「簡単な」和平を締結することを何よりも切望しているのです。ドイツはもちろん、日中間を仲介しようとしています[68]

だが蔣介石も、独ソで進む話し合いに無関心ではいられない。ソ連には全く好感は持てないが、ソ連が枢軸陣営へ接近するのも忌まわしい。ソ連はドイツに味方し、日本と妥協して、中国とトルコが犠牲になるのではないかと案じてもいた（「蔣中正日記」一九四〇年一一月一〇日条）[69]。ドイツの陸軍がまだ力を失わずにいるので、ソ連はドイツを恐れている。そこで、ドイツを援助しつつトルコへ東進させ、消耗させることで、ソ連は漁夫の利を得るのではないか、というのが彼の読みだ（「蔣中正日記」一九四〇年一一月一二日条）[70]。

蔣介石は、トルコの分割か、地中海と黒海を結ぶダーダネルス海峡での軍港獲得を条件に、独ソは手を打つのではないかと不安だった。またソ連が日本と不可侵条約を結べば、日本が南進し、ビルマへの進出が促され、日本が「援蔣ルート」を断ち、米英中の連絡を断つことも可能になる、と懸念する（「蔣中正日記」一九四〇年一一月一六日条）[71]。

結局のところ、独ソはそれ以上に接近しなかった。一一月一三日に、リッベントロップ外相はモロトフへ日独伊ソ「四国協定」を提案したが、モロトフはソ連の加入に条件を付けた。ドイツ側はその受け入れに難色を示したからだ[72]。

一二月一日に、蔣介石はジョンソン駐華米国大使へ安堵をもらした。モロトフのベルリン訪問後も、独ソまたは日ソ間に接近の兆候は見られず、それどころか、関係はいささか悪化すらしているようだ。この二週間、ソ連の中国に対する態度は「良い方へ変わってきている」[73]。

中国共産党との衝突

だが蔣介石の予想に反し、中ソ関係は冷え込む。日中戦争下では最大規模となる、国民党と中国共産党の戦闘が生じたためだ。

蔣介石にとって、中国共産党を率いる毛沢東（もうたくとう）は二重の意味でライバルであった。国内では国民からの支持を争い、国外ではソ連の支援をめぐり競っていた。

毛沢東は、ソ連が蔣介石を援助するのを快く思っていない。そこで毛沢東は、ソ連と蔣介石の仲を裂こうと、怪情報を流す。例えば、一九四〇年一一月七日に、毛沢東がコミンテルン執行部書記長のディミトロフらに送った書簡では、冒頭にこうある。

毛沢東（1944年11月30日、ローズヴェルト大統領図書館蔵）

［日本への］降伏の準備のため、蔣介石は近ごろ広範な反共産主義運動を展開し、日本へ直接降伏する道筋をつけようとしています。中国は米英陣営へ忠節を尽くすというプロパガンダは、単に降伏に向けてのカモフラージュでしかないのです。けれども、まだ蔣介石はソ連の立場を考慮し、中国人民の抗議を恐れています。スターリン同志から蔣介石への電報が届くと、国民党がソ連への態度を和らげている兆候があります。ソ連が蔣介石に圧力を加え、我々は活動を活発化させれば、蔣介石の降伏を遅らせ、大規模な反共産主義の軍事遠征も遅らせることが可能でしょう。二、三ヶ

月遅らせることができるだけで、我々としては状況をとても良くできるのです。蔣介石は我々を華中と山東半島（そこでは人口三〇万と兵士二〇万、活動家七〇名から八〇名を擁しています）から締め出し、華北に追い込もうとしています。日本軍が華北に懲罰遠征を組織しようとしている時に、蔣介石の要求はのめません(74)

日中戦争下で、中国共産党は農村を中心に勢力を伸ばしていた。蔣介石をはじめ国民党の幹部はそれを快く思っていなかったのは事実だ。そして毛沢東も、蔣介石が中国共産党の根拠地を乗っ取るつもりだと警戒していた。

新四軍事件

毛沢東の疑心暗鬼を膨らませた一因は、右の書簡に先立つこと一ヶ月前に、重慶から下りてきた命令にあった。

一九四〇年一〇月一九日、中国軍参謀総長の何応欽と、副参謀総長の白崇禧（はくすうき）は連名で、中国共産党系の第一八集団軍（八路軍）総司令の朱徳（しゅとく）と、新編第四軍（新四軍）軍長の葉挺（ようてい）らに北上を命じた。安徽省南部に駐屯していた新四軍に、一ヶ月以内に黄河以北の地域へ移動するように、という内容だ。これは、勢力を拡大した新四軍が中国軍と衝突し、脅威を感じた蔣介石が、この部隊を北へ追いやろうとしたとされる。しかし、一一月九日に朱徳と葉挺は拒否した(75)。

毛沢東はこの命令を、国民党軍と日本軍に包囲される死地へ新四軍を追いやる罠だと疑った。もし一ヶ月以内に移動しないなら、蔣介石は中国共産党への「戦争」を始めるに違いないとも、一一月七日にモスクワへ報告する。そこで毛沢東は、蒋介石への軍事的対抗手段を用意していると伝え、いざとなったら蒋介石と戦うことについて、コミンテルンの許可を求めた(76)。

ディミトロフは、一一月二二日に中国情勢を検討する会議を催し、一一月二六日に毛沢東へ返事を送る。ディミトロフは、蒋介石が降伏しようとしているのは信じがたいと諭した。その上で、いまは蒋介石の指示に従うふりをして時間を稼ぎ、なんとしてでも移動しなくて済むよう蒋介石と取引せよ、と指示した(77)。これに不満な中国共産党は、国民党との戦闘に備えて武器を要求する。

折れたディミトロフは、モンゴル人民共和国との連絡が確保できるのなら、必要な物を送ると返信した。毛沢東はモンゴルからの貨物を運ぶため、騎馬隊派遣などを提案した。ディミトロフは、毛沢東に提案を検討すると伝える(78)。

毛沢東の懸念は杞憂ではなかった。一九四一年一月五日、新四軍が国民党軍の待ち伏せを受け、新四軍は大打撃を被った。副軍長の項英は戦死、軍長の葉挺も捕虜となった。

新四軍事件や皖南事件といわれるこの衝突は、国共合作とはいっても、双方とも根強い不信感があることを白日のもとにさらした。

ソ連の支持を争う国共両党

蒋介石が日記で事件に触れたのは、一九四一年一月八日である。

「皖南の新四軍が命令に逆らい、国府軍を攻撃して騒ぎを起こすとは、なんたることか！(79)」。蒋介石は新四軍の部隊番号を消して、消滅させると決める。

新四軍の背後にはソ連がいたが、蒋介石は珍しく強気である。彼は一月一六日にソ連全権代表部の駐在武官を招き、軍人は規律を守って命令を聞くものなのだから、自由に行動する軍隊など国家の正式な軍隊とは呼べないと述べ、新四軍に責任を被せた(80)。

ソ連側には一月一七日にも、張群を通じて説明した。この事件は、地方の軍事指導者たちが衝突したに過ぎない。抗日を続けていくための国共合作にはいささかも影響しない、と(81)。

蔣介石は日記に、もし軍令に外国人が少しでも口を挟んでくるようなら、国権は地に堕ち、日本との戦いに失敗するよりもひどいことになるので、断固たる姿勢で臨むと記した。そして、この事件を逆手に取り、ソ連が中国の抗戦を助ける用意があるかどうか「試験」すると書く。翌日にも、ソ連が武器を届けないなら、中国共産党に制裁を加える決意を示すと書いた(「蔣中正日記」一九四一年一月一七日、一八日条)(82)。要するに、中国共産党を「人質」に、ソ連から航空機や火砲といった武器を引き出そうというのである。

ソ連を味方につけようとしたのは、毛沢東も同じだ。彼は一月一六日にコミンテルンのディミトロフへ報告した。中国共産党の部隊が中国の各所で攻撃されて、壊滅寸前だと伝える。そして、強力な反撃の準備をしていると伝えた。ディミトロフは、「血なまぐさい内戦が再発する危機」だと、一月一六日の日記に記す(83)。

蔣介石を支持したスターリン

しかし、ソ連の要人たちは静観する。モロトフ外務人民委員は、さらに正確な情報を得る必要があるとディミトロフへ述べた。

一月二一日にはスターリンも、ディミトロフに語った。

「葉挺は、自堕落なパルチザン（・ゲリラ）だ。我々は、あの事件は彼が引き起こしたのか調査しなければならない。我々も、パルチザンにいた良き者たちを、規律に欠けているから撃たなければいけないことがあったのと同じだ」。

「いまや三年も同じ場所にとどまっている八路軍の問題は、見た目以上に複雑なのだ」[84]。

スターリンは、事件の責任を中国共産党に転嫁し、この事件を中ソ両政府の問題にするのを避けた。こうした意向を受けて、ディミトロフは、蔣介石との決裂を避けるよう、二月五日に毛沢東へ返信した。返信の草稿を受け取っていたスターリンは、秘書を通じて、この方針で正しいと追認した[85]。

納得できないのが毛沢東だ。蔣介石はいまや孤立し、二、三ヶ月もすればさらに情勢が有利になるので、蔣介石とは妥協せずにおくと、ディミトロフへ報告する。しかしコミンテルンは、引き続き国共両党の統一戦線を希望した[86]。

モスクワの意向には逆らえない。一月二〇日に、毛沢東は中国共産党の軍の指導者たちに書き送った。

問題は遠方［モスクワ］の政策と我々の政策が食い違っていることであり、三ヶ月ほどの意見の交換があるが、未だに解決していない。ゆえに我々は政治上で猛烈な攻勢をかけつつ、軍事上では目下のところただ守勢をとるのみであるが、攻勢をかける積極的な準備をして、四ヶ月、或は六ヶ月後に十分に力強く攻勢に転換できるよう準備しなければならない[87]

ソ連は、蔣介石を抗戦のリーダーに置く方針を変えなかった。蔣介石は再びスターリンに救われた形だ。だが彼の二枚舌を、蔣介石は間もなく思い知らされる。

第五章

日米妥協の阻止、一九四一年

松岡外相の訪ソ

一九四一年三月一二日、松岡外相は近衛首相らに見送られ、東京駅から夜行列車で旅立つ。表向きは独伊両国の首脳と会談し、友好関係を深めるためだ。しかし本当の目的は、ドイツ軍のイギリス攻略の成否を見極め、ソ連と不可侵条約を結ぶことにある。

ソ連との条約締結は、独ソ不可侵条約の締結以後、日本の懸案となっていた。ドイツと足並みをそろえるためにも、日中戦争にソ連が介入するのを防ぐためにも、ソ連への接近は必要とされていた。また松岡は、日独伊ソの四ヶ国を連携させるリッベントロップ外相の構想に共鳴し、ソ連との提携は対米交渉で日本の立場を強めるとも信じていた。

早くも一九四〇年七月二日には、東郷茂徳（しげのり）駐ソ大使が、五年間有効の中立協定案をモロトフ外務人民委員に持ちかける。その時に東郷は、ソ連が中国を援助しなければ、同年六月にソ連が併合を強行したルーマニアのベッサラビア地方について、日本はソ連を支持するという密約も提起した。その後も、松岡外相が送り込んだ建川美次（よしつぐ）駐ソ大使が、一〇月三〇日に不可侵条約を提案した(1)。

ソ連側は一一月一八日に、中立条約を逆提案する。そのためには、日本が持つ北サハリンの石油と石炭利権の解消を条件とした。(2) 日本側は難色を示し、交渉は実らなかった。そこで松岡は、スターリンと会談し、突破口を開こうとした。

蔣介石は日記に呪詛を込めて書く。

「松岡の訪独、訪ソの結果は、必ずやその国家［日本］の崩壊を加速させるだろう」（「蔣中正日記」一九四一年三月一一日条(3)）。

ただ、手をこまねいて見ていることもできなかった。「［駐独大使の］陳介をドイツ側に働きかけさせて、松岡の策略を無効にする」ことを思いつく（「蔣中正日記」一九四一年三月一五日条(4)）。

スターリンとモロトフ（1945年2月）

結局、静観にこしたことはないと思い直した蔣介石は、陳介たちに、活動する必要はないと伝えた（「蔣中正日記」一九四一年三月一七日条(5)）。このような朝令暮改からは、動揺が透けて見える。

松岡はシベリア鉄道でドイツへ行く途中、モスクワに立ち寄った。三月二四日にはスターリン、モロトフと会談する。蔣介石は日記で、「松岡がロシアに着き、スターリンと会談したが、その策略からすれば必然のことで、奇妙ではない」と自らを納得させた（「蔣中正日記」一九四一年三月二五日条(6)）。

松岡外相の大風呂敷

松岡がスターリンへ贈ったポートレイト（1941年、スターリン・デジタルアーカイブ蔵）

では、松岡はモスクワで何を語ったのか。一九四一年三月二四日のスターリンとの会談では、日本は中国の国民ではなく「アングロ・サクソン、つまり米英」と戦っているとし、蔣介石を「アングロ・サクソン資本主義どもの手先」とけなす。四月一二日に再会談した際には、中国への支援をやめ、中国から米英を駆逐するため働いてもらいたいとスターリンへ願い出た(7)。

一方で松岡は、三月二四日に会談したローレンス・スタインハート（Laurence Adolf Steinhardt）駐ソ米国大使に、日中戦争を一刻も早く終わらせたいと語る。そして、蔣介石はアメリカの援助に頼っているから、ローズヴェルト大統領の仲介を期待する旨を述べた。また、ローズヴェルトとハル国務長官が自分を信頼してくれるのであれば、領土でも経済でも野心がないと証明してみせるとも、松岡は語った(8)。

「目的が手段を正当化する」のが松岡流の外交である。日中戦争終結のためなら、彼は米ソ両国へ二枚舌を駆使しても恥じることはない。

松岡はベルリンからの帰途、四月七日に再びモスクワへ降り立つ。ただちにモロトフと会談した松岡は、こういって迫った。一時的な利益や政治のためではなく、五〇年から一〇〇年間の友好関係のため、日ソ関係の改善を望んでいる。

「アジアの命運を決するのは、日ソ両国である」。

「アジアにおいて極めて重要な両国が、相争うのと友なのと、どちらがアジアにとって良いだろうか[9]」。

四月九日の会談で松岡は、北サハリンの石油と石炭の利権について話し合ったあと、さらに次のようにモロトフへ提案した。

「日本の勢力範囲を『内モンゴル』と華北、ソ連の勢力範囲をモンゴル人民共和国並びに新疆と定める、勢力範囲に関しての秘密協定を結ぶ必要がある。この点についても、彼［松岡］は準備ができている[10]」。

さらに松岡は続けた。ソ連がインドやイランを通じて「暖かい海」へ進出するのに、日本は反対しない。日本はアジアからイギリスを駆逐することを目指している。それに比べたら、北サハリンの利権の問題など小さな問題だが、この小さな問題がバラの棘のように脇腹へ刺さっている、と[11]。

モロトフは、松岡の描く世界戦略には関心を示さない。その代わり、北サハリンの利権を放棄するよう、執拗に迫る。また、日ソが互いに満洲国とモンゴル人民共和国の領土を尊重することも、条文に盛り込むよう主張した。モロトフは、目の前にある実利的な問題の解決を最優先にしていた。

日ソ中立条約の締結

駐ソ大使の邵力子は、一九四一年四月一一日に、ソロモン・ロゾフスキー（Соломон Абрамович Лозовский）外務人民員代理を訪ね、不可侵条約について松岡と話し合っているか、単刀直入に尋ねる。ロゾフスキーは、これは一九三二年から続く古い問題だといったが、明確に回答はしない。邵力子は個人として、「松岡との交渉がどのような結末を迎えようとも、中ソ関係に何ら影響を与えないよう」希望した[12]。

この会談の前日には重慶で、孔祥熙もソ連側に圧力をかけた。日ソ不可侵条約が締結されれば、中国としては「大いに不愉快である」。そうなれば、ソ連の圧力が減った満洲国から三〇万の日本軍が転出し、中国軍と戦うことになるからだと述べている(13)。

中国側の懸念は的中した。四月一三日、スターリンが見守る中で、松岡外相と建川駐ソ大使、そしてモロトフ外務人民委員は日ソ中立条約に調印する。

締結の背景には、直前に始まっていたドイツのバルカン半島進攻が、ソ連側の予想を上回るスピードで成功していたことがある。ドイツが次にソ連に狙いを定めるのを恐れ、まず東からの脅威を取り除こうと、スターリンは日本と手を結んだのだろう。ただし、日本が北サハリンの利権をいずれ放棄することも松岡に約束させた。

日ソ中立条約の締結（1941年4月13日）

蔣介石が「吐き気を催した」と日記に記すのが、四月一三日に松岡がモスクワのヤロスラヴリ駅を発つ際、スターリンが見送りに現れ、松岡に別れの接吻をしたことだ。スターリンがロシア流の最大の親愛をこめた挨拶をしたのは、唯物論者の権勢と卑屈さが表れている、とくさしてもいる（「蔣中正日記」一九四一年四月一五日条(14)）。

一方の松岡は、よほど条約の締結が嬉しかったのだろう。ソ連と満洲国の国境の駅である、満洲里に着くと、モロトフとスターリンに、滞在中のもてなしへの謝電を送る。スターリンには、条約締結の瞬間は「間違いなく我が人生最良の時」だったとまで書いた(15)。

日ソ中立条約は、枢密院での審査を経て、四月二五日に発効する。翌日に松岡は、スターリンへ祝電を送った(16)。今回はスターリンとモロトフも返信を寄越し、中立条約は今後の日ソ関係改善の礎であると称賛した。

中国への打撃

日ソ中立条約第一条には、両国が双方の「領土の保全及不可侵を尊重」すると記されている。第二条は、「第三国」によってどちらかの国が攻撃されたら、攻撃を受けていない国は紛争の全期間中、中立を守る。この条約の効力は、批准した日から五年間だ。

一九四一年四月一五日、駐ソ大使の邵力子はモロトフに、「第三国」はどこを指すのか、中国は交戦国と見なされるのか問い詰めた。モロトフは、この条約は平和を守るためで、中国に関しては条約でも交渉でも触れていないと弁明する。さらに、中ソ関係が弱体化するよりも、強化されるよう願っているとモロトフは付け加えた(17)。モロトフの鉄面皮ぶりがうかがえる。

しかし、一九三七年に結ばれた中ソ不可侵条約第二条は、締約国が侵略された場合、被侵略国に不利になる「いかなる協定」も侵略国と締結するのを、もう一方の締約国に禁じていた。日本は日ソ中立条約で北方の憂いを除き、日中戦争に注力できるのだから、どう強弁しても、日ソ中立条約はこの条項に違反している。

中国側を刺激した点がもう一つある。この条約には、「声明書」という、条約を補う文書が付されていた。それには、日本とソ連が、互いに「モンゴル人民共和国と満洲国の領土の保全及不可侵を尊重」

すると記されている。これは事実上、ソ連による満洲国承認に他ならない。

ソ連側もこの声明書を重視していた。ソ連の『プラウダ』紙は、調印の翌日に、声明書をこう論評する。

「これは満洲国とモンゴル人民共和国のみならず、ソ連と日本との間において、国境の平和を攪乱し、たえず紛争を起こしたすべての国境事件を終わらせる」。

蔣介石は見通しが甘かったと反省する。

「日ソ間の政治協定が必ず満蒙問題の解決を目的とすることは自明であったが、日ソが相互に満洲とモンゴルという二つの偽国の領土を承認し合うことは予測できなかった。自分が事柄の根本まで探求できなかったのが原因である」（「蔣中正日記」一九四一年四月一四日条[18]）。

さらに次のように記す。

「日ソ中立条約が事実上、中国の対日抗戦に対してなんの害も与えないことはよく分かっているが、精神面におけるショックは名状しがたい」（「蔣中正日記」一九四一年四月一四日条[19]）。

しかし、蔣介石はそうした負の感情は胸にしまう。四月一九日に会談したソ連のアレクサンドル・パニューシキン（Александр Семёнович Панюшкин）駐華全権代表へ、注意を与えるのにとどめた。

「中国に関して、もしソ連が日本に対して何か措置を取ると決めたなら、我々が唐突なために驚かされず、また、我が国民がそれに応じた準備をできるよう、せめて内々に知らせてくれるよう希望する」。

だが、蔣介石は水に流す。

「私のソ連に対する態度は以前と変わらず、この中立条約で影響を受けることは微塵もない[20]」。

アメリカと国共対立

日ソ中立条約を結んだソ連を頼れないなら、やはりアメリカだ。ただ、アメリカとの間でも、ネックになったのが中国共産党だった。

例えば、新四軍事件後の一九四一年二月に重慶を訪れたローズヴェルト大統領の経済顧問、ラクリン・カリー（Lauchlin Bernard Currie）は、大統領の意向を受けて、蔣介石に、中国共産党との統一戦線と連立政権を強く勧めた。

逆に蔣介石は、米ソのさらなる接近を希望しているとカリーに語る。彼によれば、ソ連はドイツとの避けがたい戦争に備えており、アメリカの科学技術を欲している。だからソ連はアメリカと良好な関係を築こうとするだろうと推測した。

カリー大統領顧問（1939年7月、アメリカ議会図書館蔵）

そして、蔣介石が強調したのは、国民党とソ連の良好な関係である。彼はウラジーミル・レーニン（Владимир Ильич Ленин）と孫文の絆までさかのぼりながらその点を強調し、新四軍事件もソ連は内政問題と見なしていると語った。これは、ソ連は中国共産党ではなく国民党を支持していると誇示し、国共両党の協力を説くアメリカに、その必要はないと示唆したのだろう。ただソ連は、抗日戦争の目的以外では一セントも恵んでくれなかったと、蔣介石は愚痴をこぼす。代わって、二億七〇〇〇万ドル相当の軍需物資のリストをカリーに渡し、アメリカの支援を要請した。

カリーは以上を大統領に報告し、こう分析している。蔣介石の共産主義者に対する憎しみと不信感は根深い。彼は自らのリーダーシップで中国を統一しようとしてきたが、共産主義者は買収、同化、粛清、鎮圧のどれもができない、唯一の集団のためだ。何より中国共産党が、大衆の支持を集める唯一の政党でもあるからだ、と。

アメリカ側が国共対立を気にしたのは、中国軍の戦力が中国共産党に向けられ、日本軍との戦いに支障を来していると考えたからだ。実際、カリーは副参謀総長の白崇禧から、中国共産党の監視を五〇個師団の精鋭が担っていると聞いたと報告している。カリーはこう結論を下した。

「状況は深刻なままであり、中国の軍事力の非常に重要な部分が、対日戦の遂行に使われていない(21)」。

武器貸与法の成立

カリーの帰国前夜、蔣介石は大統領への親書を託した。カリーと会談を重ね、中国の経済に少なからず資することや、政治、軍事上の問題について意見交換できた。米中両国の邦交と、共同使命のための絆が今後ますます深まると信じている、という内容だ(22)。

大統領は返信で、抗日のために中国が一丸となっているとカリーから聞いて、「特別に嬉しく思います」と伝えた(23)。

大統領は、中国が一枚岩ではないと報告を受けている。しかし、中国共産党をアメリカは支援できない以上、蔣介石に奮闘してもらうしかない。

カリーの帰国後、中国にとって追い風となる動きがアメリカで起きた。

一九四一年三月一一日、アメリカで「合衆国防衛促進法(An Act to Promote the Defense of the United States)」、通称は「武器貸与法(Lend-Lease Act)」が成立する。この法律が、参戦を待たずして、アメリカが戦争に協力する道を開く。

この法律により、アメリカの防衛と重大な関係があると認められた場合、たとえアメリカが法的に中立の立場でも、他国に武器や食糧を供与できる権限が大統領に与えられた。しかも、アメリカが軍需物資を「貸す」か「賃貸」し、戦後に返却させるのが建前なので、アメリカの支援を受ける国は、莫大な戦債を抱えるのを回避できた。

ただし、当初この法が適用されたのはイギリスで、中国には適用されなかった。事態を一変させたのは日ソ中立条約だ。この条約が結ばれて間もない四月一七日、アメリカ政府は、中国へ四五〇〇万ドル相当の軍需物資を提供すると決めた。[24] なお、アメリカが中国と武器貸与法について正式に協定を結ぶのは、翌年六月二日の協定による。[25]

中国人の面子を立てて

日ソ中立条約が結ばれると、中国はソ連に代わり、アメリカへの依存を深めた。

一九四一年四月一五日、ローズヴェルト大統領と会談した宋子文は、日ソ中立条約が中国に与えた衝撃について述べた。その上で、モーゲンソー財務長官は難色を示しているようだが、為替の「平衡基金」を期待していると伝える。[26]

四月二五日、蔣介石も大統領へ書簡を送る。

「ソ日協定［日ソ中立条約］が発表されてから、栄光の勝利まで戦い続けると誓った我が国民も軍も、苦々しげに怒ったり、落胆しています。彼らはそろって、極東情勢の深刻な変化が起きると考えています。ソ連極東の軍が、まもなくヨーロッパへ呼び戻されるとの報告もあります」[27]。

宋子文（右端）とローズヴェルト大統領（1942年7月8日、ローズヴェルト大統領図書館蔵）

さらに蔣介石は、バルカン半島の情勢や、福建省や浙江省の沿岸で中国軍が退却しているのも、士気を落としていると書く。そこで、アメリカは中国を支持すると、早めに、断固として表明してくれるなら、軍や国民はとても力づけられると訴えた。さらに、武器貸与法に基づく借款を求め、必要な武器一覧も、駐米大使の胡適から大統領に提出した。こうした支援は中国の軍民を勇気づけるだけではなく、極東の情勢まで変えると書簡で訴える。

蔣介石が渡したリストの中で、最も多額の費用が割かれているのが、ビルマのナンタと雲南省の祥雲を結ぶ鉄道の資材である。次に武器の素材、四〇〇〇台の軍と輸送用のトラック、ガソリンなどが続く(28)。アメリカへの援助要請は、主に「援蔣ルート」の補強に使うインフラ資材が目的であった。

しかし、新たな資金供与は、ローズヴェルトにとっても容易ではない。四月二一日、大統領はモーゲンソー財務長官との昼食でこう語った。「彼らの面子を守るために、我々は中国人に何かしてやらなければならない」。そして、「五〇〇〇万ドルの借款をすぐに供与したい」と述べた。

モーゲンソーは、自分を抑えるために数分間、沈黙した。そして、「大統領閣下、そんなのは［金を］捨てるようなものです」と反対する。

「分かってはいるが、これは面子の問題なのだ」と大統領は答える。怒るモーゲンソーを抑えるため、借款には月々の利用限度額を課すことを大統領は提案した[29]。

こうして、四月二五日に、米英はそれぞれ中国と「平衡基金協定」をワシントンで締結した[30]。アメリカは五〇〇〇万ドル、イギリスは五〇〇万ポンドを供出する。大統領から中国への同情を巧みに引き出した外交の成果であった。

中国にも武器を

一九四一年四月二五日付の蒋介石の書簡に対する、五月二日付の大統領の返信も、中国への同情に満ちている。しかし、肝心な点では蒋介石の要求をかわした。まず、蒋介石の要求を満たすほど、アメリカの軍需物資の生産が追い付いていないと弁明する。

我々の防衛計画は急速に進んでいますが、航空機や砲門の新しい工場の多くは、今年の晩夏か秋まで生産できません。我々はイギリスと中国の両方に供給しているのです。私達もぎりぎり必要な分の航空機と砲門を蓄えています。[中略]あなたの要求する砲門や航空機を生産できるように、あらゆる努力を傾けますが、要求に見合う様な物は、今年は一部にとどまるでしょう。来年なら状況はもっと楽になります[31]。

ただ、武器以外の資材は、イギリスへ輸送する物資の一部を中国に回すという。

蒋介石の要求した、中国への支持を明確にするための声明も、アメリカは避けた。「現時点で中国に大量の物資を援助しているという声明を出せば、日本を急かすことになり、他の場合よりも、もっと侵略的にするかもしれない」という理由だ。

それから四日後の五月六日、大統領は四九〇〇万ドル相当の軍需品を供与すると表明した。蔣介石は五月三一日に、カリー大統領顧問を通じて大統領に謝意を送るが、航空機五〇〇機を再度要求した。[32]しかし、軍需品はなかなか手に入らない。

ローズヴェルトは中国を支えたいが、国際的な緊張が高まる中で、アメリカ軍の武器も不足している。そこで、蔣介石には我慢を強いる結果となった。さらに、アメリカにとってのイギリスの重要性が、中国との対応を分けたと思われる。

蔣介石も、イギリスの抗戦がどれだけ重要かは承知していた。五月二〇日に、カー駐華英国大使に託したチャーチルへのメッセージでは、大西洋と地中海での戦いが目下、最大の関心事だと書いている。ただ、チャーチルの指導力があれば、大英帝国はヨーロッパと同じく、アジアにも恒久的な平和をもたらすことができると期待を寄せる。そして、同じ「民主主義国」として、最後の勝利に向けたエールをイギリスへ送った。[33]

中国もイギリスも、アメリカの支援がなければ危機に瀕する。中英両国は、限られたアメリカの軍需品と財政支援を奪い合うライバルでもあった。独ソ戦が始まると、この競争にソ連も加わる。

飛虎隊の結成

一九四一年になると、アメリカの支援は、経済面から軍事面へ幅を広げた。その象徴が、いわゆる飛虎隊（Flying Tigers）である。

日中戦争の開戦当初、ハル国務長官は、アメリカ人が中国軍の航空学校の教官となるのも嫌い、彼らにパスポートを発給せず、アメリカ政府の保護も受けられないとジョンソン駐華米国大使へ通知した。(34)そのため、中国におけるアメリカ人パイロットの活動は制限されていた。

しかしローズヴェルト大統領は、一九四一年六月二七日に、志願したアメリカ人が中国やイギリスが軍務に就くのは、中立法に違反しないとする声明を出した。これを受けて、航空委員会顧問の米軍退役軍人、クレア・シェンノート（Claire Lee Chennault）が蔣介石と相談し、八月一日に重慶で、中華民国空軍アメリカ人志願隊（American Volunteer Group）を発足させる。(35)

ちなみに、ソ連の軍事顧問団長のチュイコフによると、すでに同年四月末には、アメリカ人パイロットたちが重慶に姿を現していた。以下は彼の回想による。

飛虎隊（ローズヴェルト大統領図書館蔵）

アメリカ人たちは中国に、搭乗員や技師とともに、一〇〇機の航空機を送って来た。我々はこのことを空軍総司令官の毛邦初から知らされた。司令官によると、アメリカ人たちは、なぜここにソ連人がいるのかと、あからさまに聞いてきたという。いまや中国人パイロットたちは、ソ連の操縦術とは全体としてやや異なる、アメリカ流の空中格闘術を学ぶようになった。アメリカ人たちは、我々が造った、成都や蘭州といった北方の飛行場を使おうとはしなかった。彼らがより関心を示したのは長江の南で、昆明や貴陽に基地を設けた。南進する日本軍に対して、アメリカ人たちは中国陸軍と共同作戦を企図しているようだった。このことは、日本軍が東南アジアやその先に進出しようとしているという、我々の見方をも裏付けた(36)。

こうして、アメリカ人たちはソ連人たちに取って代わる。もっとも、アメリカ人のパイロットが実戦に参加するのは日米開戦後だ。

独ソ戦の予想的中

アメリカの支援拡大とともに、中国にとって追い風となったのが、独ソ戦である。蔣介石は日ソ中立条約が結ばれてからも、独ソは必ず戦うという見方を変えず、日記では「予言」もしている。

ソ日協定［日ソ中立条約］が結ばれてから、一般の人々はみな時局を悲観しているが、実際は、国際情勢も世界の戦局も常に変化する。ソ日協定が我々にとって禍になるか福となるか、日本にとって利になるか害になるかは、事実が証明するのを待つ必要があるが、この五〇日以内に必ず明白となるだろう（「蔣中正日記」一九四一年四月三〇日条(37)）

独ソの決別は中国の国益にかなうと考える蔣介石にとって、独ソ開戦は願望でもあった。蔣介石は五月一〇日の日記で、この一ヶ月半のうちに独ソ戦が勃発すると予測した(38)。

同じ日には、ジョンソン駐華米国大使へ、五月末から六月中旬までの間に、ドイツがソ連を攻撃するという「良い情報」があると伝えた。そして、その間にアメリカがドイツを刺激すれば、ドイツは政策を変え、攻撃を控えるだろうと、ハル国務長官に伝えるよう頼んでいる。五月一三日にも蔣介石は、「アメリカがドイツに戦争を仕掛ければ、ドイツとロシアの関係が緊密になり、非常に危険な状況になる」とジョンソンへ語った。(39) 独ソの破局は近いから、アメリカは手を出さないで欲しいという牽制だ。

蔣介石は六月一九日にも、ここ数日のうちにドイツはソ連を攻撃すると日記に書く。(40) その情報は重慶で蔣介石から周恩来へ、そして延安（えんあん）の毛沢東に伝わり、毛沢東からコミンテルン執行部書記長のディミトロフに届く。ディミトロフは六月二一日の日記に、「差し迫った攻撃についての噂が両陣営をかけめぐっている」と記した。(41)

六月二二日、ドイツ軍を主力とする大軍がソ連に進攻した。

どのようにして蔣介石は、開戦の情報を事前に得たのだろうか。ソ連のパニューシキン駐華全権代表によると、蔣介石はベルリン駐在の中国人からの情報で、六月二〇日から二六日の間にドイツがソ連に進攻することを知っていたという。(42) カリー大統領顧問は、駐独大使の陳介から郭泰祺を通じて、蔣介石の耳に入ったのだろうと推測している。(43)

対照的に、スターリンは、危機を知らせる情報をことごとく無視した。そのために、ソ連は緒戦で大敗を喫し、存亡の危機に瀕する。

独ソ開戦と「大同盟」

松岡外相は、一九四一年五月二八日に、ドイツ駐在の大島浩（ひろし）大使に電報を発し、ドイツ政府がソ連との武力衝突を回避することを希望するメッセージを、リッベントロップ外相に伝達するよう命じていた。しかしヒトラーとリッベントロップは、六月三日に、対ソ戦は避け難いと大島に打ち明ける。(44)日独伊ソの四ヶ国を連携させようという、松岡とリッベントロップの構想は、独ソ開戦で破綻した。

一方、蔣介石は、開戦はソ連を味方に引き入れるチャンスだと考えた。早くも開戦の翌日には、ソ連の軍事顧問団長のチュイコフに、ソ連はまず極東で中国と力を合わせ、日本のことを「解決」してから、全力でドイツに立ち向かったらどうか、と提案している。(45)

また蔣介石は、チュイコフに中ソの同盟を持ちかけ、同盟の草案まで渡したという。ソ連側は、これは日本の南進を防ぐため、日ソ戦争を期待しているアメリカの差し金に違いないと判断して、ただちに拒絶したとされる。(46)ただ、この話は裏付けに乏しい。

一方、パニューシキン駐華ソ連大使（同年五月九日より全権代表から肩書を変更）の報告書によると、一九四一年七月一日、外交部長の郭泰祺は四大国による同盟を持ちかけた。

「米英ソ中は反侵略戦線を組み、侵略者たちや戦争と闘わなければなりません」(47)。

七月一五日の会談でも、郭泰祺は、世界は二大陣営に分かれてしまったとパニューシキンに説く。米ソ英中の「民主主義陣営」と、独日伊の「侵略者陣営」である。

そして郭泰祺は、七月一二日に結ばれた英ソ軍事同盟は、中国の国益にもかなうと評価した。この条約は枢軸国と戦う英ソ両国が、相互援助を約束し、単独講和をしないと決めたものだ。さらに郭泰祺は、自分が外交部長に再任されたのは、中ソ米英の協力関係を築くためだと、改めて四大国による同盟を持ちかけた。(48)以下では、この構想を「大同盟」と名付けよう。

しかしパニューシキン大使は、中国の外交政策は日ソを戦わせることに主眼を置き、郭泰祺の提案も、ソ日間に楔を打ち込もうとしているだけだと、モロトフ外務人民委員に報告する。[49]中国と公然と手を組めば、日本がソ連にどう出るか分からない以上、ソ連は迂闊に「大同盟」には乗れない。

独ソ開戦という緊急事態に、ソ連が頼りとしたのも中国共産党だった。一九四一年七月三日、政治局は一〇〇万ドルを中国共産党に供与すると決めた。[50]中国共産党も、日本が対ソ戦を準備していると伝え、日ソ開戦となったならば、ソ連と「日本のファシズム」を打倒することを誓う電報を、一九四一年七月三日に送る。[51]さらに中国共産党は、あらゆる手を使って、華北の日本軍がソ連に向かわないように阻止するとも書き送った。ただ、作戦の拡大のためとして、抜け目なく、弾薬をソ連側に要求している。[52]

アメリカへの「大同盟」の提案

アメリカにも「大同盟」について提案がなされた。

一九四一年七月八日付の、大統領への蔣介石の伝言によると、七月六日に日独伊は秘密協定を結んだ。独伊は日本の「影響圏」を認めた上で、日本が東南アジアとシベリアへ進出するのを容認したという。なお蔣介石によると、ソ連は独ソ戦の開始以降、日本に対抗するために軍事協定を中国に持ちかけていた。さらに蔣介石は、アメリカの「友好的な支援」のもと、中英ソが軍事同盟を結ぶことについて、大統領へ伺いを立てた。[53]

しかし、ウェルズ国務次官らが相談して、大統領からのメッセージとして伝えられることになったのは、中ソ、もしくは中英ソの軍事協定の締結には、アメリカは「責任は持てない」という素気ない返事だった。ただ、大統領個人として、「そのような協定は間違いなく中国の利益となる」とアドバイスする。[54]

蔣介石はめげない。七月二七日付の大統領宛ての電報で、次のように大見得を切る。

「貴国の十分な援助があれば、太平洋を支配する日本の計画を、中国は跡形もなく粉砕できると確信しています(55)」。

蔣介石が「大同盟」の構想について詳しく明かしたのが、アメリカから大統領の推薦で派遣された、政治顧問のオーウェン・ラティモア（Owen Lattimore）である。七月三一日

ラティモア（1945年、トルーマン大統領記念図書館蔵）

の会談で、彼は以下のように述べた。

中国の抗戦も四年目に突入したが、未だに中国は孤立したままだ。アメリカが共感と友情を示してくれることや、イギリスやソ連に与えるのと同じくらいの物資の支援をしてくれることには感謝している。しかし、民主主義諸国が中国と一定の距離を置いて、平等の精神で中国を扱わないのなら、いつ戦争は終わるのだろうか。このような思いが中国人の心に浮かんでいる。

日本とその傀儡政権は、プロパガンダを流すことで煽動する。曰く、未だに白人は中国を植民地と見なしており、極東における支配的な地位を失わないようにするなら、中国の国益を犠牲にすることも厭わない連中だと。

日本は、枢軸国が日本を平等に扱い、その傀儡政権も承認されたと強調している。中国を見よ。四年間も戦っているのに、未だに民主主義諸国から同等に扱われていないではないか、と。中国の大衆はこのようなプロパガンダに心を痛めている。これが止まらなければ、中国の抗戦力を弱めてしまうに違いない。ローズヴェルト大統領が、このような状況を救ってくれるべきではないか。

そこで二つ提案したい。まず、アメリカがイギリスとソ連を誘って、「大同盟」を結成する。第二に、太平洋防衛委員会（Pacific Defence Conference）に米英豪や蘭印に加え、中国も参加させることである。[56]中国が日本と戦うのは、太平洋の四大国の安全保障につながっているのに、中国の参加が認められないのはおかしいではないか。こうした提案が通れば、中国の人心も和らぐ。中国人はソ連を恐れ、イギリスには疑いを抱いている。英ソも、伝統的に中国を見下している。そのため、大統領が音頭を取らなければ、この構想も実現しないだろう、と。そしてラティモアから大統領に、直接この提案を持ち込んでくれるように蔣介石は頼んだ。

なおこの時、蔣介石は、日本は一月までに南方へ進出するとも、ラティモアに予想する。だからこそ早く、アメリカが「大同盟」の音頭を取るべきだというのである。[57]

日本への石油禁輸

しかし独ソ戦だけでは、各国は「大同盟」を結ぶには至らない。スターリンもローズヴェルトも、日本を公然と敵に回す蔣介石の提案に躊躇した。

ただ、ローズヴェルト大統領も日本の南進を黙って見過ごすつもりはない。一九四一年七月に、日本軍が南部仏印への進駐を始めると、七月二五日に、アメリカ政府は在米の日本資産を凍結する。イギリスやフィリピン、蘭印も同様の措置をとった。

蔣介石は七月三一日付で、大統領へ書簡を送り、称賛した。

「日本のすべての資産を凍結するというあなたの政府の行動は、侵略者への重要なボディブローになると確信しています」。[58]

さらにアメリカは、日本へ輸出される石油を全面禁輸にする。実は大統領は、この措置に乗り気ではなかった。モーゲンソー財務長官たちにはこう語っている。

「もし我々が石油を全て止めれば、ただ日本を蘭印に向かわせることになるだけで、そうなれば太平洋で戦争だ」[59]。

大統領は全面禁輸ではなく、輸出許可制を考えたが、アメリカ政府内の対日強硬派の策動で、全面禁輸となったといわれている[60]。

石油禁輸は日本側に強い衝撃を与えた。石油が途絶すれば、日本軍は艦艇や航空機、戦車を動かせない。当然、日中戦争は継続できず、アメリカに戦わずして屈服せざるを得ない。そのような焦りが、日本では陸海軍の統帥部で生じた。先手を打とうと、日本の戦争準備は加速する。

日本の活発な動きは米英の注意を引き、両国は対日方針を練り直す。八月九日から、ローズヴェルトとチャーチルは、大西洋のニューファウンドランド沖で会談した。大統領は、米英中日その他の国々で、仏印とタイを中立化する案を日本側へ提起したと語った。日本側の返答は、タイは侵略せず、仏印からも撤退するというものだったが、「受け入れ難い条件」をつけてきた。この条件交渉で三〇日間の猶予を作るから、シンガポールを強化するよう大統領は述べた。同時に日本には、最大限の経済制裁を科すとも語る。日米交渉が成功する見込みは少ないが、「価値ある一ヶ月」は作り出せるというのが、大統領の読みだ[61]。

こうして日本への圧力が増すにつれ、蔣介石の心は軽くなる。

もはや日本は単独では中国問題を解決できないし、極東も制覇できない。米英ソの対日包囲網は完成し、中国は四年間の苦戦のすえ、すでに危機を脱したと考えた（「蔣中正日記」一九四一年七月一七日条）。

日本は英米の経済的な圧迫を受けても、国内の世論すら憤激せず、まだ政府も妥協の望みを持っているようだが、内心は煩躁し、苦悶していると思われる、とも楽観的に推測した（「蔣中正日記」一九四一年八月二日条）[62]。

ソ連の勝利は中国の勝利

一方、日本の進攻に対峙する蔣介石は、ドイツの進攻を受けるようになったソ連に、強い共感を抱く。独ソ開戦の翌日の会議では、「ソ連の対独勝利は中国の勝利になる」と力説した。さらに馮玉祥（ふうぎょくしょう）を使者に、パニューシキン駐華ソ連大使にこの会議の模様を伝えさせ、日本は一ヶ月以内にシベリアを攻撃する予定だと警告させた[63]。

一九四一年七月二一日には、蔣介石はスターリンへ書簡を送り、国防人民委員への就任を祝った。そして、「中ソ両国は歯と唇のようにお互い頼りにしているが、いまではさらに、反攻侵略の同一線上に立っている」と連帯を表明する。そして、両民族が結束すれば、必ず東西の侵略国家、すなわち日独を粉砕できると強調した[64]。もし日本がドイツに呼応してソ連を攻撃すれば、日本は中ソの共通の敵となる。そう考える蔣介石は、独ソ戦の開始とともに、日本の北進への期待を日記に書き連ねた。

日本側もソ連攻撃の準備を始めていた。一九四一年七月二日、日本政府及び大本営は、密かに「対ソ武力的準備」を整え、情勢が有利に進展すれば、武力を行使すると定めた「情勢ノ推移ニ伴フ帝国国策要綱」を決定した。将兵の動員は七月七日と一六日に下令され、満洲と朝鮮の兵力は八五万人に増強された。これが関東軍特種演習、略して関特演である。

しかし、日本の期待よりもドイツ軍の進撃速度は遅く、ソ連極東の赤軍の西への移動も小規模にとどまった。そのため大本営陸軍部は、八月九日に年内の対ソ進攻作戦を断念する。

そうとも知らず、蔣介石は日記にいら立ちを記す。

「ソ連のスモレンスクはもうドイツに占領されたというのに、日本はまだ開戦しようとしない。一体、何を待っているというのだ！」（『蔣中正日記』一九四一年八月九日条）[65]。

蔣介石は、日本がソ連を攻撃しないのは、米英の圧力があったからだと思い込み、逆恨みした。

「米英は中国を犠牲にして自分の安全を守るのである。これを思うと本当に憤慨した」（『蔣中正日記』一九四一年八月一一日条）[66]。

一方のスターリンは、日本は攻撃して来ないと、ある時期から確信していたと思われる。東京にいるソ連のスパイ、リヒャルト・ゾルゲ（Richard Sorge）から、「年内に戦争は起きない」という打電があったのは、九月二六日だった[67]。

そのためか、九月三〇日に、スターリンは米英の使節団へこう語った。

「日本をドイツから引き離すことはできないだろうか。アメリカはそうしようとしているのではないか。そうなれば悪くない。〔中略〕私が思うに、日本はイタリアではないから、ドイツの奴隷になるのは望んでいない。だからドイツから引き離せる根拠はある」[68]。

ロシア革命記念日を祝う

そうとも知らず、蔣介石のソ連への期待は続く。

一九四一年一一月七日、蔣介石はロシア一〇月革命の記念日に、重慶のソ連大使館で開かれたパーティーへ出席した。

蔣介石は祝辞を読み上げる。まずドイツと死闘を繰り広げるソ連への共感を示し、ドイツは三ヶ月でソ連を消滅させる計画だったが、破綻しつつあると述べた。四ヶ月にわたるソ連の軍民の英雄的な抗戦で、ドイツ軍四〇〇万人余りが壊滅したという、過大な評価もしている。あたかも日中戦争における中国のようだと、長期戦に持ち込んだソ連を称賛した。

だが、蔣介石が訴えたかったのは、日本についてだ。

「東方の侵略強盗の日本帝国主義は、中国とソ連を征服し、さらに西へ進んで、世界征服を企んでいます。［中略］日本の実力はそれには不足しているとはいえ、その野心は死んではいない。ソ独開戦以来、いついかなる時でも、一か八かでソ連へ進攻する機会をうかがっているのです」。

このようにソ連側の警戒心を煽り、中国への援助を請うのが眼目だ。そのためには、北進を狙う日本を、中国が壊滅させるとも約束する。さらに蔣介石は、「中国の抗戦の勝利で、ソ連の抗戦の成功を幇助できる」と述べた[69]。

もちろん、本音は隠したスピーチだ。この日の日記では、「赤色帝国主義者」を呪う言葉を書き連ねている。去年からソ連政府は中国を蔑視し、内政に干渉して、中国共産党をあからさまに擁護し、新疆では航空機工場を勝手に作っている、などだ（「蔣中正日記」一九四一年一一月七日条[70]）。しかし蔣介石としても、いまソ連を敵に回すわけにもいかず、ドイツにソ連が負けるのも困る。

日ソ中立条約の締結以来、中ソ関係は冷え込んでおり、蔣介石も米英への傾斜を強めていた。しかし蔣介石は、独ソ戦の勃発で、ソ連を味方に引き入れ、日中戦争を有利に導くことを狙う。日本の北進の脅しは、ソ連を説得するのには好個の材料だった。

チャーチルの側面支援

独ソ戦の勃発で、改めて中国の戦略的価値に着目したのが、チャーチル首相である。アジアに広大な植民地を持つイギリスは、日本の侵略を遅らせるためにも、中国に奮戦してもらわなければならない。一九四一年八月二八日のスターリンへの書簡で、彼は日本との戦争を食い止めるには、中国人と連携する必要があると書く。

「これまでも十分にしてやらねばと強く感じてきましたが、蔣介石に何かしてやらねばと最も心を砕いています」[71]。

しかしスターリンの返信は、日本とは日ソ中立条約を結んでおり、もし日本が条約を破って攻撃してきても、赤軍の強力な反撃にあうと、独力で対処する自信を示す。中国には言及さえしなかった[72]。

それでもチャーチルは、九月二一日にスターリンへ宛て、こう書いている。

日本の侵略から国土を守ろうと戦う中国の人々への同情を、私はいつもあなたと共有してきました。日本を敵に回すのはもちろん望んでいませんが、ローズヴェルト大統領と会談したところ、アメリカの態度は日本政府に対してさらに冷たくなっています。アメリカが日本との戦争に突入するなら、イギリス政府はただちにアメリカ側につくと宣言するのに、ためらいはありません。我ら三ヶ国ができる限り中国を支援し続けるのが、相当な期間、日本に宣戦布告をさせないことにつながるはずです。

［中略］戦争が続くとともに、人類全体の三分の二をそれだけで構成するイギリス帝国、ソ連、アメリカ、そして中国の膨大な数の人々が、侵略者に対し、ともに手を取って前進していくようにな

るという希望を抱いています。そしてその旅路の先に、勝利があると確信しています(73)

蔣介石の「大同盟」をなぞるようなチャーチルの提案は、米ソ両国には受け入れられなかった。だが日米開戦後に、連合国(United Nations)の結成へつながる布石となる(74)。戦争は、もはや地域に限定されず、世界規模で一体化しつつあることを、チャーチルも蔣介石も肌身で感じていた。

雲南危機

蔣介石はチャーチルともメッセージをかわしている。一九四一年一一月二日、重慶からロンドンに届けられた書簡には、蔣介石の危機感がつづられていた。非常に長文なので、主な部分を抜粋する。

最近得た確実な情報から、日本軍が仏印から雲南省を攻撃し、昆明を占領して、米英と中国の交通路線を断とうと決めたことが判明した。作戦開始はすぐのようだ。これは、日本軍の北進あるいは南進の第一歩のようである。

昆明が陥落すれば、重慶は包囲されて米英との連絡を断たれ、孤立する。そうすれば、日本の勝利となる。昆明をめぐる戦いは、中国の勝敗や太平洋諸国の安全だけではなく、全世界の戦局に関わる。そのためイギリス空軍の支援が欲しいというのが、大まかな内容である。

雲南省の省都の昆明は、重慶よりもさらに内陸部に位置する。四川省と同じく、後方基地として中国の抗戦を支えていた。またイギリスの植民地だったビルマとも陸上輸送路で結ばれていた。そのため昆明が陥落すれば、主要な「援蔣ルート」の断絶を意味する。

蔣介石の書簡を続ける。昆明の防衛には最善を尽くすが、いかんせん空軍がない。空軍無くして、どうやって中国陸軍は日本の強力な空軍に対抗できるだろうか。空軍があれば、侵略者を撃破する自信がある。アメリカの義勇空軍という精鋭はいるが、少数だ。残された希望は、マレー半島のイギリス空軍が中国空軍の名義で活動するか、アメリカの義勇空軍などと「国際志願軍」を結成することだ。

この提案を見て、中近東やヨーロッパで戦っているのに、対日戦にも参戦するのかと思われただろう。しかし、シンガポールやビルマを守るためにも、雲南を防衛する事が必要だ。もし中国の戦線が敗れれば、中国は孤立し、イギリスも、アメリカや蘭印との連絡が日本に脅かされる、と。(75)

この雲南をめぐる危機に際し、蔣介石はアメリカも動かそうとする。

一〇月末に、ワシントンにいる宋子文へ、蔣介石は次のように伝えた。来月、雲南に日本軍が進攻するという確実な情報が寄せられている。そこでアメリカがイギリスに「強い圧力をかけて」、イギリスにシンガポールへ空軍を派遣させ、中国空軍のシェンノートに協力させて欲しい、と。(76)

さらに蔣介石は、一一月二日に、チャーチルへ書いた書簡をローズヴェルト大統領へ転送し、こう添えた。日本と交渉しているイギリスは、アメリカの督促と鼓舞を待っている。もしアメリカが、正規部隊でも予備軍でもフィリピンから兵力を割いてくれたら、共同作戦はうまくゆく。日本は各国と個別に交渉して分断を図っているが、ヨーロッパでも各国はナチスに分断され、敗北した。同じ過ちを繰り返さず、アメリカが民主主義国を率いて、極東における第二のナチスの台頭を防がなければならない、と。(77)

では、米英は蔣介石の期待に応えたのだろうか。

チャーチルの対日強硬姿勢

チャーチルは、日本にはさらなる軍事的な圧力をかけて牽制するべきだと考えていた。そのためにも、最新鋭の戦艦「プリンス・オブ・ウェールズ」をインド洋に派遣してもいる(78)。

しかし、蔣介石は日中戦争への直接介入を求めた。そこでチャーチルは、蔣介石へ返事を出す前に、ローズヴェルト大統領に相談した。一九四一年一一月五日の書簡にはこうある。

「もし彼ら〔日本軍〕が雲南に進攻し、ビルマ・ロードを切断するなら、蔣介石には大惨事となる結果をもたらすでしょう。中国の抗戦の崩壊は世界的な悲劇になるだけではなく、日本が大軍で北へ南へと攻撃する」。

そこでチャーチルは、イギリスとしては苦しいながらも次の措置を取ると伝えた。

「あなたはシンガポールの空軍力をご存知でしょう。それでも、間に合うのなら、パイロットたちだけではなく、何機かの航空機も送るように準備するつもりです」。

なお、中国人たちは昆明への攻撃をやめるよう、日本人たちへ警告してもらいたいと頼んでいるが、その判断は大統領に委ねるとした。どう対処するにせよ、イギリスはアメリカに歩調を合わせるとチャーチルは表明する(79)。

このようにアメリカの意向をうかがうイギリスだが、蔣介石への支援を強く訴えた重鎮もいた。一一月六日付で、ヤン・スマッツ（Jan Smuts）南アフリカ連邦首相は、本国へ次のように書く。「中国へはアメリカの支援が最も必要とされるが、もしローズヴェルト大統領が嫌がり続けるなら、手遅れになる前に我々としても行動しなければならない。同時に、あらゆる手を使って、蔣介石が動揺しないように励ます必要もある。なぜなら、「ロシアと同じく、中国の抗戦継続は、我々の勝利にとってほとんど死活的といえるからだ(80)」。

慎重なアメリカの対応

しかし、一九四一年一一月七日付の大統領からチャーチルへの返信は慎重だ。大統領は、情報を過小評価してはならないが、本当に日本軍が昆明を陸上から攻撃する準備をしているのか疑わしいと書く。それでも、武器貸与法に基づく中国への支援を増額し、アメリカの義勇空軍の増強をすると伝えた。ただ、アメリカがフィリピンを、イギリスがシンガポールの防衛力を、力を合わせて増強するのが日本への警告になり、中国側の要請するような警告は逆効果になる恐れがあるとして拒否した(81)。

この返信が送られたのと同じ一一月七日の午前九時に、野村吉三郎駐米大使はハル国務長官へ、日本政府にとって最大限の譲歩であると説明した上で、いわゆる「甲案」を渡した。日米交渉に妥結の可能性は薄くとも、できる限り時間を稼ぎたい大統領としては、蔣介石やチャーチルの訴えに耳を貸すのは避けたのだろう(82)。

もう一つ、大統領の頭を占めていたのはソ連だ。大統領にいわせれば、中国は雲南とビルマ・ロードを奪われても、一年は戦争を続けられる。状況がより切迫しているのはソ連だ。今年の冬には、ソ連はウラル山脈以東に撤退する可能性がある。シベリアでの補給路も断ち切られたら、中国はソ連を助けるために新疆へ派兵できるかと、一一月三日に宋子文に尋ねている(83)。大統領は、中国よりソ連が倒れないか気がかりだった。

ローズヴェルトは一一月一四日に蔣介石へ返信を送り、日本軍が昆明に陸路で進軍するとは思えないと伝える。ただ、もし仏印から中国へ日本軍が進攻するなら、フィリピンの陸海軍とハワイの艦隊が牽制するとも伝えた(84)。

そのような大統領の姿勢に、チャーチルも続かざるを得ない。一一月一二日に送られた蔣介石への返信では、トンキン湾にいる日本軍が雲南省に攻め入るとは、自分の軍事専門家たちは兵力不足ではないかと考えていると書く。またチャーチルは、日本は不足している物資を得られる地域へ進攻するだろうという予測を記した。ただ、昆明の危機は理解したから、空軍を補強できるか研究するとだけ約束した(85)。

このように、米英の首脳は、中国の抗戦継続が、アジアにおける自国の植民地防衛につながるという認識を共有していた。蔣介石はそれを逆手に取り、中国への支援を引き出そうとする。しかし米英も、対華支援の優先順位は低い。この構図は、太平洋戦争が始まるとさらに鮮明となる。

アメリカの「暫定協定案」

一方、関係改善の道を探るべく、日米は最後の交渉を繰り広げていた。蔣介石は、中国を犠牲にして日米が妥結するのは、何としても阻止しようとする。

一九四一年一一月二二日、ハル国務長官は中国とイギリス、オランダ、オーストラリアの四ヶ国の代表を招き、日米交渉の進展と、一一月二〇日（アメリカ時間）に渡された日本側の提案「乙案」について説明した。

さらに、この返答となる、アメリカ国務省が作成した「暫定協定案」も提示する。その内容は、北部仏印の日本軍の兵力を二万五〇〇〇人以下とし、両国の経済関係を資産凍結以前の状態に戻す、というものだ。

これに先立ちハル国務長官は、「乙案」に対して、石油禁輸などの経済制裁を三ヶ月間解除し、さらに延長条項を設けるとも、口頭で野村大使に示唆した。こうした妥協案が出てきたのは、アメリカが自国の植民地であるフィリピンを防衛するため、時間的な猶予を必要としていたためだ(86)。

この「暫定協定案」に、各国の外交官は「とても満足そうに見えた」とハルは記している。しかし、遅れて来た中国の胡適駐米大使が反発する。胡適は、これによって日本がこれから三ヶ月間、中国を侵略しないようにすることができるのか、と詰問した。返事に窮したハルは、否定的に答えるしかなかった(87)。

日米妥協を阻止せよ

「暫定協定案」に、「中国からの日本軍撤兵問題」が全く言及されていないと、胡適から報告された蔣介石も強く反発した。撤兵問題について全く触れられていないのは、中国を犠牲にして、アメリカは日本と妥協するつもりだからだと分析し、痛憤の極みだと日記に記す。ただちにアメリカの「虚妄」に抗議し、政策を変えさせないよう、蔣介石は胡適へ指示した（『蔣中正日記』一九四一年一一月二四日条(88)）。

さらに、暫定協定案を阻止するため、中国側はこの案をマスコミにリークした。その結果、米中の新聞やラジオで報道される(89)。

それでも蔣介石の怒りは収まらず、アメリカの「対日妥協の条件」を再検討した彼は「痛憤」を記し、アメリカは愚かで臆病なことこの上ないと罵倒した。「帝国資本主義者」は自分の利益しか考えず、信義は全く無いが、イギリスと違ってアメリカはそうではないと信じていたのに、とも嘆く（『蔣中正日記』一九四一年一一月二六日条(90)）。

「暫定協定案」は蔣介石の心をかき乱した。蔣介石の顧問のラティモアも、こんなに動揺している彼は見たことがない、とカリー大統領顧問に書き送る。ラティモアがその理由を推測するに、アメリカの資産凍結による経済制裁が緩和されれば、中国において日本の軍事的優位を高め、日本が中国に攻勢に出るためだ。[91]

蔣介石自身も、アメリカの要人へ働きかける。スティムソン陸軍長官への一一月二五日付のメッセージでは、日米が妥協すれば、中国人はアメリカの犠牲になったと感じ、アジアの人々はアメリカと民主主義への信頼を失くす、と強い調子で警告している。そして、中国からの撤兵なくして、禁輸の緩和や資産凍結の問題は検討できないと表明して欲しい、と懇願した。[92]

一一月二六日に、蔣介石の前日付のメッセージをハル国務長官から見せられた大統領は、こう指示した。

「そうだな、胡適と宋子文を今日私の所へ寄越したまえ。彼らを黙らせてやる」[93]。

大統領は、呼び出した特使の宋子文に、蔣介石はあまりに興奮し過ぎていると思う、と語った。[94] 中国の激烈な抗議に、大統領も嫌気が差していたのだろう。

葬られた「暫定協定案」

しかし、日本への譲歩にはロンドンも反発する。

外相に復帰していたイーデンは、一九四一年一一月二四日の閣議で、「現在のままでは容認できない」と、日本側が提出した「乙案」に強い反発を示す。日本軍が南部仏印から北部仏印へ「移駐」するのを条件に、日本は禁輸措置を解かせ、中国への支援を止めさせようとしているというのが、イーデンの解釈だ。しかし彼にいわせれば、南部仏印からの撤退など「現実的には何の意味もない」[95]。

「暫定協定案」を読んだチャーチル首相も、一一月二六日付の書簡で、中国の立場を考慮するようローズヴェルト大統領に求めた。

「我々としても、さらなる戦争は望むところではありません。ただ一つ不安があります。蔣介石はどうなるでしょう。彼には過酷になるのではありませんか。我々の懸念は中国についてです。もし中国が崩壊すれば、我々に共通する危険は途方もなく高まるでしょう」[96]。

結局、一一月二五日に開かれたホワイトハウスにおける軍事会議で、ハル国務長官は「暫定協定案」を提出しなかった[97]。

一一月二七日に会談したオーストラリアの駐米公使によると、ハル国務長官は、「事態の展開に落ち込んで動揺していた。彼［ハル］は、暫定協定［案］に魚雷を浴びせたのは、主に中国人だと非難した」。そして、日本は仏印からタイへ進攻し、ビルマ・ロードを切断するつもりだとして、三日か四日のうちに、日本は新たな侵略を開始するだろうとの予測を語った[98]。

もっとも、日米関係史の研究者は、中国の抗議を理由に、ハルが「暫定協定案」を諦めたという見方には懐疑的である。むしろハルは、中国の抗議に不快感を募らせており、北部仏印に駐留する日本軍が五万人になっても脅威ではないと、素っ気なかった。結局、ハルが「暫定協定案」を諦めた理由は諸説入り乱れたままだ[99]。

「ハル・ノート」

国務省は「暫定協定案」に代わる案を日本側に提出し、これが日米交渉を決裂に導く。

一九四一年一一月二六日午前（アメリカ時間）、ハル国務長官は野村駐米大使、来栖（くるす）三郎特命大使と会談する。そして、日本側が提出した「乙案」を拒否し、いわゆる「ハル・ノート」を手交した。そこには、次の一文があった。

「日本国政府ハ支那及印度支那ヨリ一切ノ陸、海、空軍兵力及警察力ヲ撤収スヘシ[100]」。

この撤兵条項は、日中戦争を推し進めてきた日本陸軍には受け入れ難い一文だった。ハルもそれを承知しており、「日本との外交関係は事実上終わり[101]」、あとは陸海軍の高官たちに委ねられると、ハリファックス駐米英国大使へ一一月二九日に語っている。

ローズヴェルト大統領も戦争は避けられないと考えた。「ハル・ノート」を渡した日に、宋子文と会談し、次のように述べている。

中国、イギリス、オランダ、オーストラリアと包括的な協定を結んでから日本と交渉するつもりだったが、これはやめた。昨晩、山東半島から、三万から四万の日本兵を乗せた三〇隻以上の船舶が、南方へ向かったとの報告を受けた。日米交渉が続く中、このような行動に出るとは、日本の誠意の無さを示す。交渉は一時中断する。一週間か二週間すれば、太平洋では大戦が勃発するだろう、と[102]。

「ハル・ノート」をアメリカの最後通牒とみなした日本政府は、開戦へ最後の決意を固める。大統領も、一二月七日に駐米大使の胡適へこう述べた。

「昨日、天皇に電報を送り、和平のため最後の努力をしているが、楽観はできない。恐らく、四八時間以内に日本の陸海空軍は戦端を開くだろう。これは人類にとっては一大悲劇だが、中国側にすれば最大の転機ともいえる[103]」。

真珠湾攻撃

一九四一年一二月七日（日本時間では八日）、日本海軍がハワイの真珠湾を攻撃し、太平洋戦争が勃発した。この日、蔣介石は日記に記す。

対日宣戦布告に署名するローズヴェルト大統領（1941年12月8日、ローズヴェルト大統領図書館蔵）

「本日、抗戦政略の成果が頂点に達した。「ただし」物極まれば必ず反す。高きに居るは危うしに臨む。警戒せずにいられようか」（「蔣中正日記」一九四一年一二月八日条[104]）。

日米開戦は、蔣介石の外交努力だけが原因ではない。しかし、日米妥協を拒む中国の意向を、各国が無視できなかったのも確かだ。

太平洋戦争の勃発は、日中戦争を新たな次元へと導く。真珠湾攻撃の翌一二月九日、中国も日独伊へ宣戦を布告する。

もはや、日中戦争は米英にとって、遠い海の向こうの戦争ではない。ローズヴェルトは一二月九日に、「貴殿と、貴国の勇敢な人々に協力できるのを誇りに思います」と蔣介石に打電した。ただ、戦勝を迎えるまでは容易ではなく、時間もかかるという見通しを伝えている[105]。

チャーチルもこの日、蔣介石に短い緊急電を送った。

「大英帝国とアメリカ合衆国は日本に攻撃されました。我々は、常に親友です。我々はいま、共通の敵に直面しています[106]」。

一二月一〇日、蔣介石もチャーチルへ返信し、対日戦での両国の連携を確認した。

メッセージに、心から感謝します。

四年半に及ぶ、日本の徹底的に無慈悲な行いのあとにもかかわらず、イギリスとアメリカに加えられた日本の背信的な攻撃は、全中国を震撼させました。背信は敵を作りますが、忠誠は友を作ります。中国は大英帝国の機敏さと果断さに感謝します。中国国民は長きにわたる友情に報いたいと思っており、大英帝国とアメリカの国民と共闘することに幸せを感じています(107)

連合国として出発した中米英ソの四ヶ国。しかし、足並みがそろっていたわけではない。そのことは、以下に紹介するエピソードからもうかがえる。

ソ連は参戦するのか

一九四一年一二月八日の午後、蔣介石は米英ソの駐華大使を招いて、以下の伝言を託した。日本は、日米交渉が続いているにもかかわらず、真珠湾を奇襲した。中国はアメリカ、イギリス、オーストラリア、ニュージーランド、カナダ、オランダ、ソ連との軍事作戦に全面的に協力する。中国は日本、ドイツ、イタリアへ宣戦布告するとも決めた。足並みをそろえるため、アメリカもドイツとイタリアへ、ソ連は日本へ宣戦布告するように望む。さらにアメリカのリーダーシップのもと、これらの国々の軍事同盟も提唱する。そして、中国は、決して単独講和はしないと誓った(108)。

また蔣介石は、同じ日にローズヴェルト大統領へ親書を送る。内容は大使たちに語ったことと同じだ。日米交渉が続いているのに攻撃してきた日本の行為は「国際盗匪」であり、大いに驚かされた。各国が日本に対して「協同の軍事計画」を採用すべきで、中国も全力をあげて協力すると記している。そして、アメリカに続いて中国も日本に宣戦布告すると伝え、アメリカからドイツへの宣戦布告、ソ連の対日宣戦布告も促した(109)。

顧問のラティモアによると、蔣介石の心配は、ソ連が日本に宣戦布告するかだった。もしソ連が日本に宣戦布告をしなくても、中国はアメリカに続き、日本へ宣戦布告する。しかし中国に先を越されると、ソ連は宣戦布告を先延ばしにするのではないかと、蔣介石は懸念していた(110)。それだけ蔣介石は、ソ連に大きな期待を寄せていた。

宋子文も、アメリカ側に次のように伝える。蔣介石は、中ソが同時に宣戦布告すれば、日本に大きな打撃を与えるとスターリンへ伝えた。いまはソ連政府からの返信を待っている。さらに蔣介石は一二月八日にソ連の駐在武官を招き、ソ連の対日宣戦布告について念を押した、と(111)。

対日戦を断ったソ連

一九四一年一二月一一日のヒトラーによる対米宣戦布告により、アメリカはドイツとも開戦する。蔣介石の懸案は、ドイツが先手を打ったことで解決された。あとは、ソ連が日本に宣戦布告すれば完璧である。早くも一二月八日には、対日戦線へ加わるよう、パニューシキン駐華ソ連大使を通じてスターリンに誘いをかけた(112)。

しかしスターリンは蔣介石へ、対日宣戦布告の拒否を、一二月一二日付の書簡で伝える。

ヒトラーのドイツとの戦いという重荷は、ソ連の肩にかかっています。ソ連が対独戦線で勝つことが、イギリスとアメリカ、中国の枢軸国への勝利につながるのです。

私は、ソ連が極東へ力を割くのは望ましくないと思う。いまはソ連の軍隊がドイツ軍への攻撃を始めたばかりですから、我々の力を分散させれば、ドイツ軍の困難が軽減されてしまう。〔それゆえ、〕ソ連がただちに日本へ宣戦布告するよう、要請しないようお願いします。日本は間違いなく中立条約を破りますから、もちろんソ連は日本と戦わなければならない。そのための準備は必要ですが、準備には時間がかかる上に、我々はまずドイツを撃退します。ですから、ソ連がすぐに日本に宣戦布告するのを強請しないよう、再度お願いします(113)

まさに当時、モスクワ前面では赤軍の総反撃が繰り広げられていた(114)。

一二月一一日、ハル国務長官に招かれたリトヴィノフ駐米ソ連大使も、現時点では対日戦に協力できないというソ連政府の意向を伝える。ソ連はドイツとの戦いで手一杯で、日本とドイツとの二正面作戦は引き受けられない、という理由だ。ただ、ドイツとの戦況が良くなれば考えられなくもない、と含みも持たせる。それではと、ハル国務長官は、カムチャツカ半島かウラジオストクで、爆撃機の基地を提供して欲しいと要望したが、日本の都市への爆撃は必要ないと、リトヴィノフに断られた(115)。

しかし、本音は別にあったかもしれない。一二月八日に蔣介石を訪ねたソ連の駐在武官は、もしいまソ連が日本に宣戦布告すれば、アメリカは対日戦に全力を投じないのではないかと懸念を示した(116)。そうなれば、ソ連は東西で二正面作戦を余儀なくされる。

ともあれ、蔣介石は一二月一七日の返信で、「十分に了解しました」とスターリンの返答を鷹揚に受け止めた(117)。そして、「閣下の深遠な見解と、ソ連の日本への決心を知って、深く感銘を受けました」とおもねる。

こうして、ソ連がただちに日本へ宣戦布告する可能性はなくなった。しかし、一九四一年一二月三〇日に、蔣介石はアメリカ人たちへ語る。極東に限れば、ソ連は「反侵略者の陣営」に加わる準備はできていないようだ。しかし、ソ連は日本との戦争を避けられないと、確信を持って語った(118)。その後も蔣介石は、日ソ開戦を期待し続ける。

重慶での軍事会議の招集

日独伊の対米開戦後、中ソは同じ連合国に属することになったので、蔣介石とスターリンの往復書簡も増えそうなものだ。実際は大幅に減った。例えば、一九四一年には一〇通だったのが、翌年には三通に減っている。スターリンは、目の前の独ソ戦で中国どころではない。蔣介石の関心も、米英との戦争協力に傾いていた。

一九四一年一二月一二日、国民党中央宣伝部長の王世杰(おうせいけつ)は、連合国が同盟を結び、「統一的指揮機構」をもうけるよう、各国へうながした。これに、ローズヴェルトが反応した。一二月一三日、大統領はスティムソン陸軍長官にこの案を諮った。スティムソンは乗り気ではなく、会議の開催場所も、大統領の提案するシンガポールではなく、ワシントンではどうかと返信している(119)。

しかし、諦めないローズヴェルトは、翌日にハリファックス駐米英国大使へ書簡を送る。イギリスからも、スターリンと蔣介石に、会議開催を働きかけて欲しいと要請した。またシンガポールで会議を開催し、英中ソのみならず、オーストラリアやニュージーランドの代表も招きたいと希望を記す(120)。

同日、大統領は蔣介石へも書簡を送り、遅くとも一二月一七日までに、軍事情報を交換し、陸海軍の作戦について協議する会議を重慶で開きたいと提案する。そして中国、イギリス、オランダ、アメリカ、ソ連の代表を出席させるよう提案した。さらにはイギリスに対し、中国、アメリカ、オランダの将校を集め、シンガポールで陸海軍の作戦会議を開催するように要求しているとも明らかにしている。[121]

大統領は重慶とシンガポールの会議に、別々の役割を担わせようとした。蔣介石に書簡を送った一二月一四日、大統領はスターリンへも書簡を送り、その構想を明かす。

まず重慶では、一二月二〇日までに中ソ英蘭米の各代表からなる会議を開く。そして、「重慶から見た共同の問題について」討議し、一二月二〇日までに結論を各国政府へ送る。シンガポールでは陸海軍の会議を開き、南方地域の作戦の観点から出された報告を一二月二〇日までに提出する、というものだ。スターリンにも、やはり一二月二〇日までに提案を伝えて欲しいと頼む。[122]

右の書簡を渡すため、大統領は一二月一四日にソ連のリトヴィノフ駐米大使を招いた。リトヴィノフは、この会議は対日戦について話し合うのでしょうが、ソ連は参戦していませんというと、ソ連が公式に参加できないのは分かっている、オブザーバーとして参加できないかと大統領は打診した。そこでリトヴィノフはスターリンへ、蔣介石に付けているソ連の軍事顧問を誰か出席させては、と進言した。[123]

これに対し、スターリンは、一二月一七日付で大統領へ返信した。ソ連の代表が参加するには、さらなる説明が欲しいという、回答引き延ばしだ。[124] 結局、オブザーバーを参加させることもなかった。スターリンは、会議へ参加し、日本との共同作戦に組み込まれるのを避けた。

ソ連参戦を望まぬイギリス

これを横目で見ていたのがイギリスだ。米中と違い、イギリスはソ連の対日参戦に慎重だった。チャーチルはモスクワへ向かうイーデン外相に、イギリス参謀本部の見解として、ソ連が参戦した時の得失を並べている。

利点は、沿海州の空軍基地が日本への爆撃に使える、ロシアが極東に展開する一〇〇隻の潜水艦も使えるなどだ。日本はタイの軍事基地からビルマ・ルートを切断し、中国の脅威となるだろうが、ソ連が宣戦布告して先手を打つことができると、様々な波及効果を考えている。

けれどもイギリスにすれば、独ソが死闘を繰り広げてくれてこそ、ドイツからの軍事的圧力が弱まる。万が一、ソ連の宣戦布告を受けて、日本軍が沿海州に攻め込めば、ソ連は二正面作戦を余儀なくされる。しかし、ソ連には両方の戦場で戦う力があるかどうか、チャーチルらには判断できる材料に乏しい。だからソ連の抗戦力をまず調べ、イギリスとしてはアメリカからソ連に働きかけさせるのが望ましいというのが、チャーチルらが下した結論だ。[125]

イーデン外相も、チャーチルに同意した。日本海軍が太平洋を支配し、インド洋を脅かすなら、イギリスは地中海での制海権をしっかりと確保するべきだ、というのが彼の考えだ。そのためにも必要なのは、リビアでの作戦の重要さをスターリンに印象付けることだと、チャーチルに返信している。[126]

結局、チャーチルは、ソ連には対日参戦させないという結論を出す。ソ連がドイツ軍に打撃を与えるのがイギリスの国益になる。そのために、ソ連がシベリアから兵力を移動させれば大いに価値があるので、参戦は望まないと彼は周囲に語った。[127]

結果的に見れば、イギリスの心配は無用だった。一九四一年一二月二〇日に、イーデン外相と会談したスターリンは、ソ連は対日戦の準備ができていないと述べた。[128]

一九四二年四月二三日に、ウィリアム・スタンドリー（William Harrison Standley）駐ソ米国大使と会談した際にも、スターリンはこう述べている。日本側から国境で挑発的な行動を起こすことはなくなった。

スパイの知らせでは、日本は北方に派兵する十分な兵力はないようだ、と。[129] 事実、一九四五年八月にソ連が先制攻撃を仕掛けるまで、日ソ開戦は勃発することはなかった。

格下扱いの中国

なお中米英三国軍事代表会議は、一九四一年一二月二三日から重慶で開催され、主に以下の三点が決まった。

第一に、ビルマの防衛に中国陸軍が協力して日本軍を防ぐ。第二に、物資援助を継続して中国の抗戦力を維持する。第三に、重慶で連合国による軍事会議を継続してゆくことだ。[130] 中国にとっては、連合国の一員となったのをアピールする機会になった。

蔣介石が大統領への一二月二四日付の書簡で明らかにしているように、彼はワシントンに連合国最高戦争会議（Supreme Allied War Council）を設け、米英中が共同作戦を行うことを希望していた。[131] 重慶での会議でも、アメリカ代表に蔣介石は、中国陸軍と米英の海空軍の共同作戦で対日戦を進めるよう申し出る。[132]

しかし、それらは机上の空論に終わる。英ソ両国が対独戦を最優先なのは、蔣介石も気づいていた。蔣介石は会議の始まった日の日記で、イギリスは私利私欲ばかりで、中国を蔑視し、全く共同作戦を遂行する誠意がないと、不満を記している（「蔣中正日記」一九四一年一二月二三日条）。[133] イギリスとの不協和音は、その後も続くことになる。

蔣介石の機嫌を取るためめか、チャーチルは一九四二年二月一二日に、インド訪問中の蔣介石へ電信を送る。そして、イギリス連邦などの大臣レベルの協議の場として、太平洋戦争協議会（Pacific War Council）を大統領の同意のもとロンドンに設立すると伝えた。召集されるのは、イギリス、インド、オーストラリア、ニュージーランド、オランダの代表だが、中国の駐英大使も参加して欲しいと要請した。(134) 二月二三日、帰国していた蔣介石は承諾の返信を送り、駐英大使の顧維鈞を出席させると伝えた。(135)

他方でスターリンは、中国を対等な同盟国とは見なさない。重慶で会議が開かれる前日、彼はクリップス駐ソ英国大使と会談した。そして、中国軍はイギリスの将校が指揮する方が上手くいくのではないかとさえ述べる。一〇から一五個師団の中国軍を米英の指揮下に置いた方が、極東の戦況に「きわめて効果的」だともいう。クリップスも、前々からそう思い、計画を練っていましたと調子を合わせた。(136)

蔣介石とその配下の将校への低い評価は、大戦中、連合国の間で抜き難いものであった。

アメリカの支援の本格化

そうした中で、中国の地位を引き上げたのはローズヴェルト大統領である。

一九四二年一月一日、戦争の目的を明確にするために掲げられた「連合国宣言」に、他国に先んじて署名したのは、米英中ソの代表であった。こうして中国は、連合国の中核を担うことになった。

蔣介石も、ローズヴェルト大統領の依頼により、中国国内で活動する連合国の軍隊を委ねられた。このことを伝えた一九四一年一二月二九日付の書簡で、大統領は、米英中の共同作戦本部も設置し、ソ連代表も参加させるべきだとした。(137)

蔣介石は、こうして中国戦区の連合国最高総司令官になったが、ソ連も加わった共同作戦本部は画餅に終わる。その代わり、米軍の中国・ビルマ・インド戦域（China-Burma-India Theater）の司令部が重慶に置かれた。中国には米軍が続々と派遣され、様々な支援が進められた。

まず軍事援助だが、蔣介石は中国戦区の参謀長を派遣してもらうよう、大統領に願い出る。そこで、ジョセフ・スティルウェル（Joseph Warren Stilwell）陸軍中将が派遣された。彼は一九三五年から四年間、アメリカの在華大使館付陸軍武官を務め、中国語も堪能である。スティルウェルは中国・ビルマ・インド戦域のアメリカ陸軍司令官も兼ねた。

次章から述べるように、莫大な借款、武器もアメリカから中国へ供与されるようになる。アメリカの支援の本格化は、中国にとって「干天に慈雨」となった。それまで最大の支援国であったソ連は、一九四一年からドイツと死闘を繰り広げ、中国に武器を送る余裕はなくなっていた。おまけに、ソ連は日本に宣戦布告せず、中国では不信感が高まっていた。この隙間を埋めるように、アメリカが莫大な経済援助をし、強力な武器を与え、顧問を派遣する。必然的に、蔣介石と大統領の往復書簡の頻度は高まり、内容も濃密になる。

註

はじめに

（1）蔣介石は、一八八七年に、浙江省奉化県の塩商人の家に生まれた。日本へ留学中、孫文らが立ち上げた中国同盟会に加入する。一九一一年に辛亥革命の勃発を聞いて帰国し、革命運動に従事した。孫文の信用を得て、一九二四年に黄埔軍官学校の初代校長に就任する。翌年に孫文が世を去ると、国民党の実権を掌握。国民党中央執行委員主席と国民革命軍総司令に選ばれた。一九二八年、南京に国民政府を樹立して主席となる。一九三一年に主席を辞任。一九三五年に各国の大元帥に相当する特級上将に任命される。一九四三年に前任者の林森の死を受けて、再び主席に就いた。一九四八年に中華民国初代総統に就任するが、翌年に辞任。一九四九年に中国共産党との内戦に敗れ、台湾へ逃れた。一九五〇年に総統に復帰し、独裁的な権力を握る。在職のまま、一九七五年に台北で病死。

（2）張祖葵『蔣介石与戦時外交研究（一九三一～一九四五）』浙江大学出版社、二〇一三年、四二一～四二三頁。

（3）鹿錫俊『蔣介石の「国際的解決戦略」一九三七～一九四一――「蔣介石日記」から見る日中戦争の深層』東方書店、二〇一六年、一三、二八九頁。

（4）Ministry of Foreign Affairs of the USSR (ed.), *Correspondence between Stalin, Roosevelt, Truman, Churchill and Attlee during World War Two: Correspondence with Winston S. Churchill and Clement Attlee (July 1941-November 1945)* (Moscow: Foreign Languages Publishing House, 1957).

（5）Warren F. Kimball (ed.), *Churchill & Roosevelt: The Complete Correspondence*. 3 vols. (Princeton, N.J.: Princeton University Press, 1984).

（6）Susan Butler (ed), *My Dear Mr. Stalin: The Complete Correspondence of Franklin D. Roosevelt and Joseph V. Stalin* (New Haven and London: Yale University Press, 2005).

（7）Переписка И.В. Сталина с Ф. Рузвельтом и У. Черчиллем в годы Великой Отечественной войны. Документальное исследование : в 2 т. М., 2015. 英訳は以下の通り。David Reynolds and Vladimir Pechatnov (ed.), *The Kremlin Letters: Stalin's Wartime Correspondence with Churchill and Roosevelt* (New Haven; London: Yale University Press, 2018). 中国語訳もある。弗拉基米爾・奥列戈維奇・佩恰特諾夫編『偉大祖国戦争期間斯大林与羅斯福和邱吉爾往来書信——文献研究』世界知識出版社発行部、二〇一七年。

（8）丁秋潔、宋平編（鈴木博訳）『蔣介石書簡集』上中下巻、みすず書房、二〇〇〇～二〇〇一年。この書簡集がなぜ日本語版が先行して刊行されたのかなど、詳しい事情は以下を参照。柳原政史「『蔣介石書簡集』出版の経緯——大陸に於ける蔣介石・中華民国時代の史実を知りたがる中共人民」『動向』一六〇一号、二〇〇〇年。余談ながら、蔣介石の戦時中の演説は戦後直後にまとめられている。Chiang Kai-shek, *The Collected Wartime Messages of Generalissimo Chiang Kai-shek, 1937-1945* (New York: John Day, 1946).

（9）秦孝儀主編『中華民国重要史料初編——対日抗戦時期』全七編、中国国民党中央委員会党史委員会、一九八一年。ただし、誰からの書簡であっても、原文は記載されていない。

（10）郭栄趙編譯『蔣委員長與羅斯福總統戰時通訊』幼獅文化事業、一九七八年。

（11）國史館のアーカイブポータル「國史館檔案史料文物查詢系統」から閲覧できる。https://ahonline.drnh.gov.tw/index.php?act=Landing/index［二〇一九年一一月一八日参照］。

（12）"FRANKLIN," http://www.fdrlibrary.marist.edu/archives/collections/franklin/［二〇二〇年九月八日参照］。

（13）"The Churchill Archive," http://www.churchillarchive.com/［二〇二〇年九月八日参照］。ただし、サイトの利用は有料である。

（14）その内四本が蔣介石からで、一本がスターリンとヴォロシーロフが連名で蔣介石に宛てたものであった。時期は一九三七年から一九三九年である。現在、以下に掲げるチフビンスキーの選集にも当該論文が収められている。*Тихвинский С. Л.* Переписка Чан Кайши с И. В. Сталиным и К. Е. Ворошиловым. 1937-1939 годы // С. Л. Тихвинский. Избранные произведения. Т. III. История Китая. 1919-1945. М., 2006. С. 648-658.

（15）謝・列・齊赫文斯基（婁傑、左鳳榮訳）「一九三七～一九三九年蔣介石同斯大林、伏羅希洛夫的通信」『民国档案』一九九六年第三期、五八～六四頁。以下も同じチフビンスキーの論文の訳である。胡徳君、田玄訳「一九三七年～一九三九年蔣介石与H・B・斯大林K・E・伏羅希洛夫之間的信函往来」『軍事歴史研究』一九九八年第一期、一七六～一八一頁。

（16）以下には、蔣介石からの書簡が収録されている。編者はチフビンスキーである。Русско-китайские отношения в XX веке. Т. IV: Советско-китайские отношения. 1937–1945 гг. М., 2000.

（17）«Документы Советской Эпохи». http://sovdoc.rusarchives.ru/#main［二〇一七年六月一五日参照］。一方、イェール大学もロ

シア側との協力の下、スターリンの個人文書を有料で公開している。«The Stalin Digital Archive». http://www.stalindigitalarchive.com/frontend/［二〇一七年六月一五日参照］。

（18） 蔣介石の生前から、日記の一部は公表されていた。一九七四年八月一五日から『産経新聞』で連載された「蔣介石秘録」がそれだ。日記は、存命中の蔣介石の意向を踏まえ、台湾側が提供したと見られている。この連載は書籍にまとめられ、台湾や中国でも翻訳された。英語版もある。ただ、引用されている日記には手が加えられていた。研究者が利用してきたのは、一九七八年に刊行が始まった『総統蔣公大事長編初稿』だが、日記の部分は同じく編纂されていた。詳しくは以下を参照。川島真「産経新聞『蔣介石秘録』の価値」山田辰雄、松重充浩編著『蔣介石研究——政治、戦争、日本』東方書店、二〇一三年。秦孝儀主編『総統蔣公大事長編初稿』中国国民党中央委員会党史委員会・中正文教基金會、一九七八年〜継続刊行中。

（19） 他にも、南京にある中国第二歴史档案館、台北にある國史館と中国国民党文化傳播委員会党史館に日記の写しがある。Inventory of the Chiang Kai-shek Diaries. http://pdf.oac.cdlib.org/pdf/hoover/chiangka.pdf［二〇一九年一一月一八日参照］。

（20） 呂芳上主編『蔣中正先生年譜長編』全一二巻、國史館、中正紀念堂、中正文教基金會、二〇一四〜二〇一五年。

（21） 抗戰歴史文献研究会編『蔣中正日記』抗戰歴史文献研究会、二〇一五年（非売品）。現在は、台北市の国家図書館で閲覧できる。

（22） 代表的な書籍に限り、出版年順に列挙する。楊天石『找尋真實的蔣介石——蔣介石日記解讀』全三冊、三聯書店（香港）有限公司、二〇〇八年。Jay Taylor, *The Generalissimo: Chiang Kai-shek and the Struggle for Modern China* (Cambridge, Mass.: Harvard University Press, 2009). 黄自進『蔣介石と日本——友と敵のはざまで』武田ランダムハウスジャパン、二〇一一年。齊錫生『劍拔弩張的盟友——太平洋戰爭期間的中美軍事合作關係』聯經出版公司、二〇一一年。家近亮子『蔣介石の外交戦略と日中戦争』岩波書店、二〇一二年。郝柏村『郝柏村解讀蔣公八年抗戰日記——一九三七〜一九四五』遠見天下文化出版、二〇一三年。Rana Mitter, *China's War with Japan, 1937–1945: The Struggle for Survival* (London: Penguin, 2014). 阮大仁『蔣中正日記中的抗戰初始』臺灣學生書局、二〇一五年。本章註（3）の鹿『蔣介石の「国際的解決戦略」』もその成果である。

（23） 五百旗頭真『米国の日本占領政策——戦後日本の設計図』下巻、中央公論社、一九八五年、二一〇〜二一一頁。

序章

（1） Переписка И. В. Сталина и Г. В. Чичерина с полпредом СССР в Китае Л. М. Караханом: документы, август 1923 г.-1926 г. М., 2008. С. 111-112. ちなみに、トロツキーはこの書簡から三週間後の一九二三年一一月二七日に、蔣介石らと会談した。以下に二人の会話が記録されている。Политбюро ЦК РКП(б)-ВКП(б) и Коминтерн:1919-1943 гг.: документы. М., 2004. С. 222-224.

（2）『蒋介石書簡集』上巻、一二一頁。
（3）ソ連の軍事顧問団と対立していた一九二六年四月にも、蒋介石はこう演説している。「現在の世界で党の組織と党の規律のもっともよいもので、ロシア共産党に過ぎるものはない。その組織は完全に集中的であり、統一的である。その規律は、非常に厳格で、細密である」。山田辰雄『中国国民党左派の研究』慶応通信、一九八〇年、一六六頁。
（4）「蒋中正電鮑羅廷轉史達林加里寧等賀蘇俄革命第九週年紀念節並祝中俄兩國革命精神團結」蒋中正総統文物（國史館）、史料番号 002-010100-00002-005.『蒋介石書簡集』上巻、三二〇頁。
（5）Российский государственный архив социально-политической истории（以下、РГАСПИ と略記）. Ф. 558 «И. В. Сталин». Оп. 11. Д. 324. Л. 1.
（6）РГАСПИ. Ф. 558. Оп.11. Д. 1665. Л. 1об.
（7）『蒋中正先生年譜長編』第二冊、五五頁。
（8）スターリン（平沢三郎、松本滋訳）『中国革命論』国民文庫社、一九五三年、六七頁。
（9）『蒋中正先生年譜長編』第三冊、五一一〜五二二頁。
（10）鹿錫俊『中国国民政府の対日政策――一九三一〜一九三三』東京大学出版会、二〇〇一年、一二六〜一二七頁。『蒋中正先生年譜長編』第三冊、六九一頁。
（11）РГАСПИ. Ф. 17 «Центральный комитет КПСС». Оп. 162. Д. 12. Л. 187.
（12）ラーズ・リー、オレーグ・フレヴニュク、オレーグ・ナウモフ（岡田良之助、萩原直訳）『スターリン極秘書簡――モロトフあて、一九二五年〜一九三六年』大月書店、一九九六年、三〇四頁。
（13）РГАСПИ. Ф. 17. Оп. 162. Д. 13. Л. 4-5. 国交回復を間近に控えた一九三二年一二月七日にも、政治局は、以下を外務人民委員部に指示すると決めた。「中国側から不可侵条約の提起がなされた場合には、外交上の順序に則り、実際に国交を回復したら、この問題は討議されるかもしれないと回答せよ」。РГАСПИ. Ф. 17. Оп. 162. Д. 14. Л. 26.
（14）『蒋中正先生年譜長編』第三冊、七九三〜七九四頁。
（15）外務省編『日本外交文書』昭和期Ⅱ第二部第一巻（昭和七年［一九三二年］対欧米・国際関係）、外務省、一九九六年、四一七〜四二三頁。
（16）川島真、服部龍二編『東アジア国際政治史』名古屋大学出版会、二〇〇七年、一四五頁。
（17）Министерство иностранных дел СССР, Документы внешней политики СССР［以下では ДВП СССР と略記］. Т. 17. 1 января-31 декабря 1934 г. М., 1971. С. 804-805.

（18） ДВП СССР. Т. 17. С. 805.
（19） ДВП СССР. Т. 17. С. 406.
（20） ДВП СССР. Т. 17. С. 406.『蔣中正先生年譜長編』第四冊、四三八～四三九頁。
（21） アンソニー・イーデン（南井慶二訳）『イーデン回顧録〔三〕――独裁者との出会い　一九三一～一九三五』みすず書房、二〇〇〇年、一四五～一四六頁。
（22） 他にも義和団の賠償金についての一九二四年の協定の見直し、文化交流の促進などが決められた。РГАСПИ. Ф. 17. Оп. 162. Д. 17. Л. 153-154.
（23） Русско-китайские отношения в XX веке: Материалы и документы. Т. 3. Советско-китайские отношения. Сентябрь 1931-сентябрь 1937 гг. М., 2010. С. 410.
（24） 石川禎浩『シリーズ中国近現代史〔三〕――革命とナショナリズム　一九二五～一九四五』岩波新書、二〇一〇年、一五二頁。下田貴美子「ソ連の対中外交の成果としての一九三七年中ソ不可侵条約」『アジア太平洋研究科論集』三五号、二〇一八年、九頁。
（25） 川島、服部編『東アジア国際政治史』、一四九～一五〇頁。
（26） 外務省編『日本外交文書』昭和期Ⅱ第一部第四巻上巻（昭和一〇年［一九三五年］対中国関係）、外務省、二〇〇六年、六九～七〇頁。
（27） ДВП СССР. Т. 18. 1 января - 31 декабря. 1935 г. М., 1973. С. 537-538.
（28） 井上久士「国民政府と抗日民族統一戦線の形成――第二次国共合作論への一視角」中国現代史研究会編『中国国民政府史の研究』汲古書院、一九八六年、三一九～三二二頁。下田「ソ連の対中外交の成果としての一九三七年中ソ不可侵条約」、七～八頁。
（29） 服部龍二『広田弘毅――「悲劇の宰相」の実像』中公新書、二〇〇八年、九七～九八頁。
（30） 岩谷將「一九三〇年代半ばにおける中国の国内情勢判断と対日戦略――蔣介石の認識を中心として」『戦史研究年報』一三号、二〇一〇年、二〇頁。
（31） 鹿錫俊「陳立夫訪ソをめぐる日中ソ関係史の謎解き――秘密はなぜ漏洩したのか、日本はなぜ柔軟に対応したのか」『北東アジア研究』二九号、二〇一八年、三九頁。
（32） ДВП СССР. Т. 18. С. 590.
（33） ДВП СССР. Т. 18. С. 599-600. 孫文・ヨッフェ共同声明の原文と詳細は以下を参照。深町英夫編訳『孫文革命文集』岩波文庫、二〇一一年、三二〇～三二六頁。

（34）　Русско-китайские отношения в XX веке. Т. 3. С. 498-503.

（35）　『蔣中正先生年譜長編』第五冊、一三頁。一九三六年八月以降、他にも複数のルートで、国民党と中国共産党の接触が図られた。水羽信男「毛沢東の統一戦線論――一九三五～一九三七年を中心として」石川禎浩編『毛沢東に関する人文学的研究』京都大学人文科学研究所、二〇二〇年、三七～三八頁。

（36）　ВКП(б), Коминтерн и Китай. Т. 4. ВКП(б), Коминтерн и советское движение в Китае. 1931-1937. Ч. 2. М., 2003. С. 941-952.

（37）　『蔣中正先生年譜長編』第四冊、七五四頁。

（38）　『蔣中正先生年譜長編』第五冊、二四頁。蔣介石の読みは正しかった。一九三六年二月二九日、ストモニャコフ外務人民委員はボゴモロフ駐華全権代表に、日本では事件後に軍部の影響力が強化され、「中国における日本の侵略のテンポが速まる」との懸念を表明している。酒井哲哉「防共概念の導入と日ソ関係の変容」『北大法学論集』四〇（五・六－下）、一九九〇年、二二八九頁。

（39）　『蔣中正先生年譜長編』第五冊、三四頁。

（40）　鹿「陳立夫訪ソをめぐる日中ソ関係史の謎解き」、四九頁。

（41）　РГАСПИ. Ф. 17. Оп. 166. Д. 566. Л. 76-77. 仏ソ相互援助条約は、両国がドイツに対抗するため、一九三五年五月二日に調印され、翌年二月二七日にフランスが批准した。

（42）　РГАСПИ. Ф. 17. Оп. 166. Д. 566. Л. 72-74. ソ連側は、陳立夫へ提案を拒否する草案も、一九三六年一〇月二〇日付で作成していた。この条約の締結は双方にとって不利益となり、特にソ連が中国を支援するのを義務付ける条項は受け入れ難いというものだった。Русско-китайские отношения в XX веке. Т. 3. С. 579-580.

（43）　Ivo Banac (ed.), *The Diary of Georgi Dimitrov, 1933-1949* (New Haven: Yale University Press, 2003), p. 40.

（44）　『蔣中正先生年譜長編』第五冊、一九八頁。

（45）　張友坤、銭進主編『張学良年譜』社会科学文献出版、一九九六年、九八六～九八七頁。以下によると、「抗日反蔣」のための根拠地を蘭州に設ける「西北大連合計画」についても合意ができていたという。張学良はそこで、「西北国防政府主席」と「抗日連軍総司令」に就任する予定だった。楊奎松『中共與莫斯科的關係（一九二〇～一九六〇）』東大図書公司、一九九七年、三六二頁。

（46）　A. Dallin and F. I. Firsov (eds), *Dimitrov and Stalin, 1934-1943: Letters from the Soviet Archives* (New Haven: Yale University Press, 2000), p. 98.

（47）Banac, *The Diary of Georgi Dimitrov*, p. 41.

（48）薛銜天、金東吉『民国時期中蘇関係史（一九一七～一九四九）』中巻、中共党史出版社、二〇〇九年、三六頁。

（49）ВКП(б), Коминтерн и Китай. Т. 4. Ч. 2. С. 1085.

（50）Banac, *The Diary of Georgi Dimitrov*, p. 42. 発言は変えず、文体を会話調に編集している。

（51）ВКП(б), Коминтерн и Китай. Т. 4. Ч. 2. С. 1085-1086.

（52）『蔣中正先生年譜長編』第五冊、二二一～二二二頁。

（53）松本和久「西安事変の『平和的解決』とソ連——外務人民委員部資料から見た中国『抗日化』認識の形成過程」『現代中国』八九号、二〇一五年、六九～七一頁。

（54）Banac, *The Diary of Georgi Dimitrov*, p. 37.

（55）Banac, *The Diary of Georgi Dimitrov*, pp. 47-48; ВКП(б), Коминтерн и Китай. Т. 4. Ч. 2. С. 1089-1090.

（56）河原地英武、平野達志訳（家近亮子、川島真、岩谷將監修）『日中戦争と中ソ関係——一九三七年ソ連外交文書　邦訳・解題・解説』東京大学出版会、二〇一八年、二三三頁。

（57）"The Ambassador in China (Johnson) to the Secretary of State," 9 March 1937, United States Department of State, *Foreign Relations of the United States Diplomatic Papers*〔以下ではFRUSと略記〕, *1937. Vol. III*, pp. 36-37.

（58）『蔣中正先生年譜長編』第五冊、二五四頁。

（59）ДВП СССР. Т. 19. 1 января - 31 декабря 1936 г. М., 1974. С. 546.

（60）『日中戦争と中ソ関係』、二〇～二一頁。寺山恭輔『スターリンと新疆　一九三一～一九四九年』社会評論社、二〇一五年、三二六頁。中国が茶を提供する代わりに、ソ連から航空機を買い付ける交渉は、一九三六年にボゴモロフ駐華全権代表と中国側の間で話が進んでいた。リトヴィノフ外務人民委員は、どうすれば日本の管理下を通らずに、中国に航空機を届けることができるのか考えなければいけないと、蔣廷黻駐ソ大使に伝えた。蔣廷黻は、輸入した航空機は分解して運び込んでいると答えている。ДВП СССР. Т. 19. С. 669.

（61）Русско-китайские отношения в XX веке. Т. 3. С. 623.

（62）РГАСПИ. Ф. 558. Оп.11. Д. 324. Л. 3.

（63）下田「ソ連の対中外交の成果としての一九三七年中ソ不可侵条約」、一三頁。

（64）高光佳絵『アメリカと戦間期の東アジア——アジア太平洋国際秩序形成とグローバリゼーション』青弓社、二〇〇八年、一五三頁。

(65) Gorodetsky, Gabriel (ed.), *The Complete Maisky Diaries, Vol. 1* (New Haven: Yale University Press, 2018), p. 199.

(66) 外務省編『日本外交文書』昭和期Ⅲ第一部第三巻（昭和一二年～一六年　外交政策・外交関係）、外務省、二〇一四年、八一～八四頁。

(67) 佐藤恭三「一九三〇年代後半のオーストラリア外交――コモンウェルスと太平洋国家意識の狭間」『国際政治』六八号、一九八一年、八八頁。

(68) 西村成雄「張学良「游欧（ヨーロッパ）体験」の精神史――「救国」と「救亡」の葛藤」『立命館経済学』第四四巻六号、一九九六年、九一頁。ムッソリーニの娘で、チアーノ夫人のエッダ（Edda Mussolini）と、張学良は一九三一年に北京で初めて会う。リットン調査団を招いた夕食会の席だった。会ったその日に張学良が旅行に誘うなど、親しい関係にあった。Aron Shai, *Zhang Xueliang: The General Who Never Fought* (New York: Palgrave Macmillan, 2012), pp. 36-37.

(69) 外務省編『日本外交文書』昭和期Ⅱ第一部第三巻（昭和九年［一九三四年］対中国関係）、外務省、二〇〇〇年、三七一頁。

(70)「墨索里尼電蒋中正薦司加洛尼接替勞第任航空委員會總顧問譯文、孔祥熙呈蒋中正有關勞第事原電及劉文島復電」蒋中正総統文物（國史館）、史料番号 002-080102-00089-004.

(71) Michele Fatica, "The Beginning and the End of the Idyllic Relations between Mussolini's Italy and Chiang Kai-shek's China (1930–1937)," in *Italy's Encounters with Modern China. Imperial Dreams, Strategic Ambitions,* edited by Maurizio Marinelli and Giovanni Andornino (New York: Palgrave Macmillan, 2014), pp. 98-102.

(72)『蒋中正先生年譜長編』第四冊、六九七頁。

(73) Joseph Calvitt Clarke III, *Alliance of the Colored Peoples: Ethiopia and Japan before World War II* (London: James Currey, 2011), pp. 160-162.

(74)『蒋中正先生年譜長編』第五冊、二七〇、二八八～二八九頁。

(75) 田嶋信雄『ナチス・ドイツと中国国民政府――一九三三～一九三七』東京大学出版会、二〇一三年。

(76)『蒋中正先生年譜長編』第五冊、二頁。

(77) 樹中毅「蒋介石体制の成立――非公式エリート組織とファシズムの『中国化』」『アジア研究』五七号、二〇一一年、二二頁。

(78) Chen Hongmin, "Chiang Kai-shek and Hitler: An Exchange of Correspondence," in Laura De Giorgi (ed.), *La rivoluzione d'inchiostro. Lineamenti di storia del giornalismo cinese 1815-1937* (Venezia: Libreria Editrice Cafoscarina, 2001), p. 286. 原文は、陳紅民「蒋介石与希特勒関係論」『史学月刊』一九九六年第四期、一〇二～一〇六頁。ただし、中国語の原文は、大幅に書簡の内容が割愛されている。

（79）中国第二歴史档案館編『中徳外交密档（一九二七～一九四七）』広西師範大学出版社、一九九四年、四～五頁。
（80）『蔣中正先生年譜長編』第五冊、一四一～一四二頁。以下では九月七日付となっている。中国第二歴史档案館編『中徳外交密档』、五頁。本書簡は、ニューヨーク公共図書館が原本を公開している。こちらでは、一九三六年九月一六日付だ。https://digitalcollections.nypl.org/items/b8dede36-a489-b668-e040-e00a18063638［二〇一七年六月一五日参照］。
（81）『蔣中正先生年譜長編』第五冊、一八五頁。

第一章

（1）『蔣中正先生年譜長編』第五冊、三三六頁。
（2）『蔣中正先生年譜長編』第五冊、三四四頁。
（3）李蓉『国共合作史――第二次国共合作』済南出版社、二〇一六年、七五頁。
（4）『蔣中正先生年譜長編』第五冊、三七七頁。
（5）『蔣中正先生年譜長編』第五冊、三九一頁。
（6）“Memorandum of Conversation,” 13 August 1937, Nelson T. Johnson Papers, Box 33, Manuscript Division, Library of Congress, Washington D.C.［以下、LCと略記］
（7）『日本外交文書――日中戦争』第一冊、六三頁。
（8）“The British Embassy to the Department of State,” 18 August 1937, *FRUS, 1937. Vol. III*, pp. 444-445.
（9）“The Department of State to the British Embassy,” 19 August 1937, *FRUS, 1937. Vol. III*, pp. 449-450.
（10）“The Ambassador in China (Johnson) to the Secretary of State,” 23 August 1937, *FRUS, 1937. Vol. III*, pp. 460-461.
（11）“The Ambassador in China (Johnson) to the Secretary of State,” 1 September 1937, *FRUS, 1937. Vol. III*, p. 504.
（12）“H. M. Embassy, Nanking to Foreign Office” (October 1, 1937) in “*Files of the Nanking Embassy: Sino-Japanese disputes, other than north China (parts 6-18)*” (Government Papers, The National Archives, Kew, 1937). Accessed [January 05, 2019]. http://www.archivesdirect.amdigital.co.uk/Documents/Details/FO_676_329.
（13）『日中戦争と中ソ関係』、七一頁。
（14）ДВП СССР. Т. 20. 1 января - 31 декабря 1937 г. М., 1976. С. 737-738.
（15）ДВП СССР. Т. 20. С. 738.
（16）『日中戦争と中ソ関係』、七九頁。

(17) ДВП СССР. Т. 20. С. 742-743. この前にも、蒋廷黻はソ連の軍事行動を促している。一九三七年七月一五日、日中戦争が拡大したら、ソ連から何らかの軍事行動を期待できるかと蒋廷黻が迫る。リトヴィノフ外務人民委員は、「この問題は余りに深刻かつ責任あるものなので、私自身は答えることができない」と回答を避けた。酒井「防共概念の導入と日ソ関係の変容」、二三〇二頁。

(18)『日中戦争と中ソ関係』、八四頁。

(19) 以下は傍証になるが、一九三七年八月二九日付の、ボゴモロフ駐華全権代表からヴォロシーロフ国防人民委員への電信によると、中国側はウラジオストクとハバロフスクの視察にチョウ・ミン将軍を送るが、本当の狙いは日本軍の情報収集で、ソ連の特別赤旗極東軍や内務人民委員部の援助を得たいという申し出が、中国軍の参謀総長からあった。しかし、「北方航路」が休止になり、出発できなかった。そのため、新疆経由で潜入させたいと、八月三一日に陳立夫からボゴモロフへ問い合わせがあった。РГАСПИ. Ф. 558. Оп.11. Д. 214. Л. 92, 95.

(20) 斎藤治子『リトヴィーノフ――ナチスに抗したソ連外交官』岩波書店、二〇一六年、一三一頁。

(21) РГАСПИ. Ф. 17. Оп. 162. Д. 21. Л. 143.

(22) 外務省東亜局長の石射猪太郎は、中国を日独防共協定に加入させ、日中の直接対話を促そうとしていた。しかし、条約成立を聞いて、日記にこう記す。「支那［中国］を茲へ追込んだのは日本だ。之で日支防共協定の理想もケシ飛んだのである。イラザル兵を用ゐて、ヘマな国際関係をのみ生み出す日本よ、お前は往年の独逸になる」。伊藤隆、劉傑編『石射猪太郎日記』中央公論社、一九九三年、一八七頁。『大阪朝日新聞』記者の尾崎秀実は、中国は国内事情からこの条約を結んだのではないかと分析している。その背景として、まず米英への失望感が中国で広がっていること、そして、国民党は中国共産党との連携を深めて、統一戦線を作るためにも、この条約を必要としたのではないかと推測した。尾崎秀実［米谷匡史編］『尾崎秀実時評集――日中戦争期の東アジア』平凡社、二〇〇四年、一〇九～一一〇頁。

(23) 抗戦歴史文献研究会編『蒋中正日記　民国二六年』、一二九頁。

(24) 鹿錫俊「日中戦争長期化の政策決定過程におけるソ連要因の虚実――蒋介石らの私文書に基づく中国側の対応の考察を中心に」『軍事史学』第五三巻二号、二〇一七年、五四～五五頁。

(25)『蒋中正先生年譜長編』第五冊、三三六頁。

(26) 菊池一隆「中国の軍制」吉田裕他編『アジア・太平洋戦争辞典』吉川弘文館、二〇一五年、四一四頁。

(27)『蒋中正先生年譜長編』第五冊、三七一頁。

(28) 李嘉谷「中蘇関係史研究二題」『抗日戦争研究』一九九五年第一期、一三七～一三八頁。

(29) РГАСПИ. Ф. 17. Оп. 162. Д. 21. Л. 158-159. アンチモンはレアメタルの一種で、湖南省が最大の産地である。

(30) 『日中戦争と中ソ関係』、一四四～一四九頁。

(31) 抗戦歴史文献研究会編『蔣中正日記　民国二六年』、一一六頁。

(32) ДВП СССР. Т. 22. Кн. 2. 1 сентября - 31 декабря 1939 г. М., 1992. С. 507. 中国側の記録では、一九三七年九月二六日に、ソ連製航空機二〇〇機が蘭州に到着したことになっている。『蔣中正先生年譜長編』第五冊、四〇五頁。

(33) 『蔣中正先生年譜長編』第五冊、四四二頁。

(34) "The Ambassador in France (Bullitt) to the Secretary of State," 23 October 1937, FRUS, *1937. Vol. III* (Washington, D.C.: U.S. Government Printing Office, 1954), p. 636. こうした冷笑的な態度は、ボゴモロフ駐華全権代表にも見られた。一九三七年七月二三日、アメリカの駐華大使館参事官と会談した彼は、日ソ戦争が自分たちの問題を解決すると信じた、中国人のだまされやすさに驚いたと述べる。ドイツがソ連を攻撃しない限り、日本人がソ連を攻撃するはずがないとも語った。*Ibid.*, p. 248.

(35) 一九三七年八月二五日、デルボス外相はブリット駐仏米国大使へこう語った。日本の攻撃の最終目標は、中国ではなくソ連である。もし現在の戦争が続いてソ連が介入しなければ、日本は中国を支配し、次にソ連を太平洋から追い出して、バイカル湖まで支配するだろう。極東はファシストの地域になる。一方、ソ連が介入して日本を敗北させれば、日本で革命が起こり、極東全体が共産主義化する可能性がかなりある。どちらも、仏米英の理想や利益に全く反する。それゆえ、中国での戦争をできるだけ早く止めるため、できることをすべてする必要がある、と。"The Ambassador in France (Bullitt) to the Secretary of State," 26 August 1937, *FRUS, 1937. Vol. III*, pp. 476-477.

(36) "The Ambassador in the Soviet Union (Davies) to the Secretary of State," 29 October 1937, *FRUS, 1937, Vol. IV*, pp. 119-120.

(37) 斎藤『リトヴィーノフ』、一三七頁。九ヶ国条約会議に出席しているリトヴィノフへ、外務人民委員部から次のような指令も送られたという。発信者はスターリンかモロトフと推定されている。「日本を侵略者と断定し、効果的な制裁措置をとることが望ましい。しかし、他の諸国が消極的ななかで、ソ連代表団が扇動者の役割を当てられ、日ソ関係を先鋭化させ、ソ連が火中の栗を拾うのは政治的に適切ではないと考える」。斎藤『リトヴィーノフ』、一三二頁。

(38) 『蔣中正先生年譜長編』第五冊、四一一頁。

(39) 「蔣中正電蔣廷黻轉楊杰詢問鮑格莫洛夫回俄後有否會見並令電復飛機消息」蔣中正總統文物（國史館）、史料番号002-090105-00002-213.

(40) ボゴモロフは、一九三七年七月三日に、助命嘆願書と読める書簡を、スターリンらに送っている。なぜそのような書簡を書かなければならなかったのか。彼の妻は、ヤン・ガマルニク（Ян Борисович Гамарник）将軍とは姉妹だった。ガマルニクは有力な軍人だったが、「人民の敵」ミハイル・トハチェフスキー（Михаил Николаевич Тухачевский）元帥と親しかったため、逮捕を恐れて、一九三七年五月三一日に自殺した。ガマルニクは、トハチェフスキーとともに裁判にかけられる予定だった。そのため、彼には死後も「人民の敵」の烙印が押されていた。そのガマルニクとは縁戚だが、深い関係ではなかったと、ボゴモロフは弁明しなければならなかったのである。РГАСПИ. Ф. 558. Оп. 11. Д. 713. Л. 122-125. なお、ボゴモロフの詳細な伝記は以下を参照。*Соколов В. В.* "Забытый дипломат" Д. В. Богомолов (1890-1938) // Новая и новейшая история. 2004. No. 3. C. 165-195.

(41) 臼井勝美『新版 日中戦争』中公新書、二〇〇〇年、九一頁。

(42)『日中戦争と中ソ関係』、一八二頁。

(43)『日中戦争と中ソ関係』、二〇五頁。

(44) 松本和久「トラウトマン工作における蔣介石の対日・対ソ戦略——「防共」をめぐる矛盾を手がかりとして」『史学雑誌』第一二六巻一〇号、二〇一七年、七一頁。

(45)『蔣中正先生年譜長編』第五冊、四三九頁。

(46) 抗戦歴史文献研究会編『蔣中正日記　民国二六年』、一三五頁。

(47) 周仏海（蔡徳金編、村田忠禧他訳）『周仏海日記』みすず書房、一九九二年、四五頁。

(48) 一九三七年一〇月三一日、ミハイル・フリノフスキー（Михаил Петрович Фриновский）内務人民委員第一代理と、ピョートル・スミルノフ（Пётр Александрович Смирнов）国防人民委員代理は、沿海州かモンゴルから出撃し、満洲国の心臓部を突くという計画を提出した。ウード・B・バルクマン「ハルハ河の戦い（一九三九年）の史的多次元性」ボルジギン・フスレ編『国際的視野のなかのハルハ河・ノモンハン戦争』三元社、二〇一六年、一〇二～一〇三頁。

(49) Banac, *The Diary of Georgi Dimitrov*, pp. 67-68.

(50)『蔣中正先生年譜長編』第五冊、四二九頁。

(51)『蔣中正先生年譜長編』第五冊、四三二～四三三頁。なお広田外相は、アメリカのグルー駐日大使に、日本軍が優位の中、南京からの遷都は「非常に馬鹿げた動きになる」と断じた。またアメリカが助けたいのなら、中国を説得して日本との和平交渉の席につかせるべきだと主張した。"The Ambassador in Japan (Grew) to the Secretary of State," 16 November 1937, *FRUS, 1937. Vol. IV*, pp. 190-191.

(52) Русско-китайские отношения в XX веке: Документы и материалы. Т. 4. Кн. 1. С. 159-160.

(53)『蔣中正先生年譜長編』第五冊、四三九頁。

（54）抗戦歴史文献研究会編『蔣中正日記　民国二六年』、一三七頁。

（55）Русско-китайские отношения в XX веке. Т. 4. Кн. 1. С. 163-165. なお、この書簡は一一月二六日とロシア側の文書に記されているが、書簡の中国語原文には、一一月三〇日と記されている。「蔣中正電蔣廷黻等轉史達林力請友邦實力應援仗義興師共同抗日挽救東亞危局鞏固中蘇合作精神」蔣中正總統文物（國史館）、史料番号 002-090105-00002-222.

（56）「史達林電蔣中正申述蘇俄不能對日出兵之理由」蔣中正總統文物（國史館）、史料番号 002-020300-00042-011. 秦孝儀主編『中華民国重要史料初編——対日抗戦時期　第三編　戦時外交（二）』中国国民党中央委員会党史委員会、一九八一年、三三九頁。

（57）『蔣中正先生年譜長編』第五冊、四四五頁。

（58）「蔣中正電史達林等望蘇俄能予中國以實力援助早奠東亞和平之基也」蔣中正總統文物（國史館）、史料番号 002-020300-00042-012.『蔣中正先生年譜長編』第五冊、四四五～四四六頁。

（59）『蔣中正先生年譜長編』第五冊、四四六頁。

（60）『蔣中正先生年譜長編』第五冊、四四六頁。

（61）抗戦歴史文献研究会編『蔣中正日記　民国二六年』、一四四頁。

（62）『蔣中正先生年譜長編』第五冊、四五〇頁。

（63）ДВП СССР. Т. 20. С. 689-690.

（64）『蔣中正先生年譜長編』第五冊、四五七頁。

（65）寺山『スターリンと新疆』、三六五～三六六頁。

（66）ДВП СССР. Т. 21. 1 января - 31 декабря 1938 г. М., 1977. С. 21.

（67）臼井勝美、稲葉正夫編『現代史資料［九］——日中戦争［二］』みすず書房、一九六四年、三七頁。

（68）この内容は、一九三八年一月五日にモスクワから蔣介石へ打電されている。「楊杰函蔣中正最近在蘇俄關於洽商供給二十個師兵器等四項工作要點」蔣中正總統文物（國史館）、史料番号 002-020300-00043-019)。

（69）"The Ambassador in France (Bullitt) to the Secretary of State," 13 January 1938, *FRUS, 1938, Vol. III*, pp. 19-21.

第二章

（1）『蔣中正先生年譜長編』第五冊、四八九頁。

（2）『蔣中正先生年譜長編』第五冊、三五四頁。

（3）一九三七年八月に、チアーノは劉文島駐伊大使と会談し、駐日イタリア大使が広田外相から聞いた話として、日本側が領土を求めていないと語った。ただ満洲国の承認を日本側が求めているのだと示唆した。「劉文島電蔣中正據齊亞諾謂廣田弘毅表示日無領土野心對承認偽滿洲等問題願與中國直接談判」蔣中正總統文物（國史館）、史料番号002-090103-00016-249．一九三七年一一月一七日に陳公博（ちんこうはく）と会談したチアーノは、和平条件の話題を出し、中国による満洲国の承認と華北五省の自治はどうかと提案した。陳公博は笑いながら、それはあなたの意見ではなく、日本側の意見だろうとした上で、一九三七年七月七日の開戦前の原状回復を、日中交渉の前提とした。「陳公博電蔣中正向齊亞諾表達中國對中日和談須先恢復七月七日原狀及望義國嚴守中立並相機行事」蔣中正總統文物（國史館）、史料番号002-090103-00016-253.

（4）"The Ambassador in Italy (Phillips) to the Secretary of State," 21 July 1937, *FRUS, 1937. Vol. III*, p. 228.

（5）秦郁彦『日中戦争史』河出書房新社、一九六一年、二六三頁。

（6）「方震電蔣中正墨索里尼表示對中國好意義大利將加入防共協定當正式聲明對蘇非對中國等語擬要求見齊亞諾繼續說明中國地位邦交」蔣中正總統文物（國史館）、史料番号002-090103-00011-244.

（7）石田憲「同床異夢の枢軸形成」工藤章、田嶋信雄編『日独関係史 一八九〇～一九四五［二］——枢軸形成の多元的力学』東京大学出版会、二〇〇八年、一〇七頁。

（8）"The Ambassador in Japan (Grew) to the Secretary of State," 10 December 1937, *FRUS, 1937. Vol. III*, p. 788.

（9）"The Chargé in Germany (Gilbert) to the Secretary of State," 26 August 1937, *FRUS, 1937. Vol. III*, pp. 481-482.

（10）田嶋『ナチス・ドイツと中国国民政府』、三五六～三五七頁。

（11）『蔣中正先生年譜長編』第五冊、三八九頁。

（12）三宅正樹「トラウトマン工作の性格と史料——日中戦争とドイツ外交」『国際政治』四七号、一九七二年、五二頁。

（13）抗戦歴史文献研究会編『蔣中正日記 民国二六年』、一二九頁。トラウトマン大使が伝えた日本側の講和四原則は以下の通り。第一に、中国が反日、反満洲国の政策をやめ、日満と協力して防共政策を実行する。第二に、日本軍が駐兵する地域を設け、「特殊組織」を作る。第三に、中国と日満で経済協力の協定を結ぶ。第四に賠償金である。蔣介石は、日本が緩い講和条件を出すことで、中国側が講和か継戦かで分裂するのを恐れていた。そのため、厳しい条件を知り「大いに心が慰められた」と、日記に記している（「蔣中正日記」一九三七年一二月二六日条）。『蔣中正先生年譜長編』第五冊、四五三頁。

（14）『日本外交文書』昭和期Ⅲ第一巻、四七五頁。

（15）呂嘉瑜「論説 日中戦争期における蔣介石政権の対独政策と文人官僚——朱家驊を事例として」『社会システム研究』二一号、二〇一八年、一八〇頁。

（16）『蔣中正先生年譜長編』第五冊、四九四頁。

(17) 田嶋『ナチス・ドイツと中国国民政府』、三五七頁。

(18) 『蔣中正先生年譜長編』第五冊、五五二頁。ドイツ人の軍事顧問と蔣介石の交流も続いた。軍事顧問団長だったアレクサンダー・フォン・ファルケンハウゼン（Alexander von Falkenhausen）は、ドイツの敗戦後にイタリアで捕虜になる。それを知った蔣介石は、彼らは早くから反ヒトラー運動に加わっていたとアメリカの軍部に伝えるよう、宋子文に命じた。『蔣中正先生年譜長編』第八冊、七八頁。

(19) 『日本外交文書』昭和期Ⅲ第一巻、七七一頁。

(20) その内訳は対戦車砲五〇〇門、ライフル五万丁、機関銃二〇〇〇丁、迫撃砲三〇〇門と、それらに使う大量の砲弾であった。『蔣中正先生年譜長編』第五冊、四七九頁。

(21) Русско-китайские отношения в XX веке. Т. 4. Кн. 1. С. 198-200. 会見の詳しい日時は記載されていない。ただ、孫科がスターリンとの会談について蔣介石に報告したのは、一九三八年二月七日である。こちらの史料では、ソ連が単独で参戦すれば、日本国内が上下にわたって団結し、独伊がさらに積極的に動くことになるし、ソ連の援助は共産主義化だと疑われると、スターリンは参戦できない理由を並べた。「孫科電蔣中正晤蘇俄黨政軍當局談話」蔣中正總統文物（國史館）、史料番号 002-020300-00042-013.

(22) "The Ambassador in France (Bullitt) to the Secretary of State," 9 May 1938, *FRUS, 1938, Vol. III*, p. 165.

(23) 島田顕『ソ連・コミンテルンとスペイン内戦――モスクワを中心にしたソ連とコミンテルンのスペイン内戦介入政策の全体像』れんが書房新社、二〇一一年、二三六頁。

(24) Советско-китайские отношения 1917-1957. Сборник документов. М., 1959. С. 167-170.

(25) 中国人民抗日戦争記念館編著『抗戦時期蘇聯援華論』社会科学文献出版社、二〇一三年、六八～六九頁。一例として、ロシア外務省が編纂した『ソ連外交文書集』から数字を拾う。一九三八年三月の第一次借款で、ソ連は中国に航空機二九七機、戦車八二輌、大砲と榴弾砲四二五門、機関銃一八二五挺、自動車四〇〇台、砲弾三六万発、銃弾一〇〇〇万発を引き渡した。一九三八年七月一日の第二次借款（およそ三〇〇〇万ドル）では、航空機一八〇機、大砲三〇〇門、軽機関銃一五〇〇挺、重機関銃五〇〇挺、輸送車両三〇〇台などが渡された。一九三九年六月二〇日の契約（二一八四万一三四九ドル）では、航空機一二〇機とその部品、ライフル銃五万丁が購入された。同日の別の契約（一四五五万七五六四ドル）では、大砲二六三門、機関銃四四〇〇挺、銃弾五万発、輸送車両五〇〇台などが引き渡されている。一九三七年一〇月から一九三九年九月までの合計は、航空機九八五機、戦車八二輌、大砲や榴弾砲など合わせて一三〇〇門以上、機関銃一万四〇〇〇挺以上などだ。ДВП СССР. Т. 22. Кн. 2. С. 508. 別の統計によると、一九三七年一一月から一九四二年一月までに、ソ連から提供された航空機は以下の通りだった。戦闘機七七七機、爆撃機四〇八機、練習機一〇〇機で計一二八五機。砲は様々な口径を合わせて一六〇〇門、中戦車八二輌、自動車やトラクターは一八五〇輌である。Россия и СССР в войнах XX века. Потери вооруженных сил. М., 2001. С. 167. 国民党の公式史料によると、一九三七年から一九四一年に、ソ連から実際に引き渡しを受けたのは、航空機九三四機（うち戦闘機五四二機、爆撃機三四八機、特殊機四四機）、T‐26式戦車八二輌、各種車両二一一八台、各種砲一一四〇門、砲弾二〇〇万発、機関銃九七二〇挺、小銃五万挺、弾薬一億八〇〇〇万発、空爆用爆弾三万一六〇〇発であった。香島明雄『中ソ外交史研究　一九三七～一九四六』世界思想社、一九九〇年、三四頁。

（26）Россия и СССР в войнах XX века. С. 168; ДВП СССР. Т. 22. Кн. 2. С. 547.

（27）外務省欧亜局第一課編『日「ソ」交渉史』巌南堂書店、一九六九年、五〇六頁。

（28）外務省編『日本外交文書——日中戦争』第三冊、六一書房、二〇一一年、二〇〇五～二〇〇六頁。

（29）外務省欧亜局第一課編『日「ソ」交渉史』、五〇八～五〇九頁。

（30）『蔣中正先生年譜長編』第五冊、四五七頁。

（31）Alexander Hill, *The Red Army and the Second World War* (New York: Cambridge University Press, 2016), pp. 114-116.

（32）『近代日中関係史年表』、五六四頁。

（33）「蔣中正電史達林等對蘇俄援助接濟表示謝意速將所商購武器飛機起運」蔣中正總統文物（國史館）、史料番号002-020300-00043-041. 葉健青編『蔣中正總統檔案——事略稿本（民國二七年一月至六月）』第四一巻、國史館、二〇一〇年、四七一～四七五頁。Русско-китайские отношения в XX веке. Т. 4. Кн. 1. С. 238-240.

（34）Русско-китайские отношения в XX веке. Т. 4. Кн. 1. С. 241.

（35）РГАСПИ. Ф. 558. Оп.11. Д. 324. Л. 34.「史達林伏羅希洛夫電蔣中正瞭解中國財政困難故武器價款得以茶羊毛生皮錫銻等商品抵付之另所要求之飛機當即運送又中國新信用貸款問題將付蘇聯最高機關討論等」蔣中正總統文物（國史館）、史料番号002-090400-00007-055.『事略稿本』第四一巻、五七六～五七七頁。

（36）「蔣中正電史達林等日近改組對華侵略益急請先訂一億六千萬元貸款契約」蔣中正總統文物（國史館）、史料番号002-020300-00043-047.『蔣中正先生年譜長編』第五冊、五三五頁。

（37）Русско-китайские отношения в XX веке. Т. 4. Кн. 1. С. 250.

（38）ДВП СССР. Т. 21. С. 121.

（39）『蔣中正先生年譜長編』第五冊、四九二頁。

（40）『事略稿本』第四一巻、二五一～二五二頁。

(41) 『蔣中正先生年譜長編』第五冊、五〇六頁。
(42) 他の例も記そう。一九四二年五月に、小磯國昭が朝鮮総督に任じられた。蔣介石は、これはソ連に進攻するための最後の準備で、独ソ戦でドイツも勝っているから、日ソ戦争は近いと予測した(「蔣中正日記」一九四二年五月二九日条)。『蔣中正先生年譜長編』第七冊、一二五頁。
(43) 鹿『蔣介石の「国際的解決戦略」』、七三頁。
(44) ДВП СССР. Т. 21. С. 334-335. この後も何度も、蔣介石はブリュッヘルの中国派遣を要請したと、一九三八年一二月一五日にルガネツ＝オレリスキーは報告している。「ブリュヘルの中国派遣は一〇万人に匹敵する」とも蔣介石は語った。ДВП СССР. Т. 22. Кн. 2. С. 547.
(45) "The Ambassador in the Soviet Union (Davies) to the Secretary of State," 24 March 1938, *FRUS, 1938, Vol. I,* p. 38.
(46) もっとも、日中戦争とヨーロッパの情勢次第では、日本はソ連を攻撃するとも警戒している。Россия - XX век. Документы. 1941 год. Кн. 2. М., 1998. С. 557-558.
(47) 「史達林函蔣中正允諾者務必執行並表敬佩之意及三國同盟締結後國際情勢分析並祝與中國敵人抗戰中取得完全勝利另懇勿堅持蘇即刻對日宣戰之主張等歷年來致蔣中正函稿」蔣中正總統文物(國史館)、史料番号 002-080106-00062-004.
(48) 『蔣中正先生年譜長編』第五冊、五四一頁。
(49) Русско-китайские отношения в XX веке. Т. 4. Кн. 1. С. 258.
(50) Русско-китайские отношения в XX веке. Т. 4. Кн. 1. С. 261.
(51) 「蔣中正電史達林抗日戰局已入重要階段請速借給驅逐機等軍備武器」蔣中正總統文物(國史館)、史料番号 002-020300-00043-058.『事略稿本』四二巻、五六頁。『蔣中正先生年譜長編』第五冊、五六一頁。
(52) 『蔣中正先生年譜長編』第五冊、五六一頁。
(53) Stephen Kotkin, *Stalin: Waiting for Hitler, 1929–1941* (New York: Penguin Press, 2017), p. 530.
(54) ДВП СССР. Т. 21. С. 251.
(55) ДВП СССР. Т. 21. С. 259.
(56) ДВП СССР. Т. 21. С. 273.
(57) ДВП СССР. Т. 21. С. 714.
(58) 『現代史資料[九]——日中戦争[二]』、二六四頁。
(59) ДВП СССР. Т. 21. С. 410-411.

（60）抗戦歴史文献研究会編『蔣中正日記　民国二七年』、七三頁。
（61）『蔣中正先生年譜長編』第五冊、五八〇頁。
（62）ДВП СССР. Т. 21. С. 732.
（63）『蔣中正先生年譜長編』第五冊、五八四頁。
（64）ДВП СССР. Т. 21. С. 462. 中央アジアと中国の西北部を結ぶ鉄道については、一九三七年一〇月初めに、南京国民政府鉄道部長の張嘉璈（公権）が、ボゴモロフ駐華全権代表に持ちかけた。蔣介石から、西安からウルムチまで鉄道を敷く計画について調査の指示が戦前にあったが、「今やこの鉄道の必要性は明らかになった」と、張嘉璈は語った。そして、ソ連側が中ソ国境からウルムチ、あるいはもっと先まで、中国側は西安から東西同時進行で敷設することを提案した。もし無理なら、ソ連側が蘭州まで敷設して欲しいとも頼む。РГАСПИ. Ф. 558. Оп.11. Д. 214. Л. 108. なお、本文中にあるトルクシブ鉄道は一九三〇年に開通した。中央アジアとシベリアを結び、鉄道の開通によって、ソ連領だったカザフスタンのアルマアタ（現在のアルマトイ）は物流の拠点として発展した。このアルマアタから、西安の西の鳳翔（現在の陝西省宝鶏市内）までは道路で結ばれていたが、さらに中ソ合弁で鉄道を敷く計画を、楊杰とヴォロシーロフ国防人民委員が話し合っていた。一九三八年一月五日に、楊杰から蔣介石へも報告されている。「楊杰函蔣中正最近在蘇俄關於洽商供給二十個師兵器等四項工作要點」蔣中正總統文物（國史館）、史料番号 002-020300-00043-019. 一九三八年一月二七日にも、孔祥熙からルガネツ＝オレリスキー駐華全権代表へ、同じ路線が提議された。寺山『スターリンと新疆』、四四二頁。一九三八年四月八日、ルガネツ＝オレリスキーは張嘉璈から、「西北鉄道」の敷設計画を渡されたと外務人民委員部に報告した。それによると、路線は二区間に分かれる。第一区間はウルムチ、トルファン、ハミ、粛州（現在の甘粛省酒泉市内）までの一八一〇キロ。第二区間は粛州から蘭州の北を通り、陝西省咸陽に至る一三〇六キロである。総工費は二億八〇〇〇万元で、うち一億一〇〇〇万元をソ連からの外債で賄う。工事期間は六年だが、ソ連の助力を得て、第一区間は二年で敷設するのが中国側の希望だった。路線が蘭州を通らないよう変更された理由は不明だと、ルガネツ＝オレリスキーは報告した。Русско-китайские отношения в XX веке. Т. 4. Кн. 1. С. 228.
（65）Русско-китайские отношения в XX веке. Т. 4. Кн. 1. С. 297-298.
（66）Русско-китайские отношения в XX веке. Т. 4. Кн. 1. С. 286-290.
（67）ДВП СССР. Т. 21. С. 466.
（68）ДВП СССР. Т. 21. С. 476.
（69）ДВП СССР. Т. 21. С. 467.

(70) ДВП СССР. Т. 21. С. 471.
(71) ДВП СССР. Т. 21. С. 482.
(72) Русско-китайские отношения в XX веке. Т. 4. Кн. 1. С. 251.
(73) РГАСПИ. Ф. 17. Оп. 166. Д. 592 Л. 46.
(74) ДВП СССР. Т. 21. С. 736-737.
(75) 『蔣中正先生年譜長編』第五冊、五九九頁。
(76) 『蔣中正先生年譜長編』第五冊、六〇三頁。
(77) 『蔣中正先生年譜長編』第五冊、六〇九頁。
(78) 『蔣中正先生年譜長編』第五冊、六〇二頁。
(79) ДВП СССР. Т. 21. С. 608-609.
(80) 『蔣中正先生年譜長編』第五冊、六四三頁。馮青「蔣介石の日中戦争期和平交渉への認識と対応——『蔣介石日記』に基づく一考察」『軍事史学』第四五巻四号、二〇一〇年、七四頁。
(81) 『蔣中正先生年譜長編』第五冊、六五三頁。
(82) "Cordell Hull to President Roosevelt," 18 September 1937, Franklin D. Roosevelt, Papers as President: The President's Secretary's File (PSF), 1933-1945, Box 26 (Franklin D. Roosevelt Presidential Library & Museum). http://www.fdrlibrary.marist.edu/_resources/images/psf/psfa0260.pdf［二〇二〇年四月四日参照］。
(83) 抗戦歴史文献研究会編『蔣中正日記　民国二七年』、一〇六頁。
(84) 一九三七年八月のアメリカの世論調査では、中国への支持が四三パーセント、日本への支持は二パーセントだった。ただし、中立の回答が五五パーセントで最も多い。波多野澄雄、戸部良一、松元崇、庄司潤一郎、川島真『決定版　日中戦争』新潮新書、二〇一八年、一三四頁。
(85) アメリカ国務省（朝日新聞社訳）『中国白書——米国の対華関係』朝日新聞社、一九四九年、五三頁。
(86) 海野芳郎「ブリュッセル会議への期待と幻影——日中紛争の奔流に脆くも崩れた防波堤」新潟大学法学会『法政理論』第二二巻一号、一九八九年、一八〜二〇頁。
(87) "The President of the Chinese Executive Yuan (Chiang Kai-shek) to President Roosevelt," 24 December 1937, *FRUS, 1937, Vol. III,* pp. 832-833. この書簡は、一二月三一日に駐米大使の王正廷から大統領へ手渡された。
(88) 『蔣中正先生年譜長編』第五冊、四七四頁。

(89) "The Secretary of State to the Ambassador in China (Johnson)," 19 January 1938, *FRUS, 1938, Vol. III*, pp. 36-37.

(90) 「蔣中正函羅斯福此次遠東大難望美國在經濟上物質上予中國援助」蔣中正總統文物（國史館）、史料番号002-020300-00028-004.『蔣中正先生年譜長編』第五冊、四七四頁。

(91) "Cordell Hull to President Roosevelt," 11 February 1938, Franklin D. Roosevelt, Papers as President: The President's Secretary's File (PSF), 1933-1945, Box 26 (Franklin D. Roosevelt Presidential Library & Museum). http://www.fdrlibrary.marist.edu/_resources/images/psf/psfa0261.pdf［二〇一九年一一月一四日参照］。

(92) 北岡伸一『門戸開放政策と日本』東京大学出版会、二〇一五年、五二～五三頁。吉井文美「日中戦争下における揚子江航行問題——日本の華中支配と対英米協調路線の蹉跌」『史学雑誌』第一二七巻三号、二〇一八年、一～三六頁。

(93) "Generalissimo Chiang Kai-shek to President Roosevelt," 8 October 1938, *FRUS, 1938, Vol. III*, p. 313.

(94) "President Roosevelt to Generalissimo Chiang Kai-shek," undated, *FRUS, 1938, Vol. III*, p. 325.

(95) "Generalissimo Chiang Kai-shek to President Roosevelt," 15 October 1938, *FRUS, 1938, Vol. III*, pp. 321-322.

(96) Morgenthau, Presidential Diaries, Vol. 1, 17 October 1938, Franklin D. Roosevelt Library. http://www.fdrlibrary.marist.edu/_resources/images/morg/mpd01.pdf［二〇二〇年七月二〇日参照］。

(97) "President Roosevelt to Generalissimo Chiang Kai-shek," 10 November 1938, *FRUS, 1938, Vol. III*, pp. 376-377.

(98) 五百旗頭真『日本の近代［六］——戦争・占領・講和　一九四一～一九五五』中央公論新社、二〇〇一年、一一九～一二〇頁。

(99) 抗戦歴史文献研究会編『蔣中正日記　民国二七年』、一一四頁。

(100) "Memorandum of Conversation, by the Adviser on Political Relations (Hornbeck)," 16 May 1939, *FRUS, 1939, Vol. III*, p. 667.

(101) 『日本外交文書——日中戦争』第一冊、四〇七頁。

(102) 『日本外交文書——日中戦争』第三冊、二三五〇頁。

(103) "Generalissimo Chiang Kai-shek to President Roosevelt," 25 March 1939, *FRUS, 1939, Vol. III*, p. 661.『蔣中正先生年譜長編』第六冊、四五頁。

(104) "President Roosevelt to Generalissimo Chiang Kai-shek," 8 April 1939, *FRUS, 1939, Vol. III*, pp. 663-664.

(105) 大石恵「日中戦争期におけるアメリカの対華支援［一］——経済的動機を中心に」京都大学経済学会『経済論叢』第一六六巻四号、二〇〇一年、七九～八〇頁。鈴木晟「日中戦争期におけるアメリカ対日経済制裁と対華援助」『アジア研究』第三三巻一号、一九八六年、五二頁。

(106) 『蔣中正先生年譜長編』第五冊、六二〇～六二一頁。

(107) 加藤陽子『戦争の日本近現代史――東大式レッスン！ 征韓論から太平洋戦争まで』講談社現代新書、二〇〇二年、二八〇頁。

(108) 例外的に、一九三九年五月、イギリスの上下両院の国会議員数十人が中国の奮闘を称賛する書簡を送り、蔣介石も返信している。『蔣中正先生年譜長編』第六冊、七五頁。

(109) 具島兼三郎「日中戦争とイギリス」『国際政治』四七号、一九七二年、一〇頁。

(110) John Ruggiero, *Hitler's Enabler: Neville Chamberlain and the Origins of the Second World War* (Santa Barbara, CA: ABC-CLIO, 2015), pp. 60-62.

(111) 佐々木雄太『三〇年代イギリス外交戦略――帝国防衛と宥和の論理』名古屋大学出版会、一九八七年、一五四頁。

(112) アントニー・ベスト（武田知己訳）『大英帝国の親日派――なぜ開戦は避けられなかったか』中公叢書、二〇一五年、九四頁。

(113) "From Shanghai Embassy to Foreign Office" (April 30, 1938) in "*North China incident Vol. 5*" (Government Papers, The National Archives, Kew, 1938). Accessed [January 05, 2019]. http://www.archivesdirect.amdigital.co.uk/Documents/Details/FO_262_2017

(114) ベスト『大英帝国の親日派』、一一〇頁。

(115) 戸部良一「米英独ソ等の中国援助」河野収編『近代日本戦争史 第三編――満州事変・支那事変』同台経済懇話会、一九九五年、三四一頁。

(116) 『蔣中正先生年譜長編』第五冊、五七〇頁。

(117) Aron Shai, *Origins of the War in the East: Britain, China and Japan, 1937-1939* (London and New York: Routledge, 2011), p. 147.

(118) 一九三八年一一月一日、クレーギー駐日英国大使は近衛首相に斡旋を申し出て、日本軍の撤退、中国の排日活動の停止などを条件に、日中が戦争解決の協定を結べば、イギリスもそれに署名すると提案した。『現代史資料［九］――日中戦争［二］』、五四七頁。

(119) 周俊「海南島作戦をめぐる日本海軍の戦略認識――南進問題か対英問題か」『アジア太平洋研究科論集』三三号、二〇一七年、六三～六五頁。小磯隆広『日本海軍と東アジア国際政治』錦正社、二〇二〇年、一九八頁。実際に、同年二月二七日に昭和天皇の裁可を受けた「昭和一四年度帝国陸海軍作戦計画」によると、日中戦争下でもイギリスと開戦した場合には、香港、シンガポール、ボルネオ、マラヤといったイギリスの植民地を占領すると目標に定めている。JACAR. Ref.C14121183900. 昭和一四年度帝国海軍作戦計画関係綴 昭和一三・九・一～一四・二・二七（防衛省防衛研究所）。

(120) "The Ambassador in Japan (Grew) to the Secretary of State," 10 February 1939, *FRUS, 1939, Vol. III*, p.103.

(121) 『蔣中正先生年譜長編』第六冊、二四頁。

(122) "Record Type: Conclusion Former Reference: CC 7 (39)," 15 February 1939, *CAB 23/97/7*, The National Archives, Kew.

(123)"Record Type: Conclusion Former Reference: CC 8 (39)," 22 February 1939, CAB 23/97/8, The National Archives, Kew. 蒋介石は、一九三九年七月にも一〇〇〇万ポンドの供与を求めたが、翌月のイギリス政府の回答は、二八五万九〇〇〇ポンドに留まった。朱文原他編『中華民國建國百年大事記』上巻、國史館、二〇一二年、三六〇~三六四頁。
(124)"Record Type: Conclusion Former Reference: WM (39) 30," 28 September 1939, CAB 65/1/30, The National Archives, Kew.

第三章

(1)『蒋中正先生年譜長編』第六冊、四一頁。
(2)「蒋中正函史達林尚需一億五千萬美元軍械信用借款以購軍備希迅予解決及中蘇須訂鞏固東亞和平友好協定」蒋中正総統文物(國史館)、史料番号 002-020300-00043-073; Русско-китайские отношения в XX веке. Т. 4. Кн. 1. С. 411-413. この手紙には英文版も以下に付されており、そちらも参照した。РГАСПИ. Ф. 558. Оп.11. Д. 325. Л. 31-34.
(3)*ВКП(б),* XVIII съезд Всесоюзной коммунистической партии (б). 10–21 марта 1939 г. Стенографический отчет. М., 1939. С. 13.
(4)*ВКП(б),* XVIII съезд Всесоюзной коммунистической партии (б). 10–21 марта 1939 г. С. 15.
(5)実際、ソ連側は日本への警戒心を高めていた。一九三九年四月二日には、ソ連とモンゴル人民共和国で、日本軍による国境侵犯が相次いでいるので、四個師団をソ連極東に増派するよう、ヴォロシーロフ国防人民委員はスターリンに直訴した。ГАРФ. Ф. Р-8418 «Комитет Обороны при Совете Народных комиссаров СССР 1927 - 1941». Оп. 28. Д. 67. Л. 82.
(6)ДВП СССР. Т. 22. Кн. 2. С. 509.
(7)Banac, *The Diary of Georgi Dimitrov,* pp. 105-106.
(8)『蒋中正先生年譜長編』第六冊、六〇~六四頁。四月一八日、ブリット駐仏米国大使を訪ねた駐仏大使の顧維鈞も、ヨーロッパで戦争が起きれば、日本は極東の英仏の領土を攻撃すると伝え、中英仏での協議を求めていると語った。"The Ambassador in France (Bullitt) to the Secretary of State," 18 April 1939, *FRUS, 1939, Vol. III*, p. 527.
(9)『蒋中正先生年譜長編』第六冊、六七頁。
(10)平井友義「ソ連の動向」日本国際政治学会太平洋戦争原因研究部編著『太平洋戦争への道――開戦外交史［四］――日中戦争［下］新装版』朝日新聞社、一九八七年、三三五~三三六頁。
(11)「孫科電蒋中正蘇聯謂其援助中國抗日始終一致及三次借款一萬五千萬美金允即照辦日内簽約另遠東保障和平公約須視英法美能否參加蘇聯絕無問題等」蒋中正総統文物(國史館)、史料番号 002-090400-00007-231.

(12) РГАСПИ. Ф. 558. Оп.11. Д. 325. Л. 50.
(13) 抗戦歴史文献研究会編『蔣中正日記　民国二八年』、六八頁。
(14)『蔣中正先生年譜長編』第六冊、七八頁。
(15)「蔣中正電史達林最近戰爭日激武器消耗甚大務照前所允者提早撥運」蔣中正総統文物（國史館）、史料番号 002-020300-00043-079.『蔣中正先生年譜長編』第六冊、八三頁。Русско-китайские отношения в XX веке. Т. 4. Кн. 1. С. 446-447.
(16) РГАСПИ. Ф. 558. Оп.11. Д. 325. Л. 51.
(17) 寺山『スターリンと新疆』、四四二頁。
(18)「孫科電蔣中正據史達林親告希望國共之間團結日固」蔣中正総統文物（國史館）、史料番号 002-020300-00042-028.『蔣中正先生年譜長編』第六冊、一〇一頁。ブリュッヘルは張鼓峰事件の対応の不手際を責められて、一九三八年一一月に逮捕されて、拷問の末、獄死した。その粛清は以下に詳しい。笠原孝太「ブリュヘル元帥粛清から見た張鼓峯事件とソ連」麻田雅文編『ソ連と東アジアの国際政治　一九一九～一九四一』みすず書房、二〇一七年。
(19) РГАСПИ. Ф. 17. Оп. 162. Д. 25. Л. 79, 99-100.
(20) РГАСПИ. Ф. 558. Оп.11. Д. 325. Л. 63-64.
(21)『蔣中正先生年譜長編』第六冊、六九頁。鹿『蔣介石の「国際的解決戦略」』、七〇頁。
(22) 以下には中国語原文とロシア語訳がある。РГАСПИ. Ф. 558. Оп.11. Д. 325. Л. 56-61. 以下ではロシア語訳のみ記載されている。Русско-китайские отношения в XX веке. Т. 4. Кн. 1. С. 461-462.
(23) РГАСПИ. Ф. 558. Оп.11. Д. 325. Л. 67.
(24)「史達林致蔣中正函謂日本與中國作戰二年其本身弱點暴露謹祝中國勝利」蔣中正総統文物（國史館）、史料番号 002-020300-00042-030. 以下には中国語訳のみ記載されている。『蔣中正先生年譜長編』第六冊、一〇八～一〇九頁。
(25) 抗戦歴史文献研究会編『蔣中正日記　民国二八年』、一〇三頁。
(26) ДВП СССР. Т. 22. Кн. 1. 1 января - 31 августа 1939 г. М., 1992. С. 565. 前任者と同じく、パニューシキンも治安機関の出身であった。
(27)「蔣中正電史達林英法蘇協定延不成立必使日軍閥侵略之焰愈高」蔣中正総統文物（國史館）、史料番号 002-020300-00042-031.『蔣中正先生年譜長編』第六冊、一二三頁。РГАСПИ. Ф. 558. Оп.11. Д. 325. Л. 67.
(28)「蔣中正電詢伏羅希洛夫前允接濟武器何日起運」蔣中正総統文物（國史館）、史料番号 002-020300-00043-082; Русско-китайские отношения в XX веке. Т. 4. Кн. 1. С. 477-478.

(29) 鹿錫俊『蔣介石の「国際的解決戦略」』、七二頁。
(30) Русско-китайские отношения в XX веке. Т. 4. Кн. 1. С. 484-485.
(31)『蔣中正先生年譜長編』第六冊、一三一頁。
(32)『蔣中正先生年譜長編』第六冊、八二頁。
(33) Kotkin, *Stalin*, pp. 653-654.
(34) スチュアート・D・ゴールドマン（山岡由美訳）『ノモンハン一九三九』みすず書房、二〇一三年。
(35) ДВП СССР. Т. 22. Кн. 1. С. 568.
(36) Raymond James Sontag and James Stuart Beddie (eds.), *Nazi–Soviet Relations, 1939-1941: Documents from the Archives of the German Foreign Office* (Washington, D.C.: Department of State, 1948), pp. 50-52. 邦訳は、米国務省編『大戦の秘録——独外務省の機密文書より』読売新聞社、一九四九年。
(37)『蔣中正先生年譜長編』第六冊、一三一〜一三二頁。
(38) 抗戦歴史文献研究会編『蔣中正日記　民国二八年』、一一一頁。
(39)『蔣中正先生年譜長編』第六冊、一三三頁。
(40) Sontag and Beddie, *Nazi–Soviet Relations*, p. 66.
(41) イアン・カーショー（福永美和子訳、石田勇治監修）『ヒトラー［下］一九三六〜一九四五——天罰』白水社、二〇一六年、二四三頁。
(42) Kotkin, *Stalin*, p. 657.
(43) Sontag and Beddie, *Nazi–Soviet Relations*, p. 69.
(44) 大井孝『欧州の国際関係　一九一九〜一九四六——フランス外交の視角から』たちばな出版、二〇〇八年、五九四頁。
(45) Roger Moorhouse, *The Devils' Alliance: Hitler's Pact with Stalin, 1939-41* (London: Bodley Head, 2014), p. 25.
(46)『蔣中正先生年譜長編』第六冊、一三四頁。
(47)『蔣中正先生年譜長編』第六冊、一三四頁。
(48) ДВП СССР. Т. 22. Кн. 1. С. 649.
(49) ДВП СССР. Т. 22. Кн. 2. 1 сентября - 31 декабря 1939 г. М., 1992. С. 24, 32.
(50)『蔣中正先生年譜長編』第六冊、一四七頁。
(51)『蔣中正先生年譜長編』第六冊、一五〇頁。

(52) Русско-китайские отношения в XX веке. Т. 4. Кн. 1. С. 499.
(53) ДВП СССР. Т. 22. Кн. 2. С. 58.
(54) 『蔣中正先生年譜長編』第六冊、一五三頁。
(55) ДВП СССР. Т. 22. Кн. 2. С. 64-65.
(56) 『蔣中正先生年譜長編』第六冊、一五六頁。
(57) 駒村哲「中ソ不可侵条約とソ連の対中国軍事援助」『一橋論叢』第一〇巻一号、一九八九年、一二三～一二四頁。
(58) 「蔣中正電史達林望盡力主持使英蘇談判早日成功及詳陳歐戰發生後遠東問題之重要性並賀其六十誕辰等函稿、蔣中正函莫洛託夫感謝抗戰以來對我國政府之同情與協助」蔣中正総統文物（國史館）、史料番号 002-080106-00062-005.『中華民国重要史料初編——対日抗戦時期　第三編　戦時外交（二）』、三四七頁。『蔣中正先生年譜長編』第六冊、一六一頁。
(59) 『蔣中正先生年譜長編』第六冊、一九二頁。
(60) Русско-китайские отношения в XX веке. Т. 4. Кн. 1. С. 535.
(61) 『蔣中正先生年譜長編』第六冊、二〇一頁。
(62) 『蔣中正先生年譜長編』第六冊、二〇九頁。
(63) 『蔣中正先生年譜長編』第六冊、二三〇頁。
(64) 一九三九年七月五日付の、参謀本部第二課により作成された「事変解決秘策（案）」にはこうある。「三、英国を我に同調誘致し某程度の対英妥協に於て彼をして汪、蔣間の斡旋竝汪重慶合流に奔走せしむ。イ、天津問題の大乗的解決を策し権益に対する我合理性と寛容との範例たらしめ次で事変処理一般問題に誘導す」。『現代史資料［九］——日中戦争［二］』、五六六頁。同年八月一日付の、省部主任者による「今秋季を中心とする事変処理に関する最高指導」でも、中国とイギリスに強硬に出ることで、重慶の政権を包括するか屈服させることを目的とした。同前、五七〇頁。
(65) "The Ambassador in China (Johnson) to the Secretary of State," 19 June 1939, *FRUS, 1939, Vol. III,* pp. 187-188.
(66) 抗戦歴史文献研究会編『蔣中正日記　民国二八年』、九九頁。
(67) "Generalissimo Chiang Kai-shek to President Roosevelt," 20 July 1939, *FRUS, 1939, Vol. III,* pp. 687-691.「蔣中正函羅斯福派顔惠慶來華府述九國公約對華物資援助與歐洲大勢」蔣中正総統文物（國史館）、史料番号 002-020300-00028-010.『蔣中正先生年譜長編』第六冊、一一五頁。
(68) "The Ambassador in China (Johnson) to the Secretary of State," 31 July 1939, *FRUS, 1939, Vol. III,* p. 562.
(69) "The Ambassador in China (Johnson) to the Secretary of State," 30 August 1939, *FRUS, 1939, Vol. III,* p. 218.

(70) E. L. Woodward and Rohan Butler (eds.), *Documents on British Foreign Policy: 1919–1939, Third Series, Vol. VII, 1939* (London: Her Majesty's Stationery Office, 1954), p. 428.

(71) 安藤次男「第二次大戦前におけるアメリカ孤立主義と宥和政策」『立命館国際研究』第一四巻一号、二〇〇一年、七～八頁。

(72) "President Roosevelt to Generalissimo Chiang Kai-shek," 10 November 1939, *FRUS, 1939, Vol. III*, p. 715.『蔣中正先生年譜長編』第六冊、一八九頁。

(73) "Generalissimo Chiang Kai-shek to President Roosevelt," 19 December 1939, *FRUS, 1939, Vol. III*, p. 717.「蔣中正電胡適轉告羅斯福中國經濟困難請設法援助望能借中國現款」蔣中正総統文物（國史館）、史料番号 002-020300-00028-022.

第四章

(1) "British Ambassador at Hong Kong to Foreign Office (97) Tour Series" (November 10, 1939) in "*Anglo-Chinese relations (Folder 12)*" (Government Papers, The National Archives, Kew, 1939). Accessed [January 05, 2019]. http://www.archivesdirect.amdigital.co.uk/Documents/Details/FO_676_409

(2) Roger Moorhouse, *The Devils' Alliance: Hitler's Pact with Stalin, 1939-1941* (New York: Basic Books, 2014), pp. 145-147.

(3) イギリスでは、ソ連との冬戦争を戦うフィンランドを支援するため、スカンディナビア半島へ部隊が上陸させる作戦も練られていた。しかし、一九四〇年三月に両国が講和したため、実行には移されなかった。木畑洋一「第二次世界大戦」村岡健次、木畑洋一編『世界歴史体系　イギリス史［三］——近現代』山川出版社、一九九一年、三三〇頁。

(4) ДВП СССР. Том 23. Кн. 1. 1 января - 31 октября 1940 г. М., 1995. С. 29.

(5) ДВП СССР. Том 23. Кн. 1. С. 237.

(6) Русско-китайские отношения в XX веке. Т. 4. Кн. 1. С. 586.

(7) 戸部良一「華中の日本軍、一九三八～一九四一——第一一軍の作戦を中心として」波多野澄雄、戸部良一編『日中戦争の国際共同研究［二］——日中戦争の軍事的展開』慶應義塾大学出版会、二〇〇六年、一七二～一七六頁。

(8)『蔣中正先生年譜長編』第六冊、三一二頁。

(9)「蔣中正電部力子託總顧問切列潘諾夫電伏羅希洛夫轉史達林請即接濟性能足以抗衡日機之新式驅逐機一百二十架」蔣中正総統文物（國史館）、史料番号 002-090106-00014-375.『事略稿本』四三巻、六二四～六二五頁。『蔣中正先生年譜長編』第六冊、三三一頁。

(10) 前田哲男「百一号作戦」『アジア・太平洋戦争辞典』、五六八頁。

(11) それまでの最前線から二〇〇キロも長江をさかのぼる宜昌を、日本陸軍はすぐに放棄する予定だったが、昭和天皇の意向で、一転して占領を継続することになった。宜昌は、重慶爆撃の中継基地としても必要とされた。山田朗『昭和天皇の戦争――「昭和天皇実録」に残されたこと・消されたこと』岩波書店、二〇一七年、一二〇～一二一頁。

(12) 『蔣中正先生年譜長編』第六冊、三一六頁。

(13) 「蔣中正電羅斯福日本侵略中國幣制壓力嚴重盼貸中國現金以維持幣制」蔣中正総統文物（國史館）、史料番号 002-020300-00030-031. "The President of the Chinese Executive Yuan (Chiang) to President Roosevelt," 17 May 1940, *FRUS, 1940, Vol. IV,* pp. 656-657.

(14) 「蔣中正函羅斯福特派宋子文為全權代表來華府商承世界局勢」蔣中正総統文物（國史館）、史料番号 002-020300-00028-026.『蔣中正先生年譜長編』第六冊、三三二頁。

(15) 一九三九年三月一八日付のモスクワへの電報によると、ルガネツ＝オレリスキー駐華全権代表は、フランスの駐華大使に軍事援助について尋ねた。大使の回答によると、フランスはハノイの港を通じて、大量の物資を輸送することで中国を援助している。そのほとんどはドイツとイタリアの会社の物資で、鉄道では毎月およそ九万トン、陸路ではその二倍になる。しかし武器は運んでいない、とのことだった。「武器は［ソ連の］西北ルートで運ぶのが良い」とも大使は語った。ДВП СССР. Т. 22. Кн. 2. С. 520.

(16) 市川健二郎「日中戦争と東南アジア華僑」『国際政治』四七号、一九七二年、七七～七八頁。海外にいる中国系の人々、いわゆる華僑の献金や奉仕も、中国の抗戦に大いに役立っていた。それが日本軍占領下の東南アジアで華僑が標的とされる原因にもなり、華僑社会も日本へ協力するか敵対するかで分裂した。

(17) 藤井元博「重慶国民政府軍事委員会の『南進』対応をめぐる一考察――『中越関係』案を手がかりに」三田史学会『史学』八二号、二〇一四年、一五〇頁。

(18) JACAR. Ref.C12120105300「仏印問題経緯 其一」（防衛省防衛研究所）［二画像目］。

(19) 『蔣中正先生年譜長編』第六冊、三三八頁。

(20) "The Ambassador in China (Johnson) to the Secretary of State," 24 June 1940, *FRUS, 1940, Vol. IV,* p. 35.

(21) 『蔣中正先生年譜長編』第六冊、三四〇～三四一頁。

(22) 福田茂夫「アメリカの反枢軸政策構想の形成（一九三七年――一九四一年）」日本国際政治学会太平洋戦争原因研究部編著『新装版　太平洋戦争への道　開戦外交史［六］――南方進出』朝日新聞社、一九八七年、三二四～三二五頁。

(23) Antony Best, Britain, *Japan and Pearl Harbour: Avoiding War in East Asia, 1936–1941* (London and New York, 1995), pp. 112-115;

Nong Van Dan, *Churchill, Eden, and Indo-China, 1951–1955* (New York: Anthem Press, 2011), pp. 11-12.

(24) "The British Embassy to the Department of State," 27 June 1940, *FRUS, 1940, Vol. IV,* pp. 365-367.

(25) 原文は非公開となっている。「邱吉爾電蔣中正緬運問題之中國困難」蔣中正総統文物（國史館）、史料番号 002-020300-00039-035.

(26)『蔣中正先生年譜長編』第六冊、三五六頁。

(27)『蔣中正先生年譜長編』第六冊、三五六頁。

(28) 抗戦歴史文献研究会編『蔣中正日記　民国二九年』、九九～一〇〇頁。

(29)「蔣中正電邱吉爾為雙方利益計從速恢復緬甸運輸路線」蔣中正総統文物（國史館）、史料番号 002-020300-00039-036.『蔣中正先生年譜長編』第六冊、三六五頁。

(30)『蔣中正先生年譜長編』第六冊、四〇二頁。

(31) 井口治夫『鮎川義介と経済的国際主義――満洲問題から戦後日米関係へ』名古屋大学出版会、二〇一二年、二四四頁。

(32)「郭泰祺電蔣中正訪邱吉爾謂當時對緬路若不讓步恐日將宣戰故離開中立預料中英立場相同及在美總統選舉後拚加強合作等語」蔣中正総統文物（國史館）、史料番号 002-090103-00011-048.

(33)『蔣中正先生年譜長編』第六冊、四一七頁。

(34)『蔣中正先生年譜長編』第六冊、四二六頁。

(35)「邱吉爾函蔣中正敝國堅強之決心乃在拯救其自身及歐洲自由」蔣中正総統文物（國史館）、史料番号 002-020300-00039-044.

(36)『蔣中正先生年譜長編』第六冊、四〇八頁。

(37)『大阪毎日新聞』一九四〇年一〇月一二日。

(38) 抗戦歴史文献研究会編『蔣中正日記　民国二九年』、一四三頁。

(39)「史達林致函蔣中正三國同盟締結之矛盾性將反使日本不利」蔣中正総統文物（國史館）、史料番号 002-020300-00042-076. 以下にも、この書簡の中国語訳が掲載されているが、本書ではロシア語原文に依拠した。『事略稿本』第四四巻、四四七～四四九頁。

(40)「蔣中正電史達林日本必為中蘇共同之敵人應使日本野心根本粉碎」蔣中正総統文物（國史館）、史料番号 002-020300-00042-077.『事略稿本』第四四巻、四八四～四八五頁。『蔣中正先生年譜長編』第六冊、四二五頁。

(41)『蔣中正先生年譜長編』第六冊、四二六頁。

(42) Тайны и уроки зимней войны. 1939-1940. СПб., 2000. С. 509-510.

(43) Россия - XX век. Документы. 1941 год. Кн. 1. М., 1998. С. 236-253.

(44) 平井友義「ソ連の初期対日占領構想」『国際政治』八五号、一九八七年、一四頁。

(45) 「蔣中正電賀羅斯福榮膺美國第三任總統」蔣中正総統文物（國史館）、史料番号 002-020300-00028-050.

(46) 抗戦歴史文献研究会編『蔣中正日記　民国二九年』、一五二頁。

(47) 抗戦歴史文献研究会編『蔣中正日記　民国二九年』、一五二頁。

(48) "The Ambassador in China (Johnson) to the Secretary of State," 9 November 1940, *FRUS, 1940, Vol. IV,* pp. 690-692.

(49) 野村浩一『蔣介石と毛沢東——世界戦争のなかの革命』岩波書店、一九九七年、三〇五頁。

(50) 劉紅「駐米大使胡適——知識人の対米外交（一九三八年～一九四二年）」『コスモポリス』一三号、二〇一九年、一一〇頁。朱文原他編『中華民國建國百年大事記』上巻、三七二頁。

(51) "The Ambassador in China (Johnson) to the Secretary of State," 20 October 1940, *FRUS, 1940, Vol. IV,* pp. 672-674.

(52) "The Secretary of State to the Ambassador in China (Johnson)," 24 October 1940, *FRUS, 1940, Vol. IV,* pp. 679-682.

(53) "The Acting Secretary of State to the Ambassador in China (Johnson)," 21 November 1940, *FRUS, 1940, Vol. IV,* pp. 693-694.

(54) "The Ambassador in China (Johnson) to the Secretary of State," 21 November 1940, *FRUS, 1940, Vol. IV,* p. 440.

(55) Jonathan G. Utley, *Going to War with Japan, 1937-1941* (New York: Fordham University Press, 2005), pp. 133-134.

(56) 呉景平、郭岱君編『宋子文駐美時期電報選（一九四〇～一九四三）』復旦大學出版社、二〇〇八年、五七～五八、二九〇～二九二頁。『蔣中正先生年譜長編』第六冊、四五〇頁。

(57) 『蔣中正先生年譜長編』第六冊、四五五頁。

(58) 『宋子文駐美時期電報選』、五八～五九、二九三～二九五頁。

(59) "The President of the Chinese Executive Yuan (Chiang) to the Secretary of the Treasury (Morgenthau)," 16 December 1940, *FRUS, 1940, Vol. IV,* p. 712.

(60) "The Secretary of State to the Ambassador in China (Johnson)," 31 December 1940, *FRUS, 1940, Vol. IV,* p. 715.

(61) 北村稔「中華民国国民政府とナチス・ドイツの不思議な関係」『立命館文學』六〇八号、二〇〇八年、二一〇頁。馬振犢、戚如高『蔣介石与希特勒——民国時期中德関係研究』九州出版社、二〇一二年（初版は東大圖書股份有限公司、一九九八年）、三六四～三六七頁。

(62) 外務省編『日本外交文書——第二次欧州大戦と日本』第一冊（日独伊三国同盟・日ソ中立条約）、外務省、二〇一二年、二三五～二三六頁。

(63) Sontag and Beddie, *Nazi–Soviet Relations*, p. 224.

(64) Sontag and Beddie, *Nazi–Soviet Relations*, p. 247.

(65) ДВП СССР. Т. 23. Кн. 2 (часть 1). 1 ноября 1940 г. - 1 марта 1941 г. М., 1998. С. 32. 一九四〇年六月九日、モロトフは駐ソ大使の邵力子に、おそらく日本は大幅な譲歩をするつもりがあると持ちかけたが、不名誉な講和なら中国政府は結ばないと、邵力子に即座に拒否された。モロトフの発言は、これも踏まえていたのだろう。ДВП СССР. Том 23. Кн. 1. С. 325.

(66) 「陳介電蔣中正德外長謂德蘇間訂約後交誼更鞏固英美聯蘇恐難實現及美軍將無法兼顧東西兩方並聲明對中國始終保持友誼望保握最後中日和解機會」蔣中正総統文物（國史館）、史料番号 002000002105A. 一九四〇年一一月一九日、外交部政務次長の徐謨がジョンソン駐華米国大使を訪ね、リッベントロップ外相の調停案を明かした。前半は本文にある通りだが、さらにリッベントロップは、イタリアに続いてドイツも汪兆銘政権を承認するつもりだと脅した。そして日本と協議した上で、中国も枢軸国に加入すべきだと語ったという。"The Ambassador in China (Johnson) to the Secretary of State," 20 November 1940, *FRUS, 1940, Vol. IV,* pp. 436-437.

(67) 『蔣中正先生年譜長編』第六冊、四四三頁。

(68) この書簡は一九四〇年一一月二八日に、宋子文から国務長官と大統領に届けられた。"The President of the Chinese Executive Yuan (Chiang) to President Roosevelt," undated, *FRUS, 1940, Vol. IV,* p. 698.

(69) 『蔣中正先生年譜長編』第六冊、四三九頁。

(70) 『蔣中正先生年譜長編』第六冊、四三九頁。

(71) 『蔣中正先生年譜長編』第六冊、四四一頁。

(72) 一九四〇年一一月二五日、モロトフ外務人民委員が提示した「四国協定」への加入条件は、主に以下の四点である。①フィンランドからのドイツ軍の撤退。②ソ連とブルガリアとの相互援助条約締結、およびボスポラス・ダーダネルス両海峡でのソ連の海軍基地の租借。③ソ連領内にある黒海の港町バトゥミ（現在はジョージア領）から、カスピ海沿岸のバクー（現在はアゼルバイジャン領）、そしてペルシャ湾を結ぶ線以南での、ソ連の要求の承認。④北サハリンの石油と石炭の利権を日本が放棄すること。これらはヒトラーを激怒させたと伝えられている。ДВП СССР. Том 23. Кн. 2. С. 136-137. 田嶋信雄「日中戦争と欧州戦争」黄自進、劉建輝、戸部良一編著『〈日中戦争〉とは何だったのか――複眼的視点』ミネルヴァ書房、二〇一七年、一六五～一六六頁。

(73) "The Ambassador in China (Johnson) to the Secretary of State," 1 December 1940, *FRUS, 1940, Vol. IV,* p. 702.

(74) Dallin and Firsov, *Dimitrov and Stalin,* pp. 128-129.

（75）朱文原他編『中華民國建國百年大事記』上巻、三七八頁。
（76）Dallin and Firsov, *Dimitrov and Stalin*, p. 130.
（77）Fridrikh I. Firsov, Harvey Klehr and John Earl Haynes, *Secret Cables of the Comintern, 1933-1943* (New Haven, CT: Yale University Press, 2014), pp. 132-133.
（78）Dallin and Firsov, *Dimitrov and Stalin*, p. 126.
（79）『蔣中正先生年譜長編』第六冊、四七九頁。
（80）『蔣中正先生年譜長編』第六冊、四八二頁。新四軍をソ連が直接援助していたことは、一九三九年五月一一日付の、ルガネツ＝オレリスキー駐華全権代表から、モスクワの共産党中央委員会への以下の提言でも明らかである。「八路軍と新四軍への、我々の直接、直通の支援と連絡について、蔣介石に疑念を抱かせてはならない（軍事道路を経由しない、他の方法を用いること）」。ДВП СССР. Т. 22. Кн. 1. С. 360.
（81）Banac, *The Diary of Georgi Dimitrov*, p. 144.
（82）『蔣中正先生年譜長編』第六冊、四八三～四八四頁。
（83）Banac, *The Diary of Georgi Dimitrov*, p. 142.
（84）Banac, *The Diary of Georgi Dimitrov*, p. 145.
（85）Banac, *The Diary of Georgi Dimitrov*, pp. 147-148.
（86）Haynes, *Secret Cables of the Comintern*, p. 135.
（87）楊奎松（梅村卓訳）「抗戦期間における中国共産党とコミンテルン」西村成雄、石島紀之、田嶋信雄編『国際関係のなかの日中戦争』慶應義塾大学出版会、二〇一一年、九一頁。

第五章

（1）АВПРФ. Ф. 6 «Секретариат В.М. Молотова». Оп. 3. П. 28. Д. 388. Л. 1-2. 東郷大使から有田外相への電報によれば、ここまで露骨な取引は持ちかけていない。外務省編『日本外交文書――第二次欧州大戦と日本』第一冊（日独伊三国同盟・日ソ中立条約）、外務省、二〇一二年、二八五～二九〇頁。ベッサラビア問題の起源については以下を参照。拙稿「ソ連との「戦後処理」――日ソ国交樹立の再検討（一九二四～二五年）」「二〇世紀と日本」研究会編『もうひとつの戦後史――第一次世界大戦後の日本・アジア・太平洋』千倉書房、二〇一九年。
（2）『日本外交文書――第二次欧州大戦と日本』第一冊、三二〇～三二一頁

(3) 抗戦歴史文献研究会編『蔣中正日記　民国三〇年』、三八頁。

(4) 抗戦歴史文献研究会編『蔣中正日記　民国三〇年』、四〇頁。

(5) 抗戦歴史文献研究会編『蔣中正日記　民国三〇年』、四〇頁。

(6) 抗戦歴史文献研究会編『蔣中正日記　民国三〇年』、四四頁。

(7) 三輪公忠「〈資料〉日ソ中立条約に関するスターリン・松岡会談ソ連側記録（一九四一年三月～四月）〔含 解説・松岡＝スターリンの帝国主義外交〕」『国際学論集』三八号、一九九六年、一〇四、一〇六頁。

(8) "The Ambassador in the Soviet Union (Steinhardt) to the Secretary of State," 24 March 1941, *FRUS, 1941, Vol. IV*, p. 922.

(9) АВПРФ. Ф. 6. Оп. 3. П. 28. Д. 383. Л. 6-7.

(10) АВПРФ. Ф. 6. Оп. 3. П. 28. Д. 383. Л. 26.

(11) АВПРФ. Ф. 6. Оп. 3. П. 28. Д. 383. Л. 26-27. 一九四一年四月七日と九日の松岡とモロトフの会談は、以下でも訳出されている。ボリス・スラヴィンスキー（高橋実、江沢和弘訳）『考証日ソ中立条約――公開されたロシア外務省機密文書』岩波書店、一九九六年、九三～一一〇頁。本書では原文を参照した上で、筆者が訳した。

(12) ДВП СССР. Т. 23. Кн. 2 (2). 2 марта - 22 июня 1941 г. М., 1998. С. 576-577.

(13) ДВП СССР. Т. 23. Кн. 2 (2). С. 542.

(14) 抗戦歴史文献研究会編『蔣中正日記　民国三〇年』、五四頁。

(15) АВПРФ. Ф. 6. Оп. 3. П. 28. Д. 387. Л. 14, 15. 松岡の帰国後の浮かれぶりは、以下のインタヴュー記事での発言からもうかがえる。「日ソ中立條約は最初一石三鳥位の狙ひでやつたのだけれどその後一石五鳥程度の効果が現はれてゐるのに自分も驚いてゐるやうな譯だ、その五鳥の一つ一つを具體的に挙げる譯には行かぬが、大鳥もあり鷲もある、雉や隼もあるといふわけだ、しかし對ソ聯関係については日ソ中立條約が一切の基調でこれが解決した以上通商條約も漁業條約も國境協定問題も枝葉末節の問題で近い中に一切の懸案は解決するだらう、男と男の約束でモロトフさんともやらうと手を握つて来たのだから譯はないさ」『読売新聞』一九四一年五月五日（朝刊）、一頁。

(16) АВПРФ. Ф. 6. Оп. 3. П. 28. Д. 387. Л. 27, 33.

(17) ДВП СССР. Т. 23. Кн. 2 (2). С. 576-577. 邵力子からの報告では、モロトフは対華支援に変更はないとも述べた。『蔣中正先生年譜長編』第六冊、五三一頁。

(18) 鹿『蔣介石の「国際的解決戦略」』、二一九頁。

(19) 段瑞聡「太平洋戦争勃発前蔣介石の対外政略――一九四一年を中心に」山田辰雄、松重充浩編『蔣介石研究――政治・戦争・

日本』東方書店、二〇一三年、四四三頁。

（20） ДВП СССР. Т. 23. Кн. 2 (2). С. 599.

（21） "Mr. Lauchlin Currie to President Roosevelt," 15 March 1941, *FRUS, 1941, Vol. IV,* pp. 82-95.

（22） 「蔣中正函羅斯福與居里詳談中國經濟獲益軍事政治問題轉達將增進合作」蔣中正総統文物（國史館）、史料番号 002-020300-00033-024.『蔣中正先生年譜長編』第六冊、五〇四頁。

（23） "President Roosevelt to Generalissimo Chiang Kai-shek," 9 April 1941, Franklin D. Roosevelt, Papers as President: The President's Secretary's File (PSF), 1933-1945, Box 27. (Franklin D. Roosevelt Presidential Library & Museum). http://www.fdrlibrary.marist.edu/_resources/images/psf/psfa0264.pdf［二〇一九年一一月一四日参照］。

（24） 朱文原他編『中華民國建國百年大事記』上巻、三八八頁。

（25） 朱文原他編『中華民國建國百年大事記』上巻、四〇三頁。

（26） 『蔣中正先生年譜長編』第六冊、五三一頁。

（27） "The President of the Chinese Executive Yuan (Chiang Kai-shek) to Mr. Lauchlin Currie, Administrative Assistant to President Roosevelt," 25 April 1941, *FRUS, 1941, Vol. V,* p. 635.

（28） "The Secretary of State to the Ambassador in China (Johnson)," 26 April 1941, *FRUS, 1941, Vol. V,* p. 636.

（29） Morgenthau, Presidential Diaries, Vol. 4, 21 April 1941, Franklin D. Roosevelt Library. http://www.fdrlibrary.marist.edu/_resources/images/morg/mpd10.pdf［二〇二〇年七月一七日参照］。

（30） 『蔣中正先生年譜長編』第六冊、五三八頁。

（31） "Mr. Lauchlin Currie, Administrative Assistant to President Roosevelt, to the President of the Chinese Executive Yum (Chiang Kai-shek)," 2 May 1941, *FRUS, 1941, Vol. V,* p. 641.「羅斯福電蔣中正盡速供給中國必需物資並促成蘇日締約」蔣中正総統文物（國史館）、史料番号 002-020300-00033-034.『蔣中正先生年譜長編』第六冊、五四二～五四三頁。

（32） "Generalissimo Chiang Kai-shek to President Roosevelt," 31 May 1941, Franklin D. Roosevelt, Papers as President: The President's Secretary's File (PSF), 1933-1945, Box 27. (Franklin D. Roosevelt Presidential Library & Museum). http://www.fdrlibrary.marist.edu/_resources/images/psf/psfa0264.pdf［二〇一九年一一月一四日参照］。

（33） "From A. Clark-Kerr to Foreign Office" (May 20, 1941) in "*Anglo-Chinese relations (Folder 2)*" (Government Papers, The National Archives, Kew, 1941). Accessed [January 05, 2019]. http://www.archivesdirect.amdigital.co.uk/Documents/Details/FO_371_27616

（34） "The Secretary of State to the Ambassador in China (Johnson)," 7 September 1937, *FRUS, 1937. Vol. IV*, pp. 524-525.

（35）『蔣中正先生年譜長編』第六冊、五九四頁。

（36）Vasilii I. Chuikov (David P. Barrett ed.), *Mission to China: Memoirs of a Soviet Military Advisor to Chiang Kaishek* (Norwalk CT: EastBridge, 2004), p. 144.

（37）抗戦歴史文献研究会編『蔣中正日記　民国三〇年』、六一頁。

（38）『蔣中正先生年譜長編』第六冊、五四八頁。

（39）"The Ambassador in China (Johnson) to the Secretary of State," 11 May 1941, *FRUS, 1941, Vol. IV*, p. 971. 開戦の一ヶ月前には、蔣介石はカー駐華英国大使に、ドイツはソ連へ六月二〇日に宣戦するから、イギリス政府に伝えて欲しいと頼んだ。しかし大使は疑って伝えず、開戦後に悔やんでいる。ДВП СССР. Т. 24. 22 июня 1941 г. - 1 января 1942 г. М., 2000. С. 41.

（40）『蔣中正先生年譜長編』第六冊、五七三頁。

（41）Banac, *The Diary of Georgi Dimitrov*, p. 165.

（42）ДВП СССР. Т. 24. С. 42.

（43）"Memorandum by Mr. Lauchlin Currie, Administrative Assistant to President Roosevelt, for the President," 13 May 1941, *FRUS, 1941, Vol. IV*, pp. 186-187. 他にも複数の説がある。蔣介石伝を記したジェイ・テイラー（Jay Taylor）は、こう推測する。蔣介石がドイツのソ連攻撃が数週間のうちに迫っているのを知ったのは、「四月のいつか」だった。この情報は蔣介石の身辺警護を担当する、ヴァルター・シュテンネス（Walter Franz Maria Stennes）がもたらした。シュテンネスは中国に亡命していた、ナチス突撃隊の元幹部である。シュテンネスはゾルゲから情報を得たという。ゾルゲはドイツの新聞『フランクフルター・ツァイトゥンク』紙の特派員で、オット駐日ドイツ大使の私設情報官だったが、ソ連のスパイである。ゾルゲは、オットや大使館員からソ連進攻の情報を得ると、重慶を訪れ、ソ連のスパイでもあったシュテンネスに情報を提供したという。Taylor, *The Generalissimo*, p. 181. しかし、ゾルゲの重慶訪問を裏付ける史料はない。中独関係を専門とする田嶋信雄は、ドイツ国防軍にいた、反ヒトラー陣営の将校が流したのではないかと推測している。田嶋信雄「書評　鹿錫俊『蔣介石の「国際的解決」戦略――一九三七～一九四一』」『軍事史学』第五四巻一号、二〇一八年、一三三頁。

（44）『日本外交文書――第二次欧州大戦と日本』第一冊、四〇三頁。

（45）『蔣中正先生年譜長編』第六冊、五七五頁。

（46）John Garver, *Chinese–Soviet Relations, 1937–1945: The Diplomacy of Nationalism* (New York: Oxford University Press, 1988), p. 184.

（47）ДВП СССР. Т. 24. С. 91.

（48）ДВП СССР. Т. 24. С. 157-158.

（49） ДВП СССР. Т. 24. С. 398.

（50） ВКП(б), Коминтерн и Китай. Т. 5. ВКП(б), Коминтерн и КПК в период антияпонской войны. 1937-май 1943: Документы. М., 2007. С. 540.

（51） ВКП(б), Коминтерн и Китай. Т. 5. С. 540-543.

（52） Banac, *The Diary of Georgi Dimitrov,* p. 182.

（53） "Telegram from Generalissimo Chiang Kai-shek," 8 July 1941, *FRUS, 1941, Vol. IV*, p. 1004.

（54） "Mr. Lauchlin Currie to President Roosevelt," 11 July 1941, *FRUS, 1941, Vol. IV*, pp. 1005-1006.

（55）「蔣中正函羅斯福對於拉鐵摩爾抵渝面交大函得聘其為政治顧問殊深慶幸」蔣中正総統文物（國史館）、史料番号 002-020300-00035-011.『蔣中正先生年譜長編』第六冊、五九一頁。"The Chinese Ambassador (Hu Shih) to the Acting Secretary of State," 29 July 1941, *FRUS, 1941, Vol. V*, p. 688.

（56） 太平洋防衛委員会は一九三九年四月にニュージーランドで創設された。イギリス、オーストラリア、ニュージーランドの代表が集い、日本の攻撃に備えて戦略を話し合った。

（57） "Memorandum of Conversation," 31 July 1941, Owen Lattimore Papers, Box 27, Manuscript Division, LC.

（58） "The President of the Chinese Executive Yuan (Chiang Kai-shek) to President Roosevelt," 31 July 1941, *FRUS, 1941, Vol. V*, p. 690.

（59） Morgenthau, Presidential Diaries, Vol. 4, 18 July 1941, Franklin D. Roosevelt Library. http://www.fdrlibrary.marist.edu/_resources/images/morg/mpd11.pdf［二〇一九年九月一七日参照］。石油禁輸は以前から検討されていた。モーゲンソー財務長官は、早くも一九四〇年八月一五日に、ホーンベック国務省政治顧問へ、石油を禁輸したら、日本はどう動くか尋ねている。特に、蘭印を占領するだろうかというのが彼の気がかりだった。ホーンベックは、アメリカが禁輸しても、日本は蘭印から石油を輸入すると、禁輸自体に否定だった。"Memorandum of Conversation, by the Adviser on Political Relations (Hornbeck)," 15 August 1940, *FRUS, 1940, Vol. IV,* pp. 597-598.

（60） 井口『鮎川義介と経済的国際主義』、二四五頁。

（61） "Far East: Foreign Office telegram to Cairo No 2846 (for General Smuts). Prime Minister's talks with President about Japan," 12 August 1941, FO 954/6B/447, The National Archives, Kew. チャーチルは大統領の対日政策について、八月一二日にオーストラリア側へ伝えているが、そこで記されている会談内容もほぼ同じである。「三〇日間のモラトリウム」を、シンガポールの強化に使うように大統領が勧めた点も触れられている。"Lord Cranborne, U.K. Secretary of State for Dominion Affairs, to Sir Ronald Cross, U.K. High Commissioner in Australia," 12 August 1941, W. J. Hudson and H. J. W. Stokes (eds), *Documents on Australian Foreign Policy*

1937-49, Vol. IV: July 1940- June 1941 (Canberra: Australian Government Publishing Service, 1980), p. 236.
（62）『蔣中正先生年譜長編』第六冊、五九五頁。
（63）ДВП СССР. Т. 24. С. 19.
（64）Русско-китайские отношения в XX веке. Т. 4. Кн. 1. С. 652-654.
（65）『蔣中正先生年譜長編』第六冊、五九九頁。
（66）鹿『蔣介石の「国際的解決戦略」』、二五七頁。
（67）ДВП СССР. Т. 24. С. 328.
（68）ДВП СССР. Т. 24. С. 339.
（69）「蘇俄國慶二十四週年紀念日酒會蔣中正祝詞」蔣中正総統文物（國史館）、史料番号 002-080106-00062-008.
（70）『蔣中正先生年譜長編』第六冊、六五四頁。
（71）"From Prime Minister to Mr. Stalin," 28 August 1941, The Churchill Papers (CHAR 20/42A/29-32), Churchill Archives Centre (Cambridge).
（72）Reynolds and Pechatnov, *The Kremlin Letters*, p. 41.
（73）Reynolds and Pechatnov, *The Kremlin Letters*, p. 54.
（74）細谷雄一「『ユナイテッド・ネーションズ』への道［二］――イギリス外交と『大同盟』の成立、一九四一～四二年」慶應義塾大学法学研究会『法學研究――法律・政治・社会』第八三巻四号、二〇一〇年、九～一〇頁。
（75）"From Chungking to Foreign Office," 1 November, 1941, The Churchill Papers (CHAR 20/44/114), Churchill Archives Centre (Cambridge).「蔣中正函羅斯福等日軍占領昆明為侵略中國且意在南進請以空軍援助我軍抗敵、索姆威爾呈羅斯福關於泰越處理意見報告、邱吉爾電蔣中正緬甸戰區希能行動一致等」蔣中正総統文物（國史館）、史料番号 002-080103-00058-001.『蔣中正先生年譜長編』第六冊、六五一頁。
（76）"The Secretary of the Treasury (Morgenthau) to President Roosevelt," 30 October 1941, *FRUS, 1941, Vol. V*, p. 740.
（77）「蔣中正電羅斯福日軍南進步驟已定三項重要意見望向英當局力為促成」蔣中正総統文物（國史館）、史料番号 002-020300-00032-075. 蔣介石も米英にすがるばかりだったわけではない。一九四一年一〇月三〇日には、参謀総長の何応欽らを雲南に派遣すると決め、作戦計画を練るなど、迎撃の準備を進めていた。『蔣中正先生年譜長編』第六冊、六四七頁。
（78）チャーチルは、一一月四日付のスターリンへの書簡でこう書いている。「日本を黙らせておくために、どんな日本の艦船であれ捕捉して撃滅する、最新鋭の戦艦『プリンス・オブ・ウェールズ』をインド洋に派遣し、あちらで強力な艦隊を構築しつつあります。私はローズヴェルト大統領に、日本への圧力を高め、彼らを怯えさせるよう説得しているところですから、ウラジオストク経由の［ソ連への補給］ルートは閉じられないでしょう」。Reynolds and Pechatnov, *The Kremlin Letters*, pp. 65-66.

（79） Kimball, *Churchill & Roosevelt*, Vol. I, p. 266.

（80） "Cypher telegram from the Prime Minister, Pretoria to High Commissioner" (November 6, 1941) in "*Military assistance for China (Folder 7)*" (Government Papers, The National Archives, Kew, 1941). Accessed [January 05, 2019]. http://www.archivesdirect.amdigital.co.uk/Documents/Details/FO_371_27644

（81） Kimball, *Churchill & Roosevelt: The Complete Correspondence, Vol. I*, p. 267.

（82） 日米交渉がアメリカにとって「時間稼ぎ」だったかは議論の余地がある。ここでは、傍証として次の史料を引用する。一九四一年一〇月四日、ハル国務長官はハリファックス駐米英国大使へ、日米交渉についてこう述べた。「アメリカがいま集中しているのは時間稼ぎだけだ」。「日本が正しい道に戻るなら、アメリカは経済分野で日本を精一杯助けるのに、日本は悪い道を歩んでいる。絶対的な原則を認め、それを実行に移さない限り、アメリカは何も差し出さないだろう。その原則とは、中国からの撤兵、南方への膨張政策の断念、中国における門戸開放であり、手短に言えば、アメリカが中国で行ってきた政策すべてを承認することだ」。"*Japanese-United States relations. Code 23 file 86 (papers 8278-10920)*" (Government Papers, The National Archives, Kew, 1941). Accessed [April 05, 2019]. http://www.archivesdirect.amdigital.co.uk/Documents/Details/FO_371_27910［二〇一九年一一月一五日参照］。一九四一年の秋も深まると、ハルに限らず、国務省は日米交渉に期待を抱いていなかった。一一月一四日にオーストラリアの外交官から、日米英は破綻に向かっているのかと聞かれたウェルズ国務次官は、それを認めた。そして見返りを求める日本の世論の圧力もあって、日本は中国からの撤兵に同意しないだろうという見通しを語った。"Mr（ママ） R. G. Casey, Minister to the United States, to Department of External Affairs," 14 November 1941, *Documents on Australian Foreign Policy 1937-49, Vol. IV*, p. 197.

（83） 『宋子文駐美時期電報選』、一二四〜一二五、四〇〇〜四〇一頁。

（84） "President Roosevelt to the President of the Chinese Executive Yuan (Chiang Kai-shek)," 14 November 1941, *FRUS, 1941, Vol. V*, pp. 758-760.「羅斯福電蔣中正美國瞭解全盤局勢加速租借物資輸入等各項措施協助中國」蔣中正総統文物（國史館）、史料番号002-020300-00032-080.

（85） "From Chungking to Foreign Office," 11 November 1941, The Churchill Papers (CHAR 20/44/139), Churchill Archives Centre (Cambridge).

（86） 川田稔『昭和陸軍全史［三］——太平洋戦争』講談社現代新書、二〇一五年、三二八頁。

（87）“Memorandum of Conversation, by the Secretary of State,” 22 November 1941, *FRUS, 1941, Vol. IV,* p. 640.

（88）抗戦歴史文献研究会編『蔣中正日記　民国三〇年』、一六五頁。

（89）森山優『日本はなぜ開戦に踏み切ったか――「両論併記」と「非決定」』新潮選書、二〇一二年、一九三頁。

（90）抗戦歴史文献研究会編『蔣中正日記　民国三〇年』、一六五～一六六頁。

（91）“Mr. Owen Lattimore to Mr. Lauchlin Currie, Administrative Assistant to President Roosevelt,” 25 November 1941, *FRUS, 1941, Vol. IV,* p. 652.

（92）“Dr. T. V. Soong, of China Defense Supplies, Inc., to the Secretary of War (Stimson),” 25 November 1941, *FRUS, 1941, Vol. IV,* pp. 660-661.

（93）Morgenthau, Presidential Diaries, Vol. 4, November 26, 1941, Franklin D. Roosevelt Library. http://www.fdrlibrary.marist.edu/_resources/images/morg/mpd12.pdf〔二〇一九年九月一六日参照〕。

（94）Morgenthau, Presidential Diaries, Vol. 4, November 27, 1941, Franklin D. Roosevelt Library. http://www.fdrlibrary.marist.edu/_resources/images/morg/mpd12.pdf〔二〇一九年九月一六日参照〕。

（95）“Record Type: Conclusion Former Reference: Confidential Annex to WM (41) 118,” 24 November 1941, CAB 65/24/7, The National Archives, Kew.

（96）Kimball, *Churchill and Roosevelt: The Complete Correspondence, Vol. I*, p. 278.

（97）佐藤元英『外務官僚たちの太平洋戦争』ＮＨＫブックス、二〇一五年、二三六～二三七頁。

（98）“Mr R. G. Casey, Minister to the United States, to Mr John Curtin, Prime Minister, and to Dr H. V. Evatt, Minister for External Affairs,” 27 November 1941, *Documents on Australian Foreign Policy 1937-49, Vol. IV*, p. 236.

（99）森山優『日米開戦と情報戦』講談社現代新書、二〇一六年、二八八～二九二頁。

（100）外務省編『日本外交文書――日米交渉　一九四一年』下巻、外務省、一九九〇年、二〇〇頁。

（101）“Memorandum of Conversation, by the Secretary of State,” 29 November 1941, *FRUS, 1941, Vol. IV,* p. 652.

（102）『宋子文駐美時期電報選』、一三六～一三七、四二〇～四二一頁。

（103）『蔣中正先生年譜長編』第六冊、六七四～六七五頁。

（104）『蔣中正先生年譜長編』第六冊、六七五～六七六頁。

（105）「羅斯福電蔣中正美國將與其他英勇國家共同奮鬥必消滅非法勢力」蔣中正総統文物（國史館）、史料番号 002-020300-00016-005.『蔣中正先生年譜長編』第六冊、六七九頁。

(106) "From Foreign Office to Chungking," 8 December 1941, The Churchill Papers (CHAR 20/46/40), Churchill Archives Centre (Cambridge).

(107) "From Chungking to Foreign Office," 10 December 1941, The Churchill Papers (CHAR 20/46/110), Churchill Archives Centre (Cambridge).

(108) "The Ambassador in China (Gauss) to the Secretary of State," 8 December 1941, *FRUS, 1941, Vol. IV*, p. 736.

(109) 郭榮趙編譯『蔣委員長與羅斯福總統戰時通訊』幼獅文化事業公司、一九七八年、四二頁。

(110) "Mr. Owen Lattimore to Mr. Lauchlin Currie, Administrative Assistant to President Roosevelt," December 9, 1941, *FRUS, 1941, Vol. IV,* pp. 738-739.

(111) "Memorandum of Conversation, by the Under Secretary of State (Welles)," 9 December 1941, *FRUS, 1941, Vol. IV,* pp. 737-738.

(112) Русско-китайские отношения в XX веке. Т. 4. Кн. 1. С. 671-672.

(113) ロシア語原文と中国語訳は以下に所収。「史達林電蔣中正蘇俄目前不宜分散力量於遠東勿堅持即刻對日宣戰」蔣中正総統文物（國史館）、史料番号 002-020300-00016-011. 以下は中国語訳の抜粋。『蔣中正先生年譜長編』第六冊、六八一頁。この書簡は、一二月一六日に宋子文からアメリカの国務省へ伝えられ、翌日、ウェルズ国務次官が大統領へ電話で読み上げた。"The Chairman of the Council of Ministers of the Soviet Union (Stalin) to the President of the Chinese Executive Yuan (Chiang)," December 12, 1941, *FRUS, 1941, Vol. IV*, p. 747.

(114) 野中郁次郎、戸部良一、河野仁、麻田雅文『知略の本質――戦史に学ぶ逆転と勝利』日本経済新聞出版社、二〇一九年、四三～四四頁。

(115) "Memorandum of Conversation, by the Secretary of State," 11 December 1941, *FRUS, 1941, Vol. IV*, pp. 742-744.

(116) "Memorandum of Conversation, by the Under Secretary of State (Welles)," December 9, 1941, *FRUS, 1941, Vol. IV*, p. 738.

(117) 「蔣中正電史達林德與日所用戰略及前次建議友邦共同作戰方案示見」蔣中正総統文物（國史館）、史料番号 002-020300-00016-018.

(118) "Memorandum of Conversation, by the First Secretary of Embassy in China (Vincent)," 30 December 1941, *FRUS, 1942, China,* p. 429.

(119) "The Secretary of War (Stimson) to President Roosevelt," 13 December 1941, *FRUS, 1941, Vol. IV*, p. 751.

(120) "President Roosevelt to the British Ambassador (Halifax)," 14 December 1941, *FRUS, 1941, Vol. IV,* p. 753.

(121) "President Roosevelt to the President of the Chinese Executive Yuan (Chiang)," 14 December 1941, *FRUS, 1941, Vol. IV*, pp. 751-752. 「羅斯福電蔣中正建議在重慶召集聯合軍事會議交換情報」蔣中正総統文物（國史館）、史料番号 002-020300-00016-016.『蔣中

正先生年譜長編』第六冊、六八四頁。

(122) Susan Butler (ed.), *My Dear Mr. Stalin: The Complete Correspondence of Franklin D. Roosevelt and Joseph V. Stalin* (New Haven and London: Yale University Press, 2005), pp. 55-56.

(123) この会談で大統領は、地図を広げながら、華南、アリューシャン列島、カムチャツカ半島から、日本を来春に爆撃する計画について説明した。フィリピンにはその十分な力がないと大統領はいったので、リトヴィノフは、フィリピンを放棄するつもりだと悟った。なぜ香港から爆撃しないのかと問うと、大統領は笑いながら、香港がイギリス領なのはそう長くはないと述べている。大統領は香港陥落を見越していた。РГАСПИ. Ф. 558. Оп.11. Д. 363. Л. 72-74.

(124) Butler, *My Dear Mr. Stalin*, pp. 56-57.

(125) "From Prime Minister to Mr. Eden," 12 December 1941, The Churchill Papers (CHAR 20/46/112-113), Churchill Archives Centre (Cambridge).

(126) "From Moscow to Foreign Office," 13 December 1941, The Churchill Papers (CHAR 20/46/117-118), Churchill Archives Centre (Cambridge).

(127) "Special Secret Information Centre: Russia and the Far East," undated, CAB 121/473, The National Archives, Kew.

(128) 以下はソ連側の会談記録から、スターリンの発言の抜粋である。「もしソ連が日本に宣戦布告するなら、陸でも海でも空でも、本当の意味で真剣な戦争をしなければならない。ベルギーやギリシャが日本に宣戦するのとは訳が違う。だから、ソ連政府はその能力と戦力を慎重に検討すべきだ。いまのところ、ソ連は日本との戦争の準備ができていない。ソ連極東の戦力の大部分が西部の戦線へ送られた。いま極東では新しい戦力を編成しているが、少なくとも四ヶ月は必要とするし、さらにその前に、ソ連はそれらの地域でしかるべく備えなければならない」。ДВП СССР. Т. 24. С. 541.

(129) РГАСПИ. Ф. 558. Оп.11. Д. 379. Л. 9.

(130) 『蔣中正先生年譜長編』第六冊、六九〇頁。

(131) 「蔣中正電羅斯福宋子文重慶已成立中美英軍事代表會議」蔣中正総統文物（國史館）、史料番号 002-020300-00016-030. "The President of the Chinese Executive Yuan (Chiang) to President Roosevelt," 24 December 1941, *FRUS, 1941, Vol. IV*, p. 762.

(132) 『蔣中正先生年譜長編』第六冊、六九〇頁。

(133) 抗戦歴史文献研究会編『蔣中正日記　民国三〇年』、一七九頁。

(134) "*POLITICAL: FAR EASTERN: General: Far East Defence Council. Code 61 file 1417 (to paper 3700)*" (Government Papers, The National Archives, Kew, 1942). Accessed [March 19, 2019]. http://www.archivesdirect.amdigital.co.uk/Documents/Details/FO_371_31783

(135) "From Chiang Kai-shek to Winston Churchill," 23 February 1942, The Churchill Papers (CHAR 20/70/122), Churchill Archives Centre (Cambridge).

(136) "From Moscow to Foreign Office" (December 22, 1941) in "*Anglo-United States-Chinese co-operation against Japan*" (Government Papers, The National Archives, Kew, 1941). Accessed [January 05, 2019]. http://www.archivesdirect.amdigital.co.uk/Documents/Details/FO_371_27753

(137) "President Roosevelt to the President of the Chinese Executive Yuan (Chiang)," 29 December 1941, *FRUS, 1941, Vol. IV*, pp. 763-764.

著者略歴

麻田雅文（あさだ・まさふみ）
1980年　東京生まれ
2010年　北海道大学大学院文学研究科歴史地域文化学専攻スラブ社会文化論専修博士課程単位取得後退学。博士（学術）。専門は東アジア国際政治史。
現在、岩手大学人文社会科学部准教授
著書に『中東鉄道経営史―ロシアと「満洲」1896-1935』（名古屋大学出版会、2012）、『シベリア出兵』（中公新書、2016）、『日露近代史』（講談社現代新書、2018）などがある。
第8回樫山純三賞受賞。

JIMBUN SHOIN Printed in Japan
ISBN978-4-409-51088-9 C1022

蔣介石の書簡外交
――日中戦争、もう一つの戦場――　上巻

二〇二一年一月二〇日　初版第一刷印刷
二〇二一年一月三〇日　初版第一刷発行

著　者　麻田雅文
発行者　渡辺博史
発行所　人文書院
〒六一二‐八四四七
京都市伏見区竹田西内畑町九
電話〇七五（六〇三）一三四四
振替〇一〇〇〇‐八‐一一〇三

印刷・製本　モリモト印刷株式会社
装丁　間村俊一

http://www.jimbunshoin.co.jp/

好評既刊書

アンドリュー・バーシェイ著　富田武訳

神々は真っ先に逃げ帰った　棄民棄兵とシベリア抑留　3800円

著者は歴史家として、シベリア抑留を北東アジアの歴史と地政学のなかに置き直し、分析に有効な例として香月泰男、高杉一郎、石原吉郎を選び出した。苛酷な抑留体験をした彼らの戦中戦後をセンシティブにたどりながら、喪失の意味をさぐる。国家が責任をとらずに、特権階級だけが真っ先に難を逃れる構造はいまもかわらない。

富田武著

シベリア抑留者への鎮魂歌　3000円

新発見の公文書から明らかにされるソ連で銃殺刑判決を受けた日本人の記録、シベリア出兵からソ連の対日参戦へ、諜報活動から長期抑留された女囚の謎、詩人石原吉郎、画家四國五郎の苛酷な抑留生活とその戦後、など様々な抑留の実態を伝える。

富田武著

シベリア抑留者たちの戦後　3000円

──冷戦下の世論と運動　1945-56年

冷戦下で抑留問題はどう報じられ、論じられたか。
抑留問題は実態解明がまだまだ不十分である。本書は、従来手つかずだった抑留者及び遺家族の戦後初期（1945-56年）の運動を、帰国前の「民主運動」の実態や送還の事情も含めてトータルに描く。

山室信一著

レクチャー　第一次世界大戦を考える

複合戦争と総力戦の断層　日本にとっての第一次世界大戦　1500円

複合戦争と総力戦の断層　日本にとっての第一次世界大戦
中国問題を軸として展開する熾烈なる三つの外交戦。これら五つの複合戦争の実相とそこに萌した次なる戦争の意義を問う！

山室信一著

近現代アジアをめぐる思想連鎖　各3400円

アジアの思想史脈──空間思想学の試み
アジアびとの風姿──環地方学の試み

日清・日露から安重根事件、韓国併合、辛亥革命、満洲国まで、日本を結節点としてアジアは相互に規定しあいながら近代化をすすめた。アジアの思想と空間を問い直し、思想のつながりを描き出す。

表示価格（税抜）は2021年1月現在